国家开发银行
CHINA DEVELOPMENT BANK

开发性金融脱贫攻坚发展报告

（2017）

KAIFAXING JINRONG TUOPIN GONGJIAN
FAZHAN BAOGAO

国家开发银行◎编

人民出版社

2016 年 5 月 31 日,开发银行扶贫金融事业部正式挂牌运行

2016 年 6 月 13 日,开发银行在京召开扶贫开发工作会并签署脱贫攻坚责任书

胡怀邦董事长在开发银行定点扶贫县贵州省务川县调研当地扶贫项目

郑之杰行长在湖南省花垣县十八洞村调研并与贫困户交谈

周清玉副行长在陕西省商洛市慰问建档立卡贫困户

2017年5月3日,开发银行与中央国家机关工委联合举办中央国家机关定点扶贫挂职干部培训班

2016 年 11 月 11 日,开发银行在四川省泸州市古蔺县举行扶贫资金捐赠仪式

2017 年 7 月 25 日,开发银行扶贫金融事业部向河南省卢氏县递交《卢氏县脱贫攻坚规划咨询报告》

CONTENTS

目　录

融 智 篇

融 情 篇

地 区 篇

示 范 篇

附 录

前　　言

　　消除贫困、改善民生、逐步实现共同富裕，是社会主义的本质要求，是我们党的重要使命。党的十八大以来，党中央把贫困人口脱贫作为实现中华民族第一个百年奋斗目标的底线任务和标志性指标，在全国范围全面打响了脱贫攻坚战。脱贫攻坚力度之大、规模之广、影响之深，前所未有。2015年11月召开的中央扶贫开发工作会议提出，要做好金融扶贫这篇文章，加大对脱贫攻坚的金融支持力度，特别是要重视发挥好政策性金融和开发性金融在脱贫攻坚中的作用。《中共中央 国务院关于打赢脱贫攻坚战的决定》(中发〔2015〕34号)明确提出，国家开发银行(以下简称"开发银行")设立"扶贫金融事业部"。2016年11月，国务院审定批准的《国家开发银行章程》将扶贫开发等增进人民福祉的领域作为开发银行支持重点。

　　2016年以来，根据党中央、国务院决策部署，开发银行先后采取了一系列超常规举措，积极发挥开发性金融作用，大力决战脱贫攻坚。一是创新机制方法，压实工作责任。组建了扶贫金融事业部，发挥"集团军"作战优势。进一步加强与国家部委合作，共同研究银政合作支持脱贫攻坚的思路方法。与地方政府共同建立省、市、县三级开发性金融脱贫攻坚合作办公室，搭建银政合作推进脱贫攻坚的重要平台。签订脱贫攻坚责任书、立下"军令状"，逐级明确脱贫攻坚主体责任。二是聚焦脱贫难点，精准信贷投放。围绕脱贫攻坚重点难点，探索形成"融制、融资、融智"的"三融"扶贫策略及"易地扶贫搬迁到省、基础设施到县、产业发展到村（户）、教育资助到户（人）"的"四到"工作思路和方法，截至2017年6月末，累计发放精准扶贫贷款3939亿元，惠及1247个国家级和省级贫困县中的958个县，脱贫攻坚工作取得积极成效。三是强化融智服务，加大扶智力度。在协助编制省级脱贫攻坚规划的同时，与22个国家级贫困县开展融资规划编制合作试点，组织编制武陵山片区等28项扶贫融资规划。向贫困地区选派183名扶贫金融专员，帮助地方政府找思路、出主意。先后为全部14个集中连片特困地区举办了专题培训班，覆盖721个贫困县，培训贫困县领导干部1400余人次等。开发银行支持脱贫攻坚工作得到了党中央、国务院和各级政府的高度肯定以及贫困群众的广泛赞扬。

当前，脱贫攻坚已经进入攻坚拔寨的冲刺阶段。2017年6月23日，习近平总书记在山西太原召开深度贫困地区脱贫攻坚座谈会时强调，要发挥金融资金的引导和协同作用，形成支持深度贫困地区脱贫攻坚的强大投入合力。开发银行将坚持精准扶贫、精准脱贫基本方略，运用开发性金融理念和方法，以建档立卡贫困村和贫困人口为支持重点，以深度贫困地区脱贫攻坚为抓手，通过"三融""四到"支持打好脱贫攻坚的每一场战役，助力贫困地区和贫困人口与全国一道迈入全面小康社会。

为更加全面反映开发银行贯彻落实党中央、国务院关于打赢脱贫攻坚战决策部署的做法和成效，开发银行组织编写了《开发性金融脱贫攻坚发展报告（2017）》。旨在宣介开发性金融脱贫攻坚的理念方法和实践做法，为如期打赢脱贫攻坚战、实现全面建成小康社会目标提供借鉴和帮助。

综　　述

　　《中共中央　国务院关于打赢脱贫攻坚战的决定》提出，要发挥好政策性、开发性金融的作用，并明确要求开发银行成立扶贫金融事业部。开发银行始终坚决贯彻落实党中央、国务院决策部署，发挥开发性金融作用，不断强化体制机制建设和创新，采取超常规举措，加大工作力度，大力支持脱贫攻坚。本篇主要介绍开发银行通过绘制"路线图"、组建"集团军"、签订"军令状"，运用"三融"扶贫策略和"四到"工作思路方法，支持脱贫攻坚的主要做法和成效。

发挥开发性金融作用
全力打赢脱贫攻坚战

◆◆

习近平总书记在中央扶贫工作会议上指出,特别要重视发挥好政策性金融和开发性金融在脱贫攻坚中的作用。《中共中央 国务院关于打赢脱贫攻坚战的决定》提出,要发挥好政策性、开发性金融的作用,并明确要求开发银行成立扶贫金融事业部。2016年以来,开发银行坚决贯彻落实党中央、国务院关于打赢脱贫攻坚战的决策部署,以党建统领脱贫攻坚,以扶智建制为重点,在思路、方法、制度等方面下大力气,不断强化体制机制建设和创新,加强思路方法研究,通过绘制"路线图"、组建"集团军"、签订"军令状",加大融资融智支持力度,截至2017年6月末,累计发放精准扶贫贷款3939亿元,重点支持了易地扶贫搬迁、贫困村提升工程、特色产业、教育医疗卫生和助学贷款等脱贫攻坚领域,覆盖958个贫困县,有效缓解了贫困地区的资金瓶颈制约,有力促进了贫困地区的经济社会发展和贫困群众的生产生活条件改善,得到了党中央、国务院和各级政府的高度肯定以及贫困群众的广泛赞扬。

一、强化组织保障,成立扶贫金融事业部新机构

2015年中央扶贫开发工作会议召开后,开发银行第一时间成立了由胡怀

邦董事长任组长的脱贫攻坚领导小组,全面加强脱贫攻坚组织领导。2016年以来,多次召开开发银行党委会议、全行性专题会议,就脱贫攻坚进行安排部署和组织推动。特别是根据《中共中央 国务院关于打赢脱贫攻坚战的决定》关于开发银行设立扶贫金融事业部的有关要求,高效完成方案设计、人员调配、制度建设、机构设立和报批等工作。2016年5月31日,经银监会批准,开发银行扶贫金融事业部正式成立运行,下设综合业务局、基础设施局、区域开发局三个总行一级局,实现了扶贫业务的专账单独核算和经营。开发银行决战脱贫攻坚有了专门机构、专业队伍、专家力量,以"集团军"的方式,为支持打赢脱贫攻坚战提供组织支撑和保障。

2016年6月13日,开发银行召开全行扶贫开发工作会议,学习贯彻党中央、国务院关于打赢脱贫攻坚战的决策部署,研究落实扶贫开发工作举措。为进一步落实责任,开发银行分行党委"一把手"作为支持当地脱贫攻坚的第一责任人,与总行党委签订了脱贫攻坚责任书,立下"军令状",实现了脱贫攻坚主体责任的逐级明确落实。

二、加强银政合作,构建脱贫攻坚工作新机制

一是积极参与政策研究。加强与中央农办、国家发展改革委、国务院扶贫办等部门的联系、沟通和汇报,积极参与脱贫攻坚政策研究。与有关部委合作,共同研究推动水利、交通、教育、医疗卫生等行业扶贫工作。如:与国家发展改革委联合发布《关于支持美丽特色小(城)镇建设促进脱贫攻坚的意见》,积极开展探索实践,支持脱贫攻坚与美丽特色小(城)镇建设相互促进、协同发展。二是深化与地方政府的脱贫攻坚合作。先后与贵州、甘肃、云南等21个省(自治区、直辖市)签订了开发性金融支持脱贫攻坚合作协议,明确工作目标、支持重点和合作机制等内容,为合力推进脱贫攻坚奠定基础。三是搭建开发性金融脱贫攻坚合作机制和平台。与各地政府共同建立省、市、县三级"开发性金融脱贫攻坚合作办公室",构建组织、推动、协调金融扶贫的工作机制和合作平台,完善扶贫项目运作和资金运行管理,取得良好成效。

三、打好易地扶贫搬迁首战，实现精准扶贫新突破

按照国务院领导"理顺从中央到省、市（县）的资金运作机制，做到上下贯通"的指示，开发银行多措并举，确保易地扶贫搬迁首战告捷。一是打通资金运作渠道。协助 22 个省（自治区、直辖市）政府建立省级扶贫投融资主体。在国家发展改革委的指导下，主动研究设计省、市、县三级资金管理体系，规范资金借、用、管、还各环节，并承办"全国易地扶贫搬迁投融资工作专题培训班"，为地方讲解。二是做好资金筹集工作。成功发行 11 期专项政策性金融债券，筹集易地扶贫搬迁信贷资金 461 亿元。三是加快项目评审和贷款投放。按照省级扶贫投融资主体"统一贷款、统一采购、统一还款"的融资模式，开辟绿色通道，优化贷款程序，对 22 个省（自治区、直辖市）承诺贷款 4466 亿元，惠及 911 万建档立卡贫困人口和 253 万同步搬迁人口，截至 2017 年 6 月末，已累计发放贷款 459 亿元，审批专项建设基金 216 亿元，投放 199 亿元，为易地扶贫搬迁提供了充足的资金保障。

四、整合财政支农资金，开拓破解贫困村
提升工程资金瓶颈新举措

开发银行根据国务院办公厅《关于支持贫困县开展统筹整合使用财政涉农资金试点的意见》（国办发〔2016〕22 号），研究提出通过整合财政涉农资金撬动信贷资金的创新性举措，围绕村组道路、安全饮水、环境整治、校安工程等难点和"短板"，在不增加地方财政负担的前提下，为贫困县建档立卡贫困村基础设施提供贷款支持。截至 2017 年 6 月末，开发银行已向 23 个省份承诺农村基础设施建设贷款 2925 亿元，发放 921 亿元，惠及 541 个贫困县的 3.99 万个建档立卡贫困村，可以建设村组道路 31 万公里、校安工程 4762 个、农村危旧房改造 8.9 万套，解决 2316 万人的安全饮水问题，极大改善了贫困

地区的生产生活条件,增强了贫困群众的直接获得感,激发了内生发展动力,并为产业发展奠定基础,为实现持久脱贫创造了条件。

五、紧抓特色产业,积极探索金融扶贫新路径

开发银行紧抓产业扶贫这个脱贫攻坚的关键环节,着力增强贫困地区的"造血"能力。2016 年以来发放产业扶贫贷款 408 亿元,助力数十万建档立卡贫困户走上增收脱贫之路,在支持贫困地区产业发展中发挥了较好的示范引领作用。一是积极与央企、国企、地方行业龙头企业开展合作,将龙头企业的市场优势、行业优势与贫困地区的资源优势有机结合,通过签订购销合同、吸纳就业、土地流转、分红等方式,构建龙头企业与贫困人口之间的利益联结机制,带动贫困人口增收脱贫。二是完善推广"四台一会"(管理平台、统贷平台、担保平台、公示平台、信用协会)贷款模式,将"四台一会"融资机制与村级互助资金协会运作机制有效结合,向甘肃建档立卡贫困人口提供单笔额度不超过 3 万元的小额扶贫信用贷款 10.2 亿元,支持了 3.4 万贫困农户发展特色产业。三是借鉴德国复兴信贷银行模式,将开发银行批发优势和中小商业银行零售优势有机结合,合作开展转贷款试点,在河南、甘肃等地发放扶贫转贷款 7000 多万元,重点支持贫困地区小微企业和农户发展特色产业。四是牢固树立"易地扶贫搬迁是脱贫搬迁"的理念,在支持地方政府编制规划中统筹考虑搬迁群众就业、子女上学、社会保障等问题,把后续产业发展作为支持重点,与搬迁安置同步规划、同步推进,并制定专门的指导意见,对搬迁安置与后续产业发展进行同步授信、同步支持。还创新捐赠资金使用方式,为 21 个贫困县捐赠资金 2400 万元,用于壮大风险补偿金,为贫困县产业发展提供支持。

六、积极开拓创新，加强教育医疗两大保障建设

开发银行瞄准贫困地区教育和医疗卫生两大突出短板，不断拓宽扶贫开发思路，切实加大支持力度。教育扶贫方面，发挥助学贷款主力银行作用，按照"应贷尽贷"原则，截至 2017 年 6 月末，开发银行累计发放助学贷款 1108 亿元，覆盖了 26 个省（自治区、直辖市），2094 个县，2711 所高校，使 898 万家庭经济困难学生圆梦大学，其中支持建档立卡贫困学生超过 100 万人。在四川古蔺率先开展中职教育助学贷款试点，为家庭贫困的中职学生提供信用贷款，重点解决住宿费和生活费不足问题，支持贫困学生接受中职教育，为促进就业增收打下基础。同时，通过支持职业学校和农民工培训基地建设，着力提高贫困人口生产劳动技能，增强就业和创业能力，助力贫困人口彻底摆脱贫困。健康扶贫方面，主动与卫生计生委加强合作，开展联合调研，共同研究推进开发性金融支持贫困地区医疗卫生事业发展的指导意见和工作方案，探索创新融资支持方式，重点支持贫困地区县级医院、乡镇卫生院、村卫生室等建设。在云南省，开发银行通过统贷模式支持职业学校和县级医院建设脱贫工程，实现贷款承诺 201.5 亿元，发放 10 亿元，支持全省 38 所职业学校、30 个县级公立医院和妇女儿童医院建设，切实加快了贫困地区教育、医疗卫生保障的进程。

七、强化融智服务，为打赢脱贫攻坚战提供智力支持

扶贫必先扶智。开发银行在加大脱贫攻坚资金支持的同时，充分发挥专家优势，不断创新帮扶方式，切实加大融智支持力度。一是加大人才支持。选派 183 名综合素质好、责任意识强、业务能力过硬的业务骨干到 832 个国家级贫困县所在的 174 个地市州专职开展扶贫工作，在规划编制、扶贫项目策划、融资模式设计等方面帮助地方政府找思路、出主意。二是加强规划编制。

坚持从规划入手,推动地方政府科学谋划脱贫攻坚工作,协助 22 个省份编制省级脱贫攻坚规划,与 22 个国家级贫困县开展融资规划编制合作试点,并组织开展武陵山片区等 28 项扶贫融资规划的编制工作。三是举办"扶贫开发地方干部培训班"。先后为全部 14 个集中连片特困地区举办了专题培训班,覆盖 721 个贫困县,培训贫困县领导干部 1400 余人次。四是创新开展定点扶贫。在做好贵州正安、务川、道真和四川古蔺 4 个贫困县定点帮扶工作的同时,开发银行将中央国家机关组织协调、政策保障和行业管理优势与自身融资融智优势相结合,积极探索合力推进定点扶贫的新路子。目前,开发银行已与 75 个中央国家机关建立合作关系,先后参与了 89 个贫困县的扶贫规划和 129 个贫困县融资方案的编制,向 230 个贫困县发放贷款超过 1000 亿元。2017 年 5 月,开发银行与中央国家机关工委联合举办中央国家机关扶贫挂职干部培训班,为 89 个单位的 160 位定点县挂职干部提供培训。

支持打赢脱贫攻坚战是开发银行应尽的职责。开发银行将深入贯彻落实习近平总书记系列重要讲话精神,牢固树立"四个意识",在服务国家战略中找准定位,在落实中央决策部署中实现作为,在脱贫攻坚行动中展现担当,重点做好以下几方面工作:

一是着力支持贫困村提升工程。以 12.8 万个建档立卡贫困村为重点,加大对特困地区村组道路、安全饮水、电网改造、人居环境整治等基础设施和基础教育、职业教育以及医疗卫生等公共服务领域资金投入和政策支持,全面提升深度贫困地区和建档立卡贫困村的生产生活条件,打通脱贫攻坚政策落实"最后一公里"。同时,进一步加大对西藏、四省藏区、新疆南疆四地州及四川凉山、云南怒江、甘肃临夏等民族地区基础设施和公共服务等领域的支持力度,助力深度贫困地区脱贫攻坚。

二是加大易地扶贫搬迁支持力度。继续加大易地扶贫搬迁资金投放,为全国约 1000 万建档立卡贫困人口完成搬迁任务提供资金保障。同时,主动创新投融资模式,加大对已搬迁群众和安置区的跟踪支持力度,推动和参与后续发展规划,研究适合区域性特点的搬迁人口脱贫方案和投融资方案,为搬迁户就业有渠道、收入有提高、生活能融入提供全面金融服务。

三是推进产业扶贫。聚焦易地扶贫搬迁后续产业发展,将搬迁群众就业创业作为产业扶贫工作重点。深化银政合作,完善推广"四台一会"贷款模式,积极探索资产收益扶贫等创新模式,重点支持农村经济组织发展,壮大贫困村集体经济。积极与龙头企业合作,培育一批带动性好、可持续的产业扶贫项目,共同支持贫困地区产业发展,带动贫困群众脱贫致富。

四是大力支持健康、教育扶贫。大力支持健康扶贫,在国家卫生计生委的指导下,着手启动县级医院能力达标工程,改善广大农村特别是贫困人口就医条件,提高医疗卫生服务水平。同时,继续扩大助学贷款覆盖面,做好中等职业教育助学贷款试点工作;加大教育基础设施支持力度,支持建设一批有专业特色并适应市场需求的中等职业学校。

五是推进"三大行动"。实施深度贫困地区脱贫攻坚行动,按照习近平总书记"新增脱贫攻坚资金主要用于深度贫困地区,新增脱贫攻坚项目主要布局深度贫困地区,新增脱贫攻坚举措主要集中于深度贫困地区"的"三个新增"要求,将开发银行信贷资金和政策向深度贫困地区倾斜,进一步探索创新超常规举措,助力深度贫困地区与全国一道进入全面小康社会。实施定点扶贫行动,推动扩展与国资委、中央国家机关工委等部门的合作,将各部委的组织协调优势、行业指导优势与开发银行开发性金融优势相结合,有效整合资源,形成推动定点县脱贫攻坚的强大合力。实施东西部扶贫协作行动,贯彻党中央、国务院关于东西部扶贫协作的决策部署,建立支持东西部扶贫协作的工作机制,发挥开发性金融优势与作用,为促进东西部扶贫协作提供支持和服务。

融 制 篇

"脱贫攻坚要取得实实在在的效果，关键是要找准路子，构建好的体制机制。"贫困地区发展滞后表面上看是缺资源、缺资金，实际上是缺乏资金、资源可持续进入和发挥作用的体制机制。开发银行始终坚持机制建设先行，把政府的组织优势与开发银行的融资融智优势紧密结合，通过创新体制机制，凝聚各方合力，构建起政府、银行、企业等多方参与的大扶贫格局。本篇主要介绍开发银行银政合作机制建设情况，以及创新制度和方法，推动定点扶贫、深度贫困地区脱贫攻坚、东西部扶贫协作"三大行动"的做法和成效。

创设银政合作新机制
搭建合力攻坚新平台

◇◦◦◦◦◦●◦◦◦●◦◦◦◦◦●◦◦◦◦◦●◦◦◦◦◦●◦◦◦◦◦●◦◦◦◦◦●◦◦◦◦◦●◦◦◦◦◦●◦◦◦◦◦●◦◦◦◦◦●◦◦◦◇

多年来,开发银行始终坚持把加强和深化政府合作作为巩固、发展脱贫攻坚机制建设的关键环节,不断深化与各级政府的合作,加强扶贫工作的机制建设,为更好地发挥开发性金融作用、支持打赢脱贫攻坚战提供了有力支撑。

一方面,开发银行大力推进与各部委的合作。加强向有关主管部门的沟通汇报,与中央政策研究室、中央农办、国家发展改革委、教育部、财政部、交通运输部、水利部、农业部、卫生计生委、人民银行、国家林业局、银监会、国家能源局、国务院扶贫办等部门密切合作,探讨各领域开展扶贫开发的思路和方法。

——积极参与政策创设。自 2015 年 3 月以来,开发银行先后 5 次与中央农办等部门沟通对接,积极参与《中共中央 国务院关于打赢脱贫攻坚战的决定》的起草工作,研究探索金融扶贫的超常规措施,从扶贫融资主体建设、融资模式创新、财政资金整合等方面提出意见建议并被吸收采纳。与国务院扶贫办签署开发性金融扶贫合作协议,共同探索支持贫困乡村发展特色产业、扶贫小额信用贷款、资产收益扶贫等精准扶贫的方法和模式。与国家发展改革委合作开展全国易地扶贫搬迁"十三五"规划前期研究,为规划的编制奠定良好基础。双方联合发布《关于支持特色小（城）镇建设促进脱贫攻坚的意见》，支持脱贫攻坚与特色小（城）镇建设相互促进、协同发展。

——合力聚焦重点领域。与水利部合作，发挥开发性金融对水利扶贫开发工作的重要促进作用，夯实贫困地区水利基础设施，加快贫困地区水利改革发展。与交通运输部签署合作协议，共同推进交通扶贫领域的制度、信用、市场建设，提供7000亿元的融资支持，破解交通扶贫融资难题，为打赢脱贫攻坚战提供保障。与国家林业局、财政部、国务院扶贫办印发关于整合和统筹资金支持贫困地区油茶核桃等木本油料产业发展的指导意见，创新林业扶贫的新模式。与国家民委共同研究提出支持武陵山片区发展的意见及实施方案；并会同国家民委、国家旅游局、全国工商联及湖北、湖南、重庆、贵州四省（直辖市）政府签署《推进武陵山片区旅游减贫致富与协同发展合作协议》及相关指导意见，推进片区旅游产业发展，促进扶贫开发。此外，与国家卫生计生委、教育部加强合作，研究推进医疗、教育扶贫的指导意见和工作方案。

——共同推进定点扶贫。开发银行深化与中央国家机关工委合作，与中央国家机关和单位共同探索支持定点扶贫县脱贫攻坚的新方式。开发银行已与75个中央国家机关建立合作关系，先后参与了89个贫困县的扶贫规划和129个贫困县融资方案的编制，向230个贫困县发放贷款超过1000亿元。2017年5月，开发银行与中央国家机关工委联合举办中央国家机关扶贫挂职干部培训班，为89个单位的160位定点县挂职干部提供培训。

专栏：开发银行与国家民委共同推进武陵山片区脱贫攻坚与区域发展

武陵山片区是维护民族团结、促进民族进步的重要区域，推动这一片区的脱贫攻坚与区域发展工作，对于全国民族地区经济社会发展具有重要示范带动意义。2013年以来，开发银行和国家民委与湖北、湖南、贵州、重庆四省（直辖市）政府在推进武陵山片区脱贫攻坚试点方面开展了大量探索和实践，形成了金融推动片区发展的新路子。

2013年，开发银行和国家民委通过深入调研，共同研究提出《关于支持武陵山片区区域发展与脱贫攻坚试点的意见》及实施方案，与湖北、湖南、重庆、贵州四省(直辖市)政府共同签署六方合作协议,搭建了银政合作推进武陵山区域扶贫开发的新机制。2016年1月,开发银行参加在重庆召开的武陵山片区区域发展与扶贫攻坚推进会,与国家民委、国家旅游局、全国工商联以及四省(直辖市)政府签订了《推进武陵山片区旅游减贫致富与协同发展合作协议》,2016年6月,与国家民委、国家旅游局、全国工商联联合印发《关于推进武陵山片区旅游减贫致富与协同发展的意见》,为探索武陵山片区扶贫开发的新模式和新机制,加快推进片区如期实现全面建成小康社会的目标共谋思路。

此外,开发银行湖北、湖南、重庆、贵州四省(直辖市)分行积极与省、市、县各级政府部门加强合作,全面加大对当地扶贫开发支持力度。如:与湖南省发展改革委共同研究提出旅游扶贫工作方案,探索以"小专项 + 贷款"的模式对大湘西地区节点旅游交通标志和旅游公共服务设施建设予以融资支持。与重庆市黔江区政府签订了《共同推进扶贫攻坚工作和渝东南片区中心城市建设开发性金融合作备忘录》和《政银联动推动扶贫开发战略合作协议》。通过加强银政合作,夯实了金融支持武陵山片区发展的工作基础。

另一方面,开发银行以开发性金融脱贫攻坚合作办公室(以下简称"合作办")建设为重点,不断深化与各级地方政府的脱贫攻坚合作。2016年以来,开发银行充分运用开发性金融理论和金融社会化理念,不断深化银政合作机制,扶智建制,通过合作办建设,构建覆盖到县的扶贫开发业务合作机构和组织管理体系,最大限度把地方政府的组织优势与开发银行的融资、融智、融商优势结合起来,转化为日常协调运转和项目建设的管理优势,发挥开发性金融资金引导作用。

——合作办的成立:由省(市、县)政府组织成立,受开发性金融脱贫攻坚合作领导小组领导,可以挂靠在省(市、县)政府或者财政、发展改革等部门。合作办主任由合作领导小组指定。合作办应有固定办公场所和相应工作人员,可吸收财政、发展改革、扶贫等部门业务骨干参加,有条件的地区可以招聘专职人员。

——重要意义:合作办建设是加快推进金融支持脱贫攻坚工作的有效手段,巩固和完善扶贫开发机制建设的重要内容,开发银行支持地方脱贫攻坚工作的抓手以及进一步深化开发银行与地方政府合作关系的桥梁。合作办的建设完成标志着开发银行与地方政府共同完成扶贫开发机制顶层设计。合作办建设有利于在规划编制、项目开发、融资方案设计等方面发挥政府对扶贫开发工作的组织管理优势，建立任务明确、责任到位、协调有效、运行顺畅的工作推进机制，有利于建立和完善扶贫项目运作、资金运行管理和项目实施评价等方面的制度，助力打通扶贫开发贷款"借用管还"路径，推动建立扶贫开发长效机制。

——主要职责：合作办作为协助组织、推动、协调开发性金融扶贫开发业务的合作平台，负责地方政府与开发银行的日常沟通和协调，以及组织开展当地脱贫攻坚的日常工作。主要职责包括但不限于：推动并参与地方脱贫攻坚等各项规划的制定与实施，做好与开发银行融资服务的对接；制定开发性金融支持当地脱贫攻坚的具体方案，确定支持领域，研究配套政策；组织开展项目申报，筛选重点支持项目，设计融资模式，研究和制定融资方案；推动基层政府及有关部门组织做好项目实施和监督等工作，协调解决扶贫开发业务遇到的困难和问题；协助开发银行开展贷款审查、民主评议、合同签订、资金支付、贷后管理和本息回收等工作；推动落实贷款风险补偿等相关政策，完善项目民主评议和社会公示机制，促进扶贫开发业务风险控制网络建设；组织、引导社会各方力量参与开发银行扶贫开发融资服务体系，整体推进脱贫攻坚工作。

实践证明，加强合作办建设对加快推进脱贫攻坚工作具有十分重要的作用。截至2017年6月末，开发银行已推动地方政府合作建立省市县三级合作办共计105个，在江西、湖北、宁夏、贵州、河南推动建立省级开发性金融脱贫攻坚合作办公室，在贫困地区建立了市级合作办20个，县级合作办80个，为全面支持和服务脱贫攻坚奠定了良好的基础。

专栏：河南省商洛市开发性金融脱贫攻坚合作办公室成效凸显

开发银行与河南省商洛市委、市政府坚持从领导决策层面发力、高位推动、高点起步，双方签署《开发性金融支持商洛脱贫攻坚"十三五"合作备忘录》，建立开发性金融支持脱贫攻坚工作联席会议制度，在市、县分别成立开发性金融支持商洛脱贫攻坚领导小组，由市、县"一把手"任组长，财政、发改、扶贫等职能部门主要负责人任组员。同时，在市县两级设立开发性金融支持脱贫攻坚合作办公室，办公室统一设在市、县区财政局，由财政局长兼任办公室主任，主管副局长和陕西省分行一名副处长兼任副主任，办公室内设综合协调、项目指导和资金管理三个组，负责出台扶贫项目和资金管理办法，明确责任主体，协调金融扶贫工作开展。目前，市、县区办公室已全部设立并正常运转，调配工作人员 80 余人，形成了政银共管，财政、银行、城投公司三方牵制，既分工又协作的工作机制。

　　一年来，在开发性金融合作办公室的推动和支持下，各项制度建设进一步完善，先后制定出台了项目管理、资金管理、县级报账支付、涉农资金整合、报告制度、联合检查验收、工作职责、档案管理、试点工作方案等十多个制度和办法，建立了项目管理统一计划、统一限价、统一监理、统一决算、统一验收的"五统一"机制，为项目规范实施、资金安全运行提供了强有力的制度保障。同时，通过开展业务培训，有效提高了工作人员的能力水平，为支持打赢脱贫攻坚战提供了有力的人才保障。合作办的设立成为商洛市开发性金融脱贫攻坚取得成效的关键。截至 2017 年 6 月末，开发银行向商洛市累计发放贷款 221 亿元，投放专项建设基金 11.44 亿元。其中，2016 年授信 35 亿元支持 701 个贫困村提升工程，有效改善了贫困村生产生活条件，增强了贫困群众获得感，为产业发展创造了良好条件。2016 年，商洛市贫困人口由 2015 年的 49 万多人减少至 29.68 万人，减贫 20 余万人，占陕西省年度减贫人数的 15.4%，有 163 个贫困村实现"摘帽"退出。

履行社会责任　加大定点扶贫力度

◇◇

定点扶贫是党中央、国务院作出的重大决策,是中国特色扶贫事业的重要组成部分和不可或缺的重要力量。开发银行认真贯彻落实党中央、国务院关于定点扶贫的决策部署,发挥开发性金融作用,大力支持贵州正安、道真、务川县和四川古蔺县4个定点扶贫县的脱贫攻坚工作,并与中央国家机关合作,整合优势资源,共同推动定点扶贫合作取得显著成效,切实提升帮扶作用,打造银政扶贫合作的新模式、新经验。

一、多措并举,大力支持4个定点扶贫县脱贫攻坚

（一）坚持机制建设,加强组织领导

开发银行始终把定点扶贫作为一项重要政治任务,摆在突出位置,认真履行使命。中央单位定点扶贫工作会议召开后,开发银行成立了以胡怀邦董事长任组长的定点扶贫工作领导小组,明确目标任务,加大领导力度,层层压实责任。针对定点扶贫县的实际情况,专门出台《关于进一步做好定点扶贫工作的意见》,厘清帮扶思路,细化支持举措,提供充足资金和政策保障。同

时,在古蔺县建立开发性金融脱贫攻坚合作办公室,加强顶层设计,搭建合作平台,形成政府、开发银行、企业密切配合、积极联动的定点扶贫工作格局。

(二)坚持"四到"工作思路,加大融资支持

易地扶贫搬迁方面,通过省级投融资主体向4个定点扶贫县发放易地扶贫搬迁贷款6.7亿元,投放专项建设基金1.9亿元,惠及1.3万搬迁人口。创新融资模式和金融产品,支持古蔺县发行易地扶贫搬迁专项债券,成功向社会筹集资金5亿元。贫困村提升工程方面,为4个定点扶贫县农村基础设施建设项目承诺贷款41.7亿元,发放19.8亿元,将惠及225个贫困村的82万贫困人口。产业扶贫方面,向正安、道真、务川3个县累计发放"开发银行小额农贷"4.15亿元,直接支持3295户农户、37家中小企业和19家合作社,打造正安白茶、道真中药材、务川羊业三个地域优势产品。通过"四台一会"模式支持古蔺县中小企业发展生产,发放贷款3800万元,增加就业岗位312个。教育扶贫方面,向4个定点扶贫县累计发放助学贷款4.4亿元,惠及5.2万名家庭贫困学生,并率先在古蔺试点中职教育助学贷款,首批支持192名贫困学生接受中等职业教育,掌握一技之长,实现就业增收。

(三)坚持规划先行,做好顶层设计

开发银行充分发挥在专家、行业等方面的优势,通过编制规划和咨询报告,因地制宜提出差异化发展思路和融资支持方案,提升金融扶贫的精准度与科学性。为古蔺县编制《古蔺县脱贫攻坚重点领域融资规划》,并组织专家完成《古蔺县能源、旅游、农特产业发展建议》,以发展顾问等形式帮助古蔺县加强扶贫投融资主体建设,推动项目融资和规划建设等工作。为务川、正安、道真3个县编制《脱贫攻坚融资规划研究》,就3个县脱贫攻坚提出融资政策建议。

(四)坚持智力帮扶,着力人才支持

开发银行与定点扶贫县建立人才双向交流机制,向4个定点扶贫县派驻挂职干部5名,专职开展扶贫开发工作,并接收3名干部赴开发银行交流挂

职,有效解决定点扶贫县和支援县金融生态建设滞后、金融专业人才不足的问题。开发银行挂职干部扎根基层,吃苦奉献,帮村子出主意、想办法、引项目,为群众做好事、办实事、解难事,受到地方政府的一致肯定和贫困群众的热烈欢迎。同时,开发银行进一步加大地方干部培训力度,2017年7月,在贵州道真为定点扶贫县举办"扶贫开发地方干部培训班"。截至2017年6月末,为4县举办6期培训班,累计培训地方干部176人次,增强了当地干部运用金融手段开展扶贫开发的意识和能力。

（五）坚持创新模式,加大捐赠支持

开发银行将开发式扶贫和救济式扶贫相结合,不断创新方式方法,着力提升定点扶贫县自我发展能力。一方面,创新捐赠资金使用方式。2016年为4个定点扶贫县各安排捐赠资金160万元,用于补充产业贷款风险补偿金,为建档立卡贫困户发展产业脱贫提供增信,撬动更多的信贷资金支持贫困农户发展产业,有效增强产业扶贫融资能力,促进定点县特色产业发展壮大。另一方面,继续做好教育捐赠工作。开展"彩烛工程"公益培训,投入捐赠资金200万元,联合北京师范大学为4个定点扶贫县137名小学校长举办3期培训。举办"快乐音乐教室"活动,捐赠200万元,为务川、正安、道真三县设立6所音乐教室,并邀请北京天使童声合唱团为当地音乐教师提供专业的合唱培训。开展"新长城"贫困高中生资助活动,捐助120万元,为定点县600名高中自强班学生正常学习生活提供支持和保障。

二、创新机制,与中央国家机关合作推动定点扶贫

（一）加强沟通对接,夯实工作机制

2015年12月汪洋副总理主持召开中央单位定点扶贫工作会议后,开发银行认真贯彻党中央、国务院对定点扶贫的重要指示精神,主动向各中央国家机关汇报,提出将部委政策优势、组织优势与开发银行融资融智优势相结

合,共同推动定点扶贫的工作思路,得到了很多部委的认可和支持。开发银行主动向有关单位汇报,探索推进定点扶贫合作,先后向水利部、农业部、中央国家机关工委递交了《定点扶贫合作方案》,尤其是与中央国家机关工委建立了整体合作机制,重点跟踪和支持了中央国家机关工委牵头的89家中央国家机关的171个定点扶贫县,改进传统"一对一"合作模式,由点及面,切实提高整体合作成效。开发性金融脱贫攻坚主要做法和与中央国家机关定点扶贫合作思路,获得各部门的充分肯定。中央国家机关工委有关负责同志表示,"开发银行对中央国家机关定点扶贫工作的有力支持,增强了中央国家机关做好定点扶贫的信心和决心",国务院扶贫办有关负责同志认为,"开发银行是金融扶贫的先行者和主力,为定点扶贫搭建了有力的金融服务平台"。

开发银行各分行积极向中央单位定点扶贫县派驻了扶贫工作组和金融扶贫专员,发挥宣传员、规划员、联络员作用,主动与中央国家机关扶贫挂职干部对接,建立联系和合作机制。开发银行山西省分行通过省扶贫办协调,一次性与15家中央驻晋单位的56名挂职干部全部进行了对接。2016年9月,在国家林业局主要负责同志、广西壮族自治区人民政府有关负责同志的见证下,开发银行广西壮族自治区分行与国家林业局定点帮扶的龙胜县、罗城县签订了《开发性金融支持林业定点扶贫县全面合作协议》,支持林业精准扶贫及国家储备林项目建设,增强林业发展对脱贫攻坚的支撑保障能力。截至2017年6月末,开发银行有21家分行与89个中央国家机关在135个县的挂职人员建立了联系,12家分行与37个中央国家机关的49个定点扶贫县签订了扶贫合作协议。

(二)开展扶贫规划和融资方案编制,提升扶贫精准度

开发银行抓住扶智建制这个关键,积极为中央国家机关定点扶贫县提供规划和融资方案等各类融智服务。2016年,开发银行选取了18个中央单位定点扶贫县启动规划合作,为各县提供20万元规划费用支持,结合开发银行和中央单位的专家及行业优势,为贫困县提供扶贫规划及配套融资规划编制、产业扶贫研究等服务,目前18份规划报告已全部完成。2017年,开发银行成立了卢氏县脱贫攻坚规划咨询报告编制小组,实地走访6个乡镇、6个建

档立卡贫困村,通过深度调研,针对五大领域提出十大工程和34个项目包,梳理重点项目484个,合计总投资200亿元左右,并于7月会同海关总署正式向卢氏县政府递交了规划咨询报告。开发银行有关分行协助63个县编制扶贫规划,并根据扶贫规划整体部署及重点扶贫项目融资需求,加强实地调研,为定点扶贫县把脉,先后为88个中央国家机关的129个定点扶贫县策划了融资方案,有力推动扶贫项目的落地实施。

(三)服务地方干部培训,输送金融扶贫方法

"十三五"以来,开发银行举办了14期"扶贫开发地方干部培训班",覆盖14个集中连片特困地区、721个贫困县,片区内的中央单位定点扶贫县均派人参加。2017年5月,开发银行与中央国家机关工委联合举办"开发性金融助力脱贫攻坚中央国家机关定点扶贫挂职干部培训班",共有84个中央国家机关的160余名定点扶贫挂职干部参训,培训得到各方领导的高度重视,国务委员杨晶同志亲自审定培训方案,中央国家机关工委负责同志、国务院扶贫办主要负责同志等出席。同时,开发银行协助中央国家机关工委建立定点扶贫干部微信群,并编制了扶贫政策汇编材料,持续向中央国家机关定点扶贫挂职干部分享扶贫政策、典型案例。此外,开发银行各分行积极开展形式多样的培训活动,如2016年10月,开发银行河南省分行召开三期"开发性金融支持脱贫攻坚地方干部研讨会",覆盖全省38个国家级贫困县,向主管县领导及发改、财政、扶贫办、金融办、城投公司等部门讲解扶贫政策及融资模式,增强地方干部运用金融手段开展扶贫开发的意识和能力。

(四)坚持"四到",加大对定点扶贫县融资支持力度

开发银行按照"易地扶贫搬迁到省、基础设施到县、产业发展到村(户)、教育资助到户(人)"的思路,加大向中央国家机关定点扶贫县的信贷投放力度,截至2017年6月末,向中央国家机关定点扶贫县累计发放扶贫贷款1417亿元,其中2016年以来发放贷款865亿元,投放专项建设基金58亿元。易地扶贫搬迁方面,按照"省级统贷、整体承诺、分县核准、分笔签约、分批发放支付"的模式,向158个定点扶贫县授信易地扶贫搬迁贷款734亿元、发放115

亿元,惠及 3.2 万个建档立卡贫困村 41 万建档立卡贫困人口。农村基础设施方面,向 132 个定点扶贫县授信农村基础设施贷款 825 亿元、发放 288 亿元,惠及 9696 个建档立卡贫困村 478 万建档立卡贫困人口,重点支持建档立卡贫困村的村组道路、安全饮水、农村环境整治、校安工程等,加快补齐农村基础设施建设短板。产业扶贫,积极发挥龙头企业带动作用和"四台一会"银政合作机制,向 34 个定点扶贫县授信产业扶贫贷款 40 亿元,发放 27 亿元,大力支持新型农业经营主体发展特色优势产业,惠及 8.8 万建档立卡贫困人口。助学贷款方面,本着"应贷尽贷"原则,向 192 个定点扶贫县发放助学贷款 125 亿元,帮助 58 万家庭经济困难学生圆了大学梦。

(五)创新服务方式,改善地方扶贫条件

开发银行创新扶贫工作思路,将捐赠资金作为贫困县风险补偿金,为当地发展特色产业提供融资担保增信,撬动信贷资金帮扶当地建档立卡贫困人口脱贫致富。2016 年以来,向 14 个中央国家机关定点贫困县各安排 100 万元捐赠资金,合计 1400 万元,若按 1:10 的杠杆放大效应测算,可撬动信贷资金 1.4 亿元。按每户贷款 5 万元计算,可支持建档立卡贫困户约 2800 户。同时,与国家发展改革委联合印发《关于开展开发性金融支持返乡创业促进脱贫攻坚有关工作的通知》(发改就业〔2017〕1274 号),将 23 个中央国家机关定点扶贫县纳入试点范围予以支持。

采取金融扶贫超常规举措
决胜深度贫困地区脱贫攻坚战

习近平总书记2017年6月23日在山西深度贫困地区脱贫攻坚座谈会上指出,我国现有贫困大多集中在深度贫困地区。这些地区多是革命老区、民族地区、边疆地区,基础设施和社会事业发展滞后,集体经济薄弱,脱贫任务重,越往后脱贫成本越高、难度越大。脱贫攻坚本来就是一场硬仗,深度贫困地区脱贫攻坚更是这场硬仗中的硬仗,必须给予更加集中的支持,采取更加有效的举措,开展更加有力的工作。会后,开发银行党委立即组织认真学习习近平总书记重要讲话,深入贯彻落实会议精神,全面认识深度贫困地区脱贫攻坚的艰巨性和重要性,切实增强打赢脱贫攻坚战的责任感和使命感。研究出台《关于开发性金融支持深度贫困地区脱贫攻坚的意见》,充分发挥开发性金融的优势和作用,聚焦西藏、新疆南疆、四省藏区以及云南怒江、四川凉山、甘肃临夏等深度贫困地区,向最难啃的"硬骨头"精准发力,助力深度贫困地区和贫困群众同全国人民一道进入全面小康社会。

一、以融制合作为基础,强化扶贫开发机制建设

开发银行主动加强与深度贫困地区地方政府的沟通与合作,将政府的组

织协调、政策保障优势与开发银行的融资融智优势相结合,加强机制体制建设,夯实工作基础。一是签订脱贫攻坚合作协议。与西藏自治区签订脱贫攻坚合作协议,提出"十三五"期间为西藏脱贫攻坚提供 500 亿元融资支持的工作目标。此外,与新疆维吾尔自治区,四省藏区的云南迪庆,四川阿坝、甘孜,云南怒江,甘肃临夏等地方政府分别签订合作协议,明确工作目标、支持重点、工作举措和合作机制等内容,为加快推进深度贫困地区脱贫攻坚奠定良好的基础。二是完善机构设置。为了更好地服务新疆南疆地区脱贫攻坚,促进经济发展和社会稳定,开发银行于 2015 年在喀什增设二级分行,通过专门机构和专业力量,进一步支持南疆基础设施、水利、交通等重大项目建设和民生改善。三是制定专门支持政策。根据国家援疆援藏特惠政策,开发银行专门制定了《关于深化对口援疆工作的指导意见》(开发银行发〔2012〕457 号)、《关于开发性金融支持西藏"十三五"发展的指导意见》(开发银行规章〔2016〕96 号)等多项制度文件,为西藏、南疆等地区的社会发展和长治久安提供差异化政策支持。

二、加强融智服务,提升支持深度贫困地区发展的科学性和精准度

一是加大人才支持。向深度贫困地区的地市州派驻 26 名综合素质好、责任意识强、业务能力过硬的业务骨干专职开展扶贫工作。先后连续四年派驻 16 名员工赴南疆地区驻村帮扶,在规划编制、扶贫项目策划、融资模式设计等方面帮助地方政府找思路、出主意。二是加强规划编制。坚持从规划入手,推动地方政府科学谋划脱贫攻坚工作。结合当地旅游资源禀赋和以"首位产业"发展旅游的契机,将产业规划与扶贫工作有机结合,协助编制四川凉山州"十三五"旅游扶贫规划。先后协助喀什地区编制完成《喀什地区"十三五"易地扶贫搬迁融资规划》《喀什市"十三五"扶贫攻坚融资规划》和《哈密地区"十三五"扶贫开发规划》,得到地方政府的欢迎和肯定。三是举办"扶贫开发地方干部培训班"。先后为西藏、新疆南疆四地州、四省藏区等深度贫困地区

的地方干部举办了专题培训班,覆盖深度贫困地区 204 个贫困县,培训贫困县领导干部 246 人次,帮助扶贫干部更好地了解国家扶贫政策和开发性金融支持脱贫攻坚的模式做法,增强运用金融手段开展扶贫开发的意识和能力。

三、大力支持基础设施建设,加快改善
深度贫困地区落后面貌

深度贫困地区交通基础薄弱,水利建设滞后,农村基础设施欠账多,是制约脱贫攻坚的难点和"短板"。开发银行发挥中长期信贷优势,大力支持交通、水利、电力等大型基础设施建设,有力破解深度贫困地区发展瓶颈制约。在南疆,支持阿尔塔什水利枢纽、三岔口至莎车高速公路、库车机场、喀什热电厂等项重大基础设施领域建设,累计发放贷款 260 亿元。在云南怒江,以专项建设基金的方式,向保泸高速项目、大华桥水电站项目和黄登水电站项目投放 16 亿元。在四省藏区,依托独有的水利资源,大力支持水利水电建设,向两河口、毛尔盖河、澜沧江里底水电站等重点水电项目发放贷款 152 亿元,涉及装机容量超过 1500 万千瓦。向丽香高速、丽香铁路等项目投放专项建设基金 6.4 亿元,向九黄机场、雅康高速、汶马高速等重点工程发放贷款 27 亿元,显著改善了九寨沟、雅安、康定等旅游地区的交通状况,为发展旅游扶贫等特色产业扶贫提供了良好条件。

围绕村组道路、安全饮水、环境整治、校安工程等与贫困群众生产生活密切相关的领域,运用统筹整合贫困县扶贫涉农财政资金相关政策,推动完善财政涉农资金使用机制,创新融资支持方式,在不增加财政负担的基础上,切实加大对贫困村基础设施建设的支持力度,大力推进贫困村提升工程。支持西藏林芝、阿里、日喀则、山南等地区边境小康村建设,其中已向林芝、阿里等地承诺贷款 24 亿元,发放贷款 4 亿元,惠及建档立卡贫困户 28513 人。截至2017 年 6 月末,开发银行累计向深度贫困地区承诺农村基础设施贷款 332.4亿元,发放 154.3 亿元,有力改善了深度贫困地区的生产生活条件,提升了贫困群众的获得感,激发了内生发展动力,并为产业发展奠定基础,为实现持久

脱贫创造了条件。

四、积极推进产业扶贫，助力实现持久稳定脱贫

开发银行把产业扶贫作为脱贫攻坚的根本途径，发挥批发银行的引领带动作用，创新融资模式，加大支持力度。一是积极与央企、国企、地方行业龙头企业开展合作，将龙头企业的市场优势、行业优势与贫困地区的资源优势有机结合，通过签订购销合同、吸纳就业、土地流转、分红等方式，构建龙头企业与贫困人口之间的利益联结机制，带动贫困人口增收脱贫。在新疆南疆，向中泰化学控股公司等新疆重大纺织项目发放贷款 24 亿元，支持南疆棉花产业链延伸，带动 3500 多名各族群众稳定就业。二是完善推广"四台一会"（管理平台、统贷平台、担保平台、公示平台、信用协会）贷款模式。在甘肃临夏，通过将"四台一会"融资机制与村级互助资金协会运作机制有效结合，向 5 个县区 2000 多户农户承诺互助资金小额信用贷款 7400 万元，发放 2768 万元，向积石山县承诺互助协会贷款 580 万元，重点支持贫困地区小微企业和农户发展特色产业，并在省内 18 个贫困县推广。三是依托特色资源优势，助力特色产业发展。在西藏，支持拉萨市曲水县农业产业化示范基地建设，通过培育玛咖、党参等十余种经济作物，取得较好经济效益，帮助当地贫困群众 390 户 1800 多人实现就业增收脱贫。在四省藏区，支持青海海南州、海西州格尔木等光伏发电项目超过 80 兆瓦，发放贷款 15.38 亿元。

五、着力教育医疗扶贫，推进脱贫攻坚两大保障建设

开发银行瞄准贫困地区教育和医疗卫生两大突出短板，不断拓宽扶贫开发思路，切实加大支持力度。教育扶贫方面，发挥助学贷款主力银行作用，按照"应贷尽贷"原则，累计向深度贫困地区发放助学贷款 5.2 亿元，帮助近 6 万人次家庭经济困难学生圆梦大学。同时，通过支持职业学校和农民工培训

基地建设，着力提高贫困人口生产劳动技能，增强就业和创业能力，助力贫困人口彻底摆脱贫困。在新疆南疆，向喀什技师学院项目发放贷款 6250 万元，预计每年可培训输送少数民族贫困人口劳动力近 1 万人，实现教育扶贫、带动就业的双重效果。健康扶贫方面，主动与卫生计生委加强合作，开展联合调研，共同研究推进开发性金融支持贫困地区医疗卫生事业发展的指导意见和工作方案，探索创新融资支持方式，重点支持贫困地区县级医院、乡镇卫生院、村卫生室等建设。在云南，开发银行通过统贷模式支持职业学校和县级医院建设脱贫工程，实现贷款承诺 201.5 亿元，发放 10 亿元，支持全省 38 所职业学校、30 个县级公立医院和妇女儿童医院建设，其中包括怒江州 2 所医院和 1 所职业学校，切实加快了贫困地区教育、医疗卫生保障的进程。在西藏，按照"三级甲等医院"标准支持新建日喀则人民医院，发放贷款 2 亿元，有力改善了日喀则地区及藏区西部的医疗基础设施水平，加强了贫困群众的医疗服务保障。

六、创新方式方法，探索深度贫困地区脱贫攻坚新思路

开发银行根据深度贫困地区不同贫困类型和不同致贫原因，坚持因地制宜，突出分类施策，不断创新支持举措，实现精准扶贫。与国家发展改革委联合发布《关于支持美丽特色小（城）镇建设促进脱贫攻坚的意见》，按照统一规划、统一授信、整体建设的方式支持脱贫攻坚与美丽特色小（城）镇建设相互促进、协同发展。在新疆南疆率先取得突破，推动"十三五"南疆特色乡镇脱贫攻坚项目落地，承诺中长期贷款 500 亿元，支持南疆 50 个特色小城镇建设。截至 2017 年 6 月末，已实现贷款发放 8 亿元，支持沙雅县红旗镇和阿恰勒特色小城镇加快建设。将脱贫攻坚和生态保护相结合，探索创新生态文明融资模式，支持生态文明建设。在甘肃临夏，按照"统一规划，分年实施"的思路，加强贫困地区生态文明小康村建设，重点支持产业培育发展、村容村貌整治、公共服务和社会保障等方面，实现贷款承诺 18 亿元，发放 12 亿元。

开发银行将认真学习贯彻习近平总书记关于深度贫困地区脱贫攻坚的

重要讲话精神,把深度贫困地区作为脱贫攻坚工作的重中之重,进一步推动脱贫攻坚向深度贫困地区聚焦,向最难啃的"硬骨头"精准发力。重点将抓好以下几方面工作:

一是立足深度贫困地区,进一步加大融制合作。坚持把加强政府合作、强化融制服务作为重要抓手,支持深度贫困地区不断探索创新脱贫攻坚的制度安排和机制设计,在深度贫困地区大力推进开发性金融脱贫攻坚合作办公室建设,积极推动深度贫困地区政府开展信用体系建设,着力构建吸引资金、资源持续进入的制度、市场和信用,帮助破解深度贫困地区脱贫攻坚领域的瓶颈制约。

二是落实"三个新增"要求,进一步加大融资支持力度。按照"四到"工作思路和方法,切实加大对深度贫困地区脱贫攻坚的融资支持力度,着力解决健全公共服务、建设基础设施、发展产业等问题。进一步加大对云南省贫困地区医疗卫生教育事业的融资支持,尤其是做好怒江等深度贫困地区的支持和服务。大力支持西藏基础设施建设,破解发展瓶颈制约。加快对新疆南疆50个特色小城镇项目500亿元贷款的发放进度,探索形成以特色小城镇建设促进脱贫攻坚的新模式。

三是强化规划引领和人才支持,进一步加大融智服务。充分发挥开发银行专家、行业优势,支持深度贫困地区脱贫攻坚规划编制,帮助编制配套的系统性融资规划,并加大对深度贫困地区的规划咨询力度。继续发挥好扶贫金融专员的作用,加大驻村工作队和"第一书记"派驻力度。此外,加强对深度贫困地区地方干部的培训,提高深度贫困地区地方干部的政策水平和运用金融手段开展脱贫攻坚的能力。

四是破除发展瓶颈制约,进一步加大差异化支持政策。针对深度贫困地区特点,开辟绿色通道,加快项目受理、评审进程,在现有政策的基础上进一步研究提出差异化的信贷支持政策,在贷款规模、项目资本金、贷款期限、偿债能力、信用结构等方面给予优惠条件,加快深度贫困地区扶贫项目落地生效。

五是创新思路方法,进一步推进"三大行动"。开发银行将东西部扶贫协作、定点扶贫和深度贫困地区脱贫攻坚作为脱贫攻坚的"三大行动"。把东部地区及定点扶贫部门的优势与开发银行优势相结合,整合资源,凝聚合力,共同加大对深度贫困地区的支持力度。

六是增强责任担当,进一步加大推动力度。研究建立对支持深度贫困地区脱贫攻坚的考核评估机制,明确目标任务,增进行动自觉。加强对深度贫困地区扶贫工作的监督检查,在建设标准核定、资金高效合规使用、建设项目跟踪评价等方面,发挥好金融的影响和作用,严防信贷资金滞留和被挪用等现象发生。通过举办深度贫困地区脱贫攻坚工作现场会、创建开发性金融精准扶贫示范点等工作,总结推广成功经验,发挥引领和示范作用,提升脱贫攻坚工作成效。

开发性金融助力搭建
东西部扶贫协作"连心桥"

◆◇

习近平总书记强调,东西部扶贫协作和对口支援,是推动区域协调发展、协同发展、共同发展的大战略,是加强区域合作、优化产业布局、拓展对内对外开放新空间的大布局,是实现先富帮后富、最终实现共同富裕目标的大举措。开发银行以中央扶贫开发工作会议精神为指引,以习近平总书记系列重要讲话精神为指导,运用开发性金融方法,加大资源整合和资金支持力度,大力开展东西部协作扶贫行动。

一、面对新形势新挑战,进一步做好
东西部扶贫协作需金融发力

组织东部地区支援西部地区 20 年来,党中央不断加大工作力度,形成了多层次、多形式、全方位的扶贫协作和对口支援格局,使区域发展差距扩大的趋势得到逐步扭转,西部贫困地区、革命老区扶贫开发取得重大进展。实践证明,东部支援西部,先富带动后富,开创了优势互补、长期合作、聚焦扶贫、实现共赢的良好局面。东西部结对牵手、协作扶贫,充分体现了党的政治优势和组织优势,以及中国特色社会主义制度的制度优势。2016 年 7 月,习近平总书记在宁夏银川专门召开东西部扶贫协作座谈会,就进一步做好这项工作提出四点要求,为全面打赢脱贫攻坚战提供了重要实践遵循。新时期东西部扶贫协作工作面临着新形势、新挑战。目前,西部贫困地区容易帮扶的已经脱贫,剩下的贫困程度深、扶贫成本高、脱贫难度大,是脱贫攻坚的短板。习近平总书记指出,进一步做好东西部扶贫协作和对口支援工作,必须采取系统的政策和措施。过去的东西部扶贫协作,主要依赖于财政资金的投入,由于财政资金的有限性,合作内容和规模都受到了一定限制。金融可以为东西部扶贫协作提供可持续的资金来源,并推动财政扶贫资金发挥杠杆效应,聚合金融和社会资金形成合力。因此,新时期的东西部扶贫协作需要金融的支持,为搭建东西部之间的"连心桥"注入新的力量。

二、加大组织实施力度,开发性金融在行动

多年来,开发银行发挥开发性金融优势与作用,不断加大对东西部扶贫协作的支持力度。2016 年 10 月,开发银行印发《关于加大东西部扶贫协作支持力度的意见》,结合自身职能,提出开发性金融支持东西部扶贫协作的指导思想、基本原则、支持重点、主要举措和职责分工。《中共中央办公厅 国务院办公厅关于进一步加强东西部扶贫协作工作的指导意见》印发后,开发银行加强政策学习和组织推动,采取有效措施,加大对东西部扶贫协作的支持力度。2017 年 6 月,在习近平总书记主持召开东西部扶贫协作座谈会近一年之际,开发银行印发《关于开展东西部协作扶贫行动的方案》,全面推动东西部协作扶贫行动,大力支持西部贫困地区脱贫攻坚。开发银行江苏省分行成立扶贫开发暨东西部扶贫协作工作领导小组,定期召开专题会,部署推进东西部扶贫协作工作;陕西、江苏省分行指定专门处室负责对口沟通联系;青岛市分行制定《国家开发银行青岛市分行 2017 年对口支援和帮扶工作计划》,明确了分行工作目标与主要举措等;湖南扶贫金融专员积极推进济南市与湘西州的协作工作。

三、深化银政合作,开发性金融举措 与地方政府方案有效衔接

开发银行主动加强与国务院扶贫办等主管部门的沟通合作,积极参与东西部扶贫协作的政策创设。东部有关分行主动与当地政府对接,积极参与相关规划和工作方案的制定,协助地方政府确立切实可行的对口帮扶思路,并在项目策划、政策制定和融资模式设计等方面积极提供融智服务。西部有关分行积极协助地方政府做好与东部省份的沟通对接,为促进产业承接、深化东西部协作出谋划策。目前,部分地区银政沟通机制已经建立,各分行拜访当地扶贫、发改、合作交流办、经济技术合作办等负责协作工作的部门,宣介开发银行关于东西部扶贫协作的思路和做法,推动建立协同工作机制。例如,与江苏省扶贫办、省发展改革委等部门共同梳理东西部协作扶贫项目融资需求;参加由天津市合作交流办牵头,市财政局等有关部门组成的调研组,赴甘肃省开展东西部扶贫协作对接工作;参加由大连市经济技术合作办公室组织的联合调研,为下一步合力开展工作打下了良好的基础;参与青岛市相关规划、扶贫思路和工作方案的研究,并在项目策划、政策制定和融资模式设计等方面积极提供融智服务。

四、强化内部协作,东西部分行扶贫协作紧密对接

为更好服务东西部地区协作扶贫,开发银行根据东西部扶贫协作结对关系,在内部建立起一一对应的工作对接和信息共享机制。在这一机制下,西部分行结合地方政府及企业客户的工作计划和融资需求,整理分析当地情况,向东部分行提出帮扶需求。东西部分行通过建立工作台账、定期开展座谈等方式,加强资源对接和信息方法共享。东西部有关分行积极加强交流沟通,充分发挥各自属地优势,共享业务信息,共同推动东西部扶贫协作项目开

发。目前，开发银行天津与甘肃、江苏与陕西、山东与重庆、苏州与贵州等多家分行已经建立了对接机制。其中，江苏省分行与陕西省分行整合信息资源，定期交流项目信息，加强了协同开发力度；苏州市分行已初步与贵州省分行达成一致意见，将在农村基础设施、校安工程、饮水安全、综合环境整治等项目开展内部银团合作。

五、加大信贷支持力度，为协作扶贫提供资金保障

开发银行加大对东西部扶贫协作的融资支持力度，对列入东西部扶贫协作规划的项目予以倾斜支持，最大限度满足其资金需求。在宁夏，开发银行融资支持闽宁合作示范区永宁县闽宁镇，累计发放贷款7.1亿元，支持了生态移民、棚户区改造和扶贫养殖等项目；与河北省发展改革委积极沟通对接北京市对口帮扶河北省相关贫困地区2016—2017年度帮扶项目申报情况，拟对帮扶清单项目重点跟踪开发；密切跟踪广东省对口支援甘孜藏区项目计划中的甘肃省甘孜州海螺沟景区旅游整体开发项目，密切跟踪项目进展和融资需求情况。目前，开发银行正在结合国家关于东西部扶贫协作的相关政策，研究探索财政资金与银行信贷资金结合使用的新机制，编制东西部扶贫协作评审指引，为推动东西部扶贫协作项目开发评审提供支持。

开发银行将把产业协作扶贫作为关键，把生态环境改造作为基础，把激发内生动力作为根本，大力促进东部地区和西部地区在省与省、市与市、县与县、村镇与村镇之间开展区域协作、精准对接，推动东西部协调发展、协同发展、共同发展，最终实现共同富裕、同步进入小康社会的目标。

专栏：开发银行融资支持闽宁合作示范区永宁县闽宁镇

开发银行加强对闽宁合作示范区永宁县闽宁镇的融资支持。截至2017年6月末，累计向闽宁镇投放贷款7.1亿元，贷款余额5.36亿元，主要支持了生态移民、棚户区改造和扶贫养殖等项目。

——肉牛托管分红脱贫模式。2014 年,开发银行与宁夏壹泰牧业有限公司签订了借款合同,合同金额 1000 万元,贷款期限 1 年,利率执行央行贷款基准利率,贷款主要用于借款人采购肉牛、饲草料。针对该镇 6 个村组中的 1000 户贫困户实施肉牛托管养殖项目,依托宁夏壹泰牧业公司统一采购、集中托管饲喂、统一销售,实现贫困户户均达到年分红收入 4000 元。通过肉牛养殖产业支撑作用,使贫困户自身具备一定的独立养殖能力,变"输血"式扶贫为"造血"式扶贫。

——光伏农业大棚脱贫模式。融资支持宁夏盛景太阳能科技有限公司在闽宁镇原隆村流转移民土地,实施光伏农业科技大棚项目。该项目在温室顶部安装太阳能发电板,在温室内发展设施农业,太阳能发电进入市电网络售电。项目流转土地 10000 亩,规划 200 兆瓦,创造就业岗位 5000 个,使原隆村群众每年获得土地流转收入 500 万元,实现劳务收入 1.3 亿元。2015 年 4 月,开发银行向该项目发放中长期项目贷款 2 亿元,目前贷款余额 3640 万元。

2017 年年初,闽宁镇全部 76 户建档立卡贫困户家庭人均可支配收入均超过 3150 元,成功实现脱贫"摘帽"。

融 资 篇

习近平总书记在中央扶贫工作会议上指出,特别要重视发挥好政策性金融和开发性金融在脱贫攻坚中的作用。贫困地区发展离不开金融的支持。作为金融扶贫主力军,开发银行探索形成了"易地扶贫搬迁到省、基础设施到县、产业发展到村(户)、教育资助到户(人)"的"四到"工作思路和方法,瞄准贫困地区的难点痛点,精准发力,精准信贷,开发性金融已成为破解脱贫攻坚融资瓶颈的利器。本篇主要介绍开发银行支持易地扶贫搬迁、基础设施建设、产业发展和助学贷款的做法及成效。

集中优势资源和力量
助力打赢脱贫攻坚首战

◇◇◇◇◇◇◇◇◇◇◇◇◇◇◇◇◇◇◇◇◇◇◇◇◇◇◇◇◇◇◇◇◇◇◇◇◇◇

易地扶贫搬迁是"十三五"脱贫攻坚战的"头号工程"和"五个一批"精准扶贫工程中最难啃的"硬骨头"。党的十八大以来,特别是中央扶贫开发工作会议召开以后,开发银行坚决贯彻落实党中央、国务院决策部署,主动承担支持易地扶贫搬迁的重任,积极发挥开发性金融作用,通过健全工作机制、完善制度方法、创新思路模式,筑牢工作根基,推动落实"省负总责"工作机制,融资融智支持易地扶贫搬迁,助力脱贫攻坚战首战取得良好开局。2016年以来,开发银行易地扶贫搬迁业务稳健发展,全国首笔省级统贷贷款、基金发放均由开发银行实现。截至2017年6月末,开发银行已完成全国有易地扶贫搬迁任务的全部22个省(自治区、直辖市)的贷款承诺4466亿元,惠及911万建档立卡贫困人口和253万同步搬迁人口,累计发放贷款459亿元,审批专项建设基金216亿元,投放199亿元。

一、坚决贯彻中央部署,主动作为服务国家战略

开发银行高度重视易地扶贫搬迁工作,把易地扶贫搬迁作为扶贫工作的

重中之重,把易地扶贫搬迁置于"四到"工作思路的首位。《"十三五"时期易地扶贫搬迁工作方案》(发改地区〔2015〕2769号)印发后,开发银行第一时间研究制定了《关于支持易地扶贫搬迁工作的意见》,明确提出按中央要求加快实施易地扶贫搬迁工程,按照"省负总责"要求,建立完善省级扶贫开发投融资主体。2016年6月,开发银行扶贫金融事业部成立后即召开全行扶贫开发工作会议,对易地扶贫搬迁工作进行了再动员再部署。2016年8月,全国易地扶贫搬迁(贵州)现场会召开后,开发银行即印发贯彻落实意见,从强化脱贫导向、理顺工作机制、推进项目建设等方面对进一步推进易地扶贫搬迁工作作出部署。2017年5月,开发银行召开推动部分分行易地扶贫搬迁工作会议,贯彻落实国务院部分省份易地扶贫搬迁工作推进会精神,做好排查整改,确保把好事办好。

二、创新融资模式,推动"省负总责"机制建立和运转

(一)坚持"省负总责",推动省级投融资主体建设

坚决贯彻《中共中央　国务院关于打赢脱贫攻坚战的决定》关于"中央统筹、省负总责、市县抓落实""建立完善省级扶贫投融资主体""加大金融扶贫力度"的有关精神,坚守"省负总责"的底线原则,提出省级"统贷统采统还",积极与全国人大、政协及中办、国办、国家发展改革委、财政部、人民银行、银监会、国务院扶贫办等有关单位沟通汇报,将开发性金融理念融入国家顶层设计。协助有易地扶贫搬迁任务的22个省(自治区、直辖市)完成省级扶贫投融资主体组建工作,主动就公司治理、主要职责、运作模式、资金整合以及设立方式为地方政府提出意见建议和咨询服务。充分发挥省级政府部门的统筹、协调、保障优势,以省级投融资主体为融资对象,省级"统贷统还",做好易地扶贫搬迁贷款和专项基金工作。

(二)创新融资模式,理顺资金运作机制

针对易地扶贫搬迁的实际情况,开发银行积极研究探索支持思路和模式,按照《"十三五"时期易地扶贫搬迁工作方案》关于"采取政府购买市场服务的形式进行融资"有关要求,研究推广政府购买服务模式支持易地扶贫搬迁等项目建设,有效推动了工作开展。按照中央"理顺从中央到省、市(县)的资金运作机制,做到上下贯通"的精神,在国家发展改革委的组织下,开发银行研究提出省市政府、省级投融资主体、市县实施主体多方参与的易地扶贫搬迁资金管理机制,建立起省、市、县三级资金管理体系,理顺易地扶贫搬迁资金运行方式。承办"全国易地扶贫搬迁投融资工作专题培训班",向 22 个省(自治区、直辖市)有关部门和省级投融资主体介绍政府购买服务流程、信贷资金管理以及专项基金运作机制,加深各地对投融资政策、资金运作机制和操作流程的把握,达成统一认识,推进工作开展。在开发银行的牵头推动下,全部 22 个省(自治区、直辖市)签订省级政府购买易地扶贫搬迁服务协议,并出台资金管理办法及有关合作协议,做实省级政府的资金责任,明确了省级主体统贷统还责任及各级政府间的还款分担机制,切实搭建起省级"统贷统采统还"机制。

(三)健全制度保障,出台一揽子配套政策

一是编制《省级资金管理办法(代拟稿)》,引导地方政府按照开发银行标准把好资金"借用管还"关;二是为贯彻中央精神、加快信贷资金投放,出台《关于易地扶贫搬迁贷款工作的指导意见》(开发银行规章〔2016〕78 号),实事求是地提出业务风险边界,在授信核准、贷款发放、资金支付环节为易地扶贫搬迁量身打造信贷新标准;三是下发《关于开发银行中央贴息易地扶贫搬迁贷款定价政策的通知》(开发银行资金〔2016〕91 号),确保最优惠利率,获得地方政府高度认可;四是出台《关于贯彻落实全国易地扶贫搬迁现场会精神 进一步做好易地扶贫搬迁工作的意见》(开发银行办〔2016〕57 号),重申搬迁脱贫导向,大力支持搬迁群众后续产业发展,确保搬迁群众搬得出、稳得住、能致富。

三、强化脱贫导向，积极主动做好融资融智服务

开发银行在确保打好脱贫攻坚首战的同时，牢固树立"易地扶贫搬迁是脱贫搬迁"的理念，不断强化脱贫导向，在支持地方政府编制规划中统筹考虑搬迁群众就业、子女上学、社会保障等问题，把后续产业发展作为支持重点，与搬迁安置同步规划、同步推进，并制定专门的指导意见，对搬迁安置与后续产业发展进行同步授信、同步支持，积极主动做好融资融智服务。

（一）深化规划研究

参与编制全国"十三五"易地扶贫搬迁前期研究报告，积极支持省级易地扶贫搬迁"十三五"系统性融资规划编制。在甘肃、云南、宁夏、四川、新疆等地深入参与市县政府易地扶贫搬迁有关规划、实施方案及年度计划的制定，协助地方政府科学规划安置点，因地制宜确定安置方式，做好与土地利用、产业开发、基础设施等相关规划和省、市、县经济社会发展规划的衔接，研究提出建档立卡人口搬迁后的脱贫举措，统筹资源加大对搬迁群众后续脱贫的支持力度，防止搬迁群众"越搬越穷"等颠覆性错误。

（二）推进城乡统筹

将易地扶贫搬迁与城乡统筹发展有机结合，以县为单位，以安置区为基本单元，统筹村庄布局、基础设施、公共服务、产业发展、生态恢复等，促进要素、人口、产业空间聚集，促进一、二、三产业融合发展，发挥城镇的带动辐射功能。在贵州、湖北探索推动旅游特色基础设施建设项目，以旅游扶贫吸纳易地扶贫搬迁人口的安置，支持贫困群众就业增收，实现彻底脱贫。支持搬迁群众接受培训和职业教育，努力提高其融入城镇的素质和能力，促进就近转移就业。

（三）强化搬迁后续脱贫发展

将脱贫发展作为保障搬迁群众脱贫致富的关键。对于有农林资源的安置区，着力支持搬迁农户依托新型农业经营主体，发展设施农业、生态农业、特色种养业等。积极支持产业化龙头企业、农民专业合作社、农村合作企业发展，在河南、宁夏等地，探索农户小额贷款，促进搬迁群众创业就业，增收致富。在广西，开发银行依托广西国家储备林产业扶贫项目，建立易地扶贫搬迁贫困人口直接受益机制，通过资产收益、就业增收、生态补贴等方式惠及约12万易地扶贫搬迁贫困人口。在江西，开发银行因地制宜，选取赣州油茶作为产业扶贫的创新点，将政府主导与市场化运作相结合，建立"林权入股""土地租金""劳务收入""林下种养殖""油茶产业扶贫基金"等扶贫模式，最大限度地带动贫困户脱贫增收。

四、多措并举，加快推进易地扶贫搬迁信贷投放

（一）优化内部审批流程

针对易地扶贫搬迁业务特点，开发银行平衡好控制风险与简化贷款手续的关系，研究实施差异化支持方案，印发《关于易地扶贫搬迁贷款工作的指导意见》，对易地扶贫搬迁贷款授信评审、审批、合同签订、贷款发放及支付提出了明确要求，合理简化了流程。在后续开展项目授信核准、合同签订、资金投放各个环节开设绿色通道，根据地方政府实际需要，及时足额投放信贷资金。

（二）加强监管把关，严格控制住房建设面积

开发银行坚持牢牢守住建档立卡贫困人口人均住房建设面积不超过25平方米的红线，确保建档立卡贫困户的基本住房需求。在贷款合同签订前，严格核实省级"十三五"易地扶贫搬迁、易地扶贫搬迁实施工作方案、年度实

施计划符合建档立卡贫困人口人均住房建设标准；在贷款发放支付前，核实市（县）易地扶贫搬迁实施方案或年度计划符合建房标准；在贷款发放支付后，不断加强贷后监管，确保开工建设的住房建设标准与相关规划一致，不超标。

（三）加强多方合作，形成支持合力

坚持部行合作，与国家发展改革委、人民银行等部门定期沟通交流，每旬向人民银行、每月向国家发展改革委报送易地扶贫搬迁信息，形成"重要信息互通、重大问题互助"沟通机制。坚持总行各部门沟通协作，为易地扶贫搬迁提供"规划、评审、信贷、资金、宣传"全套金融服务和保障。深入基层一线和易地扶贫搬迁现场实地调研，宣介中央精神和易地扶贫搬迁相关政策，为地方政府谋思路、出主意、想办法，推动各地易地扶贫搬迁项目承诺和发放。坚持总分行联动，建立全行易地扶贫搬迁工作微信群，累计信息数量数万条，总分行实时交流一线情况、掌握一手信息、解决一线问题。

五、坚守底线，扎实做好资金监督管理工作

（一）以"绣花功"确保"零瑕疵"，以更高的精准要求做好金融扶贫工作

"天下大事，必作于细。"易地扶贫搬迁工作贵在精准，重在精准，成败之举在于精准。按照易地扶贫搬迁工作务求精准的要求，开发银行出台了多项政策，对易地扶贫搬迁的评审授信、合同签订、贷款发放支付及贷后管理作出明确的要求和规定。不断加大在项目识别、资金发放、支付等方面审查力度，不疏漏任何环节。为不断细化管理，推进易地扶贫搬迁差异化信贷管理，研究制定《关于易地扶贫搬迁和农村基础设施扶贫业务差异化信贷管理的指导意见》，在项目认定、资金发放、支付方面提出更精准、更严格的要求，进一步规范贷款资金使用，防范项目信贷风险，提高易地扶贫搬迁项目信贷管理的针对性和有效性。同时，不断加大对易地扶贫搬迁的调研核查力度，建立了

起全方位、多角度的动态精准管理体系,确保易地扶贫搬迁工作"零瑕疵"。

(二)"事至忧"不如"事先忧",不断提高风险的前瞻性和敏感性

强化问题意识,紧绷合规这条弦,对于易地扶贫搬迁工作中出现的问题积极排查,时刻关注各项制度是否落到实处、资金投向是否合规、资金是否进行专户管理、资金是否及时拨付等问题。认真研究针对性的措施,及时告知地方政府并取得理解与支持。积极参与国家发展改革委组织的核查检查,结合核查检查成果,协助地方政府实施整改,确保易地扶贫搬迁工作始终沿着正确方向前进。

(三)"监督人"更是"补位人",加强与政府的统筹协调

开发银行不断强化担当意识,切实履行监督职责,在建设标准核定、资金高效合规使用、建设项目跟踪评价等方面,发挥了金融应有的影响和作用。对于易地扶贫搬迁工作出现的问题,积极讲究方式方法,主动补位,与地方政府研究切实可行的整改措施,既保证了开发银行资金合规有效使用,又保证了地方易地扶贫搬迁工作持续稳步进行。同时未雨绸缪,主动作为,积极与地方政府加强协同,形成风险防范合力。如联合地方政府制定并完善易地扶贫搬迁资金监督考核管理办法,把资金用途是否合规、资金是否专户管理、资金滞留率等作为考核评价指标,明确考核办法、奖惩机制,使之成为推进易地扶贫搬迁工作的重要导向和约束。

易地扶贫搬迁作为脱贫攻坚的首战,对于加快扶贫开发进程、促进区域协调发展、全面建成小康社会具有十分重要的意义,必须稳扎稳打,打好打胜。在助力脱贫攻坚的关键时期,开发银行将认真贯彻落实党中央、国务院决策部署,勇于担当,敢于作为,继续开拓创新,为打好脱贫攻坚战作出更大的贡献。

整合财政涉农资金
大力支持贫困村提升工程

习近平总书记指出,要实施贫困村提升工程,培育壮大集体经济,完善基础设施,打通脱贫攻坚政策落实"最后一公里"。2017 年《政府工作报告》提出,"实施贫困村整体提升工程,增强贫困地区和贫困群众自我发展能力"。基础设施条件落后,是制约贫困村脱贫的主要障碍,也是扶贫开发中最迫切需要解决的问题。经过多年建设,许多地方的通村路已基本实现覆盖,但是村组道路建设仍然十分滞后,老百姓形容这些路"看到屋,走到哭""晴天一身土,雨天一身泥"。一些地区吃水仍要靠肩挑背扛,乡村环境脏乱差,农村学校设施也十分简陋。目前,12.8 万个建档立卡贫困村大多基础设施落后,公共服务欠缺,产业发展滞后,是脱贫攻坚中最难啃的"硬骨头"。由于贫困地区经济实力弱,仅依靠自身财政开展贫困村提升工程难度很大。

2016 年以来,开发银行根据《关于支持贫困县开展统筹整合使用财政涉农资金试点的意见》精神,研究提出通过整合财政涉农资金撬动信贷资金的创新性举措,围绕农村基础设施建设工作中的难点和"短板",在不增加地方财政负担的前提下,为贫困县建档立卡贫困村基础设施建设提供贷款支持。截至 2017 年 6 月末,开发银行已承诺贫困村基础设施贷款 2925 亿元,发放贷款 921 亿元,惠及全国 23 个省份的 541 个贫困县的 3.99 万个建档立卡贫困村,建设村组道路 31 万公里、校安工程 4762 个、农村危旧房改造 8.9 万套,解决了 2316 万人的安全饮水问题,有效改善了贫困地区的人居环境。

一、深化银政合作,夯实工作基础

开发银行坚持发挥政府的统筹协调优势,先后与多个省(自治区、直辖市)签订了开发性金融支持脱贫攻坚协议,提出整体工作目标。其中,明确以"到县"的方式,为贫困县农村基础设施建设提供贷款支持,破解脱贫攻坚瓶颈制约,解决地方政府的燃眉之急。如在陕西省商洛市,开发银行将政府的统筹协调优势和开发性金融的融资融智优势相结合,直指村级基础设施,整市(县)、整村地围绕通村公路、安全饮水等民生问题发力。为确保扶贫项目选得准、资金落得实、贷款放得快、成效看得见,开发银行与商洛市委、市政府共同研究建立了开发性金融支持脱贫攻坚工作联席会议制度,并抽调精兵强将,在市县两级设立"开发性金融脱贫攻坚合作办公室"。脱贫攻坚合作办公室统一设在商洛市、县区财政部门,内设综合协调、项目指导和资金管理 3 个组,负责组织策划扶贫开发项目,出台扶贫项目和资金管理办法,推动项目实施和监督检查,并协调解决金融扶贫工作中的困难和问题。开发银行和商洛市财政局已经抽调 80 余名干部,召开各种座谈会、项目评审会和培训会 20 余场次,全方位推进开发性金融支持脱贫攻坚工作。截至 2017 年 6 月末,开发银行已向商洛市 7 个区县 701 个建档立卡贫困村的农村基础设施建设项目授信 35 亿元,发放贷款 16 亿元,项目建成后将直接惠及 46 万贫困人口。

二、结合财政涉农资金整合,
创新贫困村基础设施融资模式

贫困村基础设施建设具有很强的公益性,社会资本不愿介入,只能依靠财政投入,由于贫困地区政府财政实力薄弱,难以在短时间内筹措资金,补齐这一脱贫攻坚的最大短板。国务院文件要求通过政府和社会资本合作、政府购买服务等方式,充分发挥财政资金引导作用和杠杆作用,撬动更多金融资本参与脱贫攻坚。开发银行认真贯彻文件精神,创新提出统筹整合财政涉农资金撬动信贷资金的融资模式,通过"搭桥"提供建设资金,实现在短时间内完成项目建设的目标。

三、加快评审进度,实现农村基础设施建设新突破

开发银行根据贫困地区基础设施项目实际情况,研究制定评审指导意见,围绕村组道路、安全饮水等难点和"短板",开展项目评审。通过建立扶贫项目绿色通道,优先安排贷款审议,切实加快审批进度,一年多时间里,开发银行已承诺贫困村基础设施贷款2925亿元,发放贷款921亿元。此外,充分发挥集中、长期、大额的资金优势,继续支持贫困地区交通基础设施建设。如:在甘肃省陇南市,2016年5月30日,陇南市委常委会议审定了开发银行代为起草的《陇南市村社基础设施建设项目融资方案》,同日,开发银行工作组进驻陇南现场办公开展融资推动各项事宜;6月5日,陇南市召开该项目融资协调会;6月6日,市政府成立贫困村基础设施建设项目融资领导小组;6月7日,开发银行工作组与武都区政府对接,快速启动融资各项工作,开发银行以超常规工作方式,当天即完成信用评级、债项评级、定价测算等基础工作,当晚召开贷委会决策审议该项目,实现贷款承诺。

四、加大贷款投放力度,确保扶贫资金早见效

开发银行按照好事办好的原则,结合扶贫信贷资金的特点和实际,协助地方政府做实项目前期准备,加快合同签订及贷款发放,同时强化支付管理,避免资金滞留。随着开发银行贷款资金的到位,贫困地区的农村基础设施建

设迅速开展,部分卡内村的村组路、便民桥、村内巷道已经建成,并进行了安全饮水、改圈改厕、垃圾处理、河道整治、庭院美化等工程,村内面貌发生了巨大变化。

开发银行支持贫困村提升工程受到了地方政府和贫困群众的广泛欢迎和高度认可,取得了很好的成效。

一是改善农民生活,提升贫困村人居环境。开发银行通过为贫困村基础设施建设提供贷款支持,极大改善了村里的面貌,水泥路、安全水、垃圾处理、污水收集、围墙美化、房屋加固,这些变化让贫困群众有了直接获得感。甘肃省陇南市宁家山村村主任看到村里翻天覆地的变化,由衷地感叹:"道路硬化了,环境卫生状况也发生了根本改变,群众脱贫致富奔向小康的决心更加坚定了。"

二是破解政府难题,提供稳定建设资金来源。贫困村基础设施建设资金来源问题一直困扰地方政府,每年财政拨款杯水车薪,常常出现"一条村组路,年年拨款年年修,修好这段坏上段"的无奈局面。开发银行通过以未来年度可整合的财政涉农资金作为还款来源,发放贫困村基础设施中长期贷款,有效破解了这一难题。青海省海西州委书记发表署名文章,表示要抓紧抓好开发银行农村基础设施贷款,推动海西农牧区发展实现质的跨越;安徽省宿州市委宣传部也发表文章,总结运用开发银行贷款建设全市农村安全饮水巩固提升工程确保贫困群众喝上安全水的成功实践。

三是激发内生动力,奠定产业发展坚实基础。产业发展滞后是多年来制约广大贫困群众脱贫致富的"痛点",也是打赢脱贫攻坚战的关键。农村基础设施的建设,将切实改善贫困地区的生产条件,激发贫困群众内生动力,增强集体经济造血功能,从而为产业发展奠定坚实基础。贫困村基础设施项目中的通村路、村组路将有效解决农产品运输难、卖不出的问题;供水、排水、蓄水池等饮水工程将保障贫困群众的饮水安全,防止疾病传播,较大程度降低因病致贫的风险;垃圾污水处理等环境整治工程将带动乡村旅游发展,真正将绿水青山打造成金山银山;农村中小学校舍修缮、加固等校安工程,将保证贫困学生的基本受教育条件,助力教育扶贫,阻断贫困的代际传递。

开发银行在陕西省商洛市柞水县投入贷款资金2500万元,支持其对下梁镇西川流域内5个贫困村20个村民小组649户农户，按照"统一规划、分步推进、综合治理、全面升级"的原则，相继实施民居改造、院落绿化、道路拓宽、危桥重建、河堤修复、田园整治等项目，建成了"产业绿色化、乡村景区化、田园景观化"的美丽乡村，挽救了3家"僵尸企业"，引进投资企业5户；商州区北宽坪镇沿线12个贫困村依托开发银行贷款，建成全长30多公里的蟒岭绿道，目前已发展农家乐、农家旅社12家，吸收外地客商兴办龙头企业17个，带动3500多名贫困群众就地就业脱贫；地处豫陕两省交界的商南县富水镇黄土包村，原来由于路不通，村里每斤湿香菇才卖2元钱，路修通后群众卖到县上的香菇加工企业5元钱一斤，一条通村入户路实现了村民的致富梦。

四是突破脱贫瓶颈，促进社会和谐。通过加强农村基础设施建设，改善贫困户人居环境、提高了生活质量，改变了精神面貌。水、电、路全通了，晚上的路灯亮了，上学、看病、办事都不出村，农民基本生活设施都在逐步完善，一部分年轻人开始从城里返回农村创业，原来由妇女、儿童和老人组成的"386199部队"慢慢在改变，村里有了年轻人，有了歌声，有了生机，80后、90后新生代农民离土地越来越远的情况正在发生着悄然变化。

发挥先导引领作用
积极支持产业扶贫发展

◇◆◇◆◇◆◇◆◇◆◇◆◇◆◇◆◇◆◇◆◇◆◇◆◇◆◇◆◇◆◇◆◇◆◇◆◇

贫困地区的产业发展是多年来阻碍广大贫困户脱贫致富的"痛点",也是我国金融扶贫工作中的难点。《"十三五"脱贫攻坚规划》将产业发展作为精准脱贫八大重点工程之首,凸显了产业扶贫的重要意义。开发银行在深入推进农业供给侧结构性改革的新形势下,以提高贫困地区产业发展效率和质量为重点,在扶贫产业规划、产业培育、产业发展、市场销路上下功夫,增强贫困地区"造血"能力。2016年以来,开发银行在大力实践和广泛调研的基础上,进一步明确了产业扶贫工作思路,即紧紧围绕精准扶贫、精准脱贫基本方略,突出龙头企业和"四台一会"两条主线,聚焦易地扶贫搬迁后续产业发展、集中连片特困地区、深度贫困地区三大重点领域。截至2017年6月末,累计发放产业扶贫贷款511亿元,助力20多万建档立卡贫困户走上增收脱贫之路。

一、"四台一会"破解融资难题

长久以来,我国农村金融始终被"融资难、融资贵"等问题困扰,资金长期"沉不下去"。尤其贫困农户和小微农企资产少、抵押物不足,很难获得传统的银行信贷。农户富不了，企业活不了，产业也发展不了。在深入研究后，开发银行借鉴国际普惠金融的理念与经验，深植我国国情，创新出"四台一会"贷款模式，通过与各级政府建立合作，广泛动员社会各方力量，共同解决贫困地区融资难题，为其产业发展提供了有力支持和保障。"四台一会"指管理平台、统贷平台、担保平台、公示平台和信用（行业）协会这五类合作机构，这一模式能够一方面发挥地方政府的组织协调优势，一方面由开发银行携手地方政府规划优势或主导产业，开启"脱得了、稳得住、能持续、可复制"的扶贫新路径，从而支持农村经济组织发展，壮大贫困村集体经济，以机制建设防范风险，实现精准扶贫。

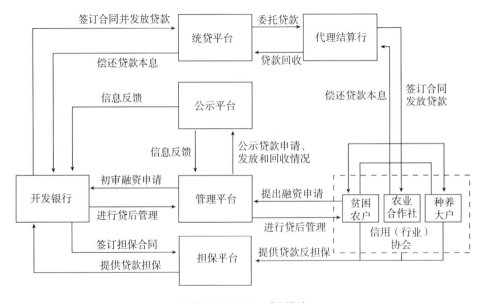

开发银行"四台一会"模式

正是"四台一会"的融资模式，让开发银行能更"接地气"。其特点包括三个方面：一是通过金融社会化组织动员社会资源，利用合作结构的地缘和专业优势，以一套制度安排、利益激励机制发动社会各方参与金融扶贫；二是采取批量的贷款申请、管理、发放模式，建设标准化的产品、流程，以批发的方式解决零售问题，大幅提高贷款效率；三是有效地将开发银行的服务触手更深、更广地延伸开来，实现了产业扶贫贷款到村、到户。由此，不但为贫困地区解决融资难、融资贵问题找到了思路，也打通了金融扶贫的"最后一公里"，让扶贫资金"沉"了下去。开发银行以"四台一会"模式为基础，已相继与多地政府合作,因地制宜地开发出一系列产业扶贫信贷产品,产生了良好的成效。

二、加大与龙头企业合作

引入和培育龙头企业是促进贫困地区产业发展的有效措施,开发银行积极与央企、国企、地方行业龙头企业沟通对接,并重点推进与北京首都农业集团、中化集团、中粮集团、中信国安、海尔租赁等龙头企业的扶贫合作,将龙头企业的市场优势、行业优势与贫困地区的资源优势有机结合。促进贫困地区产业发展,带动建档立卡贫困人口增收脱贫。

在陕西省,开发银行与省供销集团合作,依托供销集团点多、面广的市场体系(陕西省供销社现有 11 个市级供销社、103 个县级供销社、1220 个基层供销社、900 个独立核算企业、经营网点超过 2 万个),探索形成"政府 + 开发银行 + 供销集团 + 龙头企业(合作社)+ 贫困户"的产业扶贫融资模式,发放贷款 6500 万元,首批支持商洛等 8 个贫困县的 9 家龙头企业,带动近 3000 个建档立卡贫困人口。

2017 年 3 月 21 日,开发银行扶贫金融事业部与北京首都农业集团有限公司签订《战略合作协议》,支持首农在全国贫困地区筹建养殖基地。上半年,开发银行北京市分行启动对首农子公司峪口禽业河北大名县养殖基地项目的评审工作,项目总投资 2.5 亿元,资本金 5000 万元(峪口禽业出资 3000 万元、扶贫资金 2000 万元),在当地组建专业合作社参与生产,项目采用"公司 + 基地 + 贫困户"运行模式,与贫困户构建"入股 + 盈利分红"等利益联结机制,项目投产后可带动 20 个贫困村 3300 多建档立卡贫困人口。

三、创新扶贫转贷款业务模式

开发银行以"可批量、能复制、易推广"为工作思路,创新实践"扶贫转贷款"模式,助力破解产业扶贫"融资难、融资贵"问题,通过发挥开发性金融在

"薄弱领域、关键环节"的独特作用,有效整合地方政府、合作银行、新型经营主体等多方优势,着力构建开发性金融与商业性金融协调配合、共同参与、各司其责、优势互补的金融扶贫新格局。具体模式为开发银行向地方中小商业银行批发信贷资金,地方银行再将资金转贷至农民专业合作社、农业大户等经营主体,用以发展扶贫产业。

开发银行在与三门峡市政府、中原银行良好合作基础上,围绕产业精准扶贫目标,结合省内实际,研究形成了"整体授信,分批发放"的扶贫转贷款业务模式,并会同中原银行积极推动地方财政对用款人给予3%贴息、建立风偿补偿金等支持政策,间接降低中原银行扶贫转贷款的资金成本,确保最终用款企业和农户的融资成本可控,建档立卡贫困人口贷款利率原则上不高于6%。2016年,开发银行向中原银行授信8亿元、发放2000万元,支持了三门峡市4家农业龙头企业、12家个体工商户和养殖大户开展特色产业项目。截至2017年6月末,开发银行已在青海、甘肃、云南等省陆续开展了转贷款试点,合计授信25亿元,发放8.7亿元,支持了882名建档立卡贫困人口。

四、助力易地搬迁后续产业持续脱贫

贫困人口主要分布在深度贫困地区,生存环境恶劣、致贫原因复杂,开发银行聚焦深度贫困地区及14个集中连片特困地区,重点支持易地扶贫搬迁后续产业发展,配合地方政府提前谋划搬迁群众的后续产业发展,推动构建形式多样的产业发展模式。在广西,开发银行将支持林业产业发展与易地扶贫搬迁群众安置相结合,依托省级平台信用,打造国家储备林基地建设林业精准扶贫贷款模式,支持广西国家储备林基地建设与林业上下游产业发展,探索形成利用土地出租流转、投工投劳等方式帮助易地搬迁群众提高收入,通过"租金＋薪金＋股金"实现易地搬迁群众收益最大化,助推广西"兴林富农"战略实施与贫困户增收脱贫,为金融支持林业可持续发展与林业扶贫开辟了一条新路径。截至2017年6月末,已签订合同32.6亿元,累计提供贷款资金

22.9亿元,自2015年开始累计向包括易地扶贫搬迁群众在内的人员提供就业岗位4万个,实现林农劳务收入7.9亿元、林地租金收入1.3亿元,支持范围遍及广西72个县区,覆盖25个连片特困县区。

五、规划先行找准致富门路

开发银行支持产业扶贫,并不只是提供信贷融智支持,更能够因地制宜,充分发挥自身的行业和专家优势,协助地方政府科学合理规划产业,把握当地经济发展水平、产业结构、市场容量、上下游产业等方方面面的因素,根据县区、乡镇、村寨的资源禀赋特点,有针对性地做好产业布局,打造具备市场竞争力和较高经济效益的特色产业,避免盲目跟风生产导致供需不平衡而引起的市场波动,同时结合自身资源禀赋并积极为贫困地区在培育项目、选准市场、打通销路等方面提供规划和咨询服务,真正让产业发展成为脱贫的强大动力。

贵州省龙里县便是直接受益地区之一,龙里县是贵州省66个贫困县之一,自然风光优美,辖区内有龙架山国家森林公园和冠山两大自然、历史景观,还同时具备民族风情和观光农业等优质旅游资源。在得知龙里县政府多年来融资受困后,开发银行主动对接并深入实地考察,研究当地产业特征、比较优势和地理交通条件,提出了"旅游＋产业扶贫"的规划,建议以核心景点为依托,打造"自然风光＋民族风情"为主题的贵阳周边乡村旅游产业。在开发银行的协助下,龙里县还大力推进景区周边配套休闲设施建设,将贫困户现有房屋和农用地改造为商铺、农家乐和观光农业园等经营性休闲设施,提高资产附加值,增加就业机会。

六、利益联结机制带动农户致富

是否可以做到真扶贫、扶真贫,考验的就是是否建立有效的利益联结机制,扶贫项目与建档立卡贫困村集体、贫困户形成你中有我、我中有你、互利共赢的紧密型利益联结关系。习近平总书记张北调研时指出,做好扶贫工作,不能眉毛胡子一把抓,而要下好"精准"这盘棋,做到扶贫对象精准、扶贫产业精准、扶贫方式精准、扶贫成效精准。

开发银行在融资方案设计中,特别关注项目对建档立卡贫困户脱贫的带动作用,坚持利益联结与主观能动相结合,重点是推动农民专业合作社等新型农业经营主体发挥带动作用,通过吸纳就业、土地托管、牲畜托养、吸收农民土地经营权入股等多种途径与贫困户建立利益联结机制,拓展贫困户的收入来源,科学构建产业扶贫项目相关主体的利益联结机制,促进贫困村集体、贫困户公平分享收益,同时注重调动贫困人员的积极性和主动性,增强自我发展的意愿和能力。

在河南省,开发银行以滑县为试点,通过加强政府、开发银行、龙头企业、合作社、担保公司、保险公司6方合作,构建面向建档立卡贫困户的资产收益扶贫模式,已向滑县735户贫困户发放肉鸡养殖贷款5450万元,预计每户通过分红、劳务收入、土地流转等方式年均增收3700元以上。通过这种资产收益扶贫模式,促进贫困地区企业和贫困农户之间构建起了合理的利益分享机制,使贫困农户共享产业发展收益。更具有长远意义的是,这种模式引导农民专业合作社等新型经营主体加快发展,促进了农村集体经济的发展。集体经济实力的壮大将显著改善农业生产条件,提高规模化生产水平,可以进一步提升贫困地区生产发展能力,弥补一家一户小农经济技术落后、抗风险能力弱的不足,这对于可持续的脱贫致富具有长久价值。

好的利益联结机制不仅可以带动贫困人口脱贫,也可以促进区域经济发展。贫困地区产业发展落后的一个重要原因是缺少可以调动各方积极性并能良性运转的机制,资产收益扶贫则通过政府主导、市场化运作的设计,进一步强化了基层政府的组织、经营、管理的能力,从而充分整合贫困地区的资源、资产、资金,以折股量化、资产托管等多种形式分配到村、到户,最大限度地调动了当地群众的内生动力,促进地方特色产业发展。即通过将各类细碎、分散、沉睡的资源要素转化为资产,整合到优势产业项目上,扩大贫困人口的生产生存空间,在实现地方特色产业发展的同时,确保贫困户分享产业发展红利。

七、创新模式方法积极防范风险

产业项目,尤其是与贫困户利益联结较为紧密、带动能力强的特色种养加项目,普遍存在企业规模小散、投资额度大、周期持续长、见效不显著、市场波动大、抗风险能力弱、易受自然灾害影响等问题。对此,开发银行积极创新业务模式,有效防范金融风险,为产业扶贫提供持续融资服务。

开发银行将民主评议机制作为防范风险的重要手段给予高度重视。一方面,利用公示平台实行受理公开、发放公示、还款公告,充分利用社会力量共同监督开发银行贷款公开、公正、公平实施,共同防范风险。另一方面,加强与地方信用(行业)协会合作,依托当地中小微企业、个体工商户、农户等自发成立的社会团体,会员之间互相监督、评议后,推荐优秀会员申请贷款,用款人进行联保互保并向协会缴纳一定的保证金,用于分担贷款风险。具体实践中,开发银行通过推动政府建立风险补偿金、强化社会监督、引入涉农保险产品等多种渠道,加强风险缓释措施。

在宁夏盐池县,开发银行以农村贫困留守妇女为贷款对象,依托市场化合作主体宁夏惠民小额贷款公司,由其提供担保并实施管理,开展单户5万元以内的产业扶贫贷款。在这个模式中,盐池县每个自然村建立村组,将贫困申贷农户纳入信贷村组的组织管理体系,村民选举信贷组长。五户组成联保小组,以农户联保信用为基础,无须抵押每户贷款额度在4000—50000元之间,期限在一年以内。由此形成了"开发银行—东方惠民公司—信贷村组—信贷小组—农户"的高度社会化的组织链条。由于户均贷款额度较小、熟人圈子担保,该模式能够有效减小风险。截至2017年6月末,开发银行按照这一模式已累计发放贷款9.71亿元,贷款余额2.38亿元,惠及全区5.68万户贫困农户,本息回收率100%;支持了盐池等六盘山集中连片特困地区7个国家级贫困县产业扶贫。

在产业扶贫方面,开发银行将持续在贫困地区探路子、建机制、寻方法,为实现精准扶贫出实招、下实功、求实效,探索银政企扶贫合作的有效模式和路径,有效帮助贫困地区、贫困人口脱贫致富。

加大助学贷款力度　阻断贫困代际传递

◇◇

国家助学贷款是党中央、国务院运用金融手段完善我国普通高校资助政策体系,加大对普通高校家庭经济困难学生资助力度所采取的一项重大措施。自2004年以来,开发银行始终秉承开发性金融理念,践行"增强国力,改善民生"的使命,带着感情和爱心推动助学贷款不断前行,逐步形成了中国特色的、符合国情的、可持续发展的助学贷款模式,有力地落实了党中央、国务院"让贫困家庭子女都能接受公平有质量的教育,阻断贫困代际传递"的指示精神。截至2017年6月末,开发银行累计发放助学贷款1108亿元,覆盖了26个省(自治区、直辖市)2094个县2711所高校,使898万家庭经济困难学生圆梦大学,其中支持建档立卡贫困学生超过100万人。

一、雪中送炭:关键时刻显身手

开发银行与助学贷款的渊源可以追溯到十几年前。1999年,国家助学贷款制度在全国8个城市的普通高等学校中试点,随后在全国范围内推行。但是由于助学贷款业务单笔金额小、收益低、风险大,经办银行参与积极性普遍不高。特别是2000年以后,随着助学贷款进入还款期,发生了较高的违约率,前期经办银行逐渐收紧甚至停办了助学贷款业务。截至2003年12月,全国累计审批贷款合同额 65 亿元,资助学生 79 万人,仅占在校大学生总数的 4%。

2004 年 9 月,在河南省高校国家助学贷款业务招标开标,11 家收到招标邀请书的银行仅 3 家进行了投标,而且对高校提出了许多"附加条件",令省财政和高校难以接受,最终这次招标以"流标"而告终。几乎同时,其他一些省份也出现了类似的助学贷款流标现象。在这样的背景下,开发银行主动介入,以河南为突破口,破解助学贷款难题,帮助近千万学子圆了大学梦。

开发银行是一家批发银行,长期致力于服务我国基础设施、基础产业、支柱产业的建设和发展,在助学贷款领域是一名"后来者"。说起初创时的艰辛,开发银行助学贷款业务工作人员感慨万千:"刚开始做助学贷款业务的时候,我们都不知道怎么干。开发银行的专长不在这个领域,没机构、缺网点……但是面对众多家庭贫困的孩子们上学需要助学贷款支持的现状,我们全行上下一条心,咬着牙也得把这项工作做好。"

当务之急是解决谁受理、怎么受理的问题。大家都认为,为助学贷款业务专门铺设机构网点不现实。经过反复论证,2004 年开发银行首次提出"河南模式"。具体的做法是,高校资助中心承担起"服务窗口"责任,由学校老师负责审查每一位借款学生的申请资料并与学生签订《借款合同》;省级学生资助管理中心负责汇总全省所有高校的合同和申请材料;开发银行审批并放款。为调动各方积极性,开发银行把本应由银行得到的风险补偿金拿出来作为对学校的奖励基金,使高校全面参与国家助学贷款的管理,克服了银行在后续管理上存在的严重"脱节"的问题,有效防范和控制了风险。

试点的成果令人振奋。仅在 2005 年,开发银行就向河南省 83 所高校12.3 万人次贫困生发放国家助学贷款 5.7 亿元,超过了其他银行历年在河南的发放总和,一举扭转了助学贷款业务的停滞局面,"河南模式"受到中央领导和社会各界的高度认可和肯定。经国务院批准,"河南模式"在全国推广,全国各地的家庭经济困难学子在进入高校后可以很方便地拿到助学贷款,安心完成学业。

二、足不出户：家门口的助学贷款

2007 年年初，一份关于甘肃省会宁县群众因教返贫问题的专报信息引起了国务院领导的高度重视。在银监会的带领下，开发银行立即赴当地进行调研。会宁县是甘肃省著名的"状元县"，也是著名的"贫困县"，虽然调研组早已有心理准备，但还是被当地学生刻苦的求学精神和艰苦的生活条件深深震撼。

以解决会宁贫困学子上大学为契机，开发银行创新开发了生源地信用助学贷款业务品种，让贫困学子在家门口就可以办理助学贷款，极大方便了广大受资助学生。与高校助学贷款不同的是，生源地助学贷款打破生源地和高校（就学地）的隔离，基于借款学生在不同阶段具有不同信用水平的特点，以省级、县级学生资助管理中心为实施主体，通过联责、联信、约束激励、风险分担等机制建设，明确了以学生为中心的"三段信用联结"业务理念，联系生源地、就学地和就业地，将学生家长、高校和就业单位等信用相关者结合成一道完整的风险防控链条，同时充分利用其他信用建设和补贴扶助手段，努力创造风险和收益相匹配、可持续发展的助学贷款新模式。

2007 年 8 月初，财政部、教育部和开发银行联合发布了《关于在部分地区开展生源地信用助学贷款试点的通知》，在江苏、湖北、重庆、甘肃、陕西 5 省（直辖市）启动生源地信用助学贷款试点。开发银行成立了联合工作组，集中总分行人力，加班加点，一周内完成了生源地信用助学贷款的运行机制和业务流程的设计，并印发了指导意见及 7 个配套文件。8 月中旬，开发银行又组织成立督导组分赴 5 个试点省市实地推动，加快工作进度，各个试点分行更是"全行参战"。截至 2008 年年底，开发银行生源地信用助学贷款业务覆盖了试点省市全部 416 个县区，当年新增发放生源地信用助学贷款 6 亿元，支持学生 11.2 万人次。

此后，开发银行助学贷款运作模式、管理机制不断完善，形成了以生源地助学贷款为主，高校助学贷款为辅的工作格局。学生们无论在家门口，还是在学校里，都能很方便地申请到开发银行助学贷款。

三、助学贷款：阻断贫困代际传递的重要举措

在打赢脱贫攻坚战中，如何阻断贫困代际传递，教育脱贫无疑是治本之举，而助学贷款正是教育扶贫的重要抓手，是阻断贫困代际传递的重要举措。开发银行把做好助学贷款当成助力打赢脱贫攻坚战的重点工作，把党中央、国务院的要求不折不扣落到实处，把好事办好，既资助贫困大学生圆了大学梦，又帮助学生家庭早日脱贫。

2015年，财政部、教育部发布《关于完善国家助学贷款政策的若干意见》，开发银行高度重视，文件发布当天就组织完成了信贷政策和IT系统的调整，按照文件规定将本专科学生和研究生的贷款金额上限由6000元/人·年，分别调高至8000元/人·年和12000元/人·年；将贷款期限延长至20年（学制加13年，最长20年）；还本宽限期延长至3年，实现了国家政策落实零偏差、零时滞。

对于受资助学生家庭来说，开发银行助学贷款发挥了资金替代作用。由于学生在校期间享受财政贴息，相当于向贫困家庭发放了一笔3—4年的免息免担保小额贷款，贫困家庭可以把本来用于供孩子上学的钱用于农业生产、创业就业和家庭生活，大大稳定了当地的生产、就业和消费，间接实现了金融扶贫的效果。

据统计，经济欠发达的甘肃、广西、青海、贵州等省区2015年30%以上考上大学的学生都获得了开发银行生源地信用助学贷款支持，大大缓解了因教致贫、因教返贫的情况。截至2016年年底，开发银行已在829个脱贫攻坚重点县中的640个县累计发放生源地信用助学贷款441亿元，支持学生425万人次，仅2015年就发放贷款100亿元，支持学生149万人次。

四、强化系统：增强业务可持续性

2009年12月19日深夜，开发银行助学贷款业务有关负责人的电话突然

响起，里面传来了系统运行维护同志急促的声音："今年贷款量上得太快，超出预期，系统计结息功能出现问题！"

如果系统崩溃，意味着101.1万笔助学贷款合同存在不能按时结息的可能性。所幸的是，经过开发银行工作人员的连夜奋战，系统补丁紧急上线，终于在12月20日清晨完成了所有合同的结息工作。经过这次"有惊无险"的意外，开发银行痛下决心，加大投入全面提升系统性能。

通过不懈努力，开发银行陆续开发建成了高中预申请系统、学生在线服务系统、信息管理系统和征信报送系统，"助学贷款业务系统群"基本建立。学生可以通过网络随时随地申办贷款，教育部门和银行可以通过网络完全共享贷款信息，实现了全流程电子化管理，为助学贷款快速发展和精细化管理提供了有力支撑。

"当年我们可是想了好多'土'办法。"湖北麻城资助中心一位经办同志介绍说，"系统刚上线的时候，网速很慢，学生在资助中心门口排起了长队。天气那么热，情绪难免激动。我找了一面镜子，对好角度，让学生和家长能够看到电脑屏幕，知道我们在努力工作，这才取得了大家的谅解。现在开发银行的系统好用了，每个学生办理也就三五分钟的时间。"

这样的现象不是湖北独有的，贵州盘县资助中心刚开始办理开发银行助学贷款业务时，曾人工发扑克牌当排号机。如今，县里有了真的排号机，学生办理业务方便了许多。

五、风险防控：让助学贷款放得出、收得回

2011年是高校助学贷款集中到期的第一年，也是生源地助学贷款集中进入自付利息的第一年。助学贷款产品设计是否合理，这项业务能否实现健康可持续发展？开发银行的助学贷款模式又迎来了考验。

开发银行将2011年定义为助学贷款加强贷后管理的"考验年"、机制建设的"检验年"，要求全行着力做好贷后管理工作，控制助学贷款违约风险。为了实现这一目标，开发银行领导带队赴20多家分行现场推动贷后管理和诚

信建设,要求分行会同资助中心一起加大回收力度,共同提高本息回收率。同时,开发银行先后编写了《助学贷款借款学生手册》,教会学生如何还款;设立了《助学贷款工作动态》,促进总分行信息交流;召开了各种形式的助学贷款培训会、动员会、座谈会、研讨会,组织甘肃、湖北、宁夏、内蒙古、广西、贵州等省份170名县级资助中心老师来京座谈,面对面交流贷后管理经验,了解一线工作中的问题;走访了93所在京高校,与2000多名借款学生座谈,宣传个人征信知识和助学贷款政策。

随着助学贷款规模的增加和期限的延长,县级学生资助中心的工作量不断增加,管理半径日益扩大,管理难度持续加大。开发银行多年的工作实践表明,必须坚持"政府主导",由基层政府统筹协调"县、乡、村、校"各有关部门发挥各自优势齐抓共管,形成多级协同管理机制,才能使贷款管理事半功倍,在机制上保障贷款"放得出去、收得回来"。

2015年开始,开发银行在全国学生资助管理中心的指导下,会同各省级学生资助中心将工作重心转移到推动贷款管理的前移、下移工作上,尤其在办理贷款学生多、管理半径大或交通不便利的县区,指导县级学生资助中心将贷款管理下沉至乡镇,在乡镇一级设立贷款办理点,以开发银行助学贷款信息管理系统为媒介,推动乡镇政府、乡镇中心校、村居委会、高中等单位切实参与诚信教育、学生联络、本息催收和政策宣传等工作。甘肃、陕西、云南等省份已经实现了学生"家门口办贷款,家门口还贷款"。

六、以人为本:处处为学生着想

"啥? 国家开发银行是做啥的? 你们没有柜台啊,那我娃娃怎么还款?"

"老师,我忘记学生在线服务系统密码了,我年底要还多少钱啊?"

"老师,我考上研究生了,就读研究生期间还能享受财政贴息吗?"

面对学生和家长们咨询的各种各样关于还款流程、贷款申请、密码遗忘的问题,安徽岳西县资助中心老师无奈地说:"我电话都快被打爆了。"

为及时解答学生和家长的咨询,减轻县级资助中心老师的工作压力,

2012 年,开发银行专门成立了"95593 助学贷款呼叫中心",随时随地为孩子们解答问题。目前,95593 助学贷款呼叫中心已配备坐席客服近 100 人,累计解答咨询电话 140 余万个,在贷款办理高峰期平均每天为近 4000 名学生解答疑问,开发银行还同时开通了咨询邮箱和 QQ 群咨询渠道,通过官方微信发布助学贷款办理指南 H5 动画,构建了全方位的咨询服务体系。

"感谢开发银行的帮助。"来自江苏丰县的小徐成功申请助学贷款后,羞涩地向开发银行工作人员道谢。细心的工作人员发现,小徐下意识地揉搓着自己被红色印泥染红的手指。经过耐心询问,小徐表示签完借款合同还要"按手印",心里有些许酸涩。考虑到孩子们的心理感受,经商法律部门同意,开发银行打破银行业惯例,取消了签合同"按手印"环节。不仅如此,为方便学生阅读理解,减轻档案管理压力,开发银行结合助学贷款业务标准化程度高的特点对合同文本进行了简化,把过去厚达 14 页的合同精简成 1 页 A4 纸,并通过系统实现合同电子化打印,无须手工填写,大大降低了差错率,提高了受理效率。

开发银行严格执行国家有关政策,为助学贷款设置三年宽限期,宽限期内学生只负担利息,不偿还本金。为进一步减轻学生负担,助学贷款是按年还款而不是按月还款。自 2014 年起,同学们可以根据自己的需要随时在网上申请提前偿还助学贷款。如果临时有别的用钱需要,即便已经提交了提前还款申请,未按时将款项存入个人账户,也不会造成违约,更不用承担额外的费用。

七、不忘初心:创新服务永远在路上

在助学贷款业务开办的头几年,借款学生需要借助代理行偿还开发银行助学贷款。因为各地代理行不一样,带来了许多不便和问题。为解决这一问题,开发银行将目光投向了新兴的互联网支付工具。经过与阿里巴巴集团探讨,双方共同合作开发了相关系统功能,申请开发银行助学贷款的学生在签订借款合同时,系统会自动为他们开通一个支付宝账户。贷款资金将通过这个账户划转至学生自行绑定的任意一家商业银行的账户里。而学生还款时只需在绑定的卡里存入相应金额，再上网操作即可还款。这样既节省了学生的开户成本，又加大了学生用款还款的自由度，还降低了异地还款的手续费，可谓一举多得。

不过，这还不是终点。"我本来觉得有支付宝还款就很方便了，后来发现有不少人还是习惯使用银行卡还款，大家觉得手里攥着刷卡回单比较安心。"一位开发银行科技部门的同志介绍说，"于是我们又引入了中国银联，同学们可以在离自己最近的县中心或高校使用有银联标志银行卡刷助学贷款专用POS机还款。"截至2017年6月末，开发银行已在23个省份1721个县区314所高校开通了助学贷款POS机还款服务。

对于面临毕业的受资助学子，开发银行还"扶上马送一程"，帮助贫困学生毕业后顺利就业，彻底摆脱贫困。自2012年起，开发银行充分利用自身融资优势和客户资源优势，通过召集客户举办专场招聘会、发放青年创业贷款、小微企业贷款等多项措施促进大学生就业。目前，已在四川、吉林和安徽等11个省份召开20余场助学贷款毕业生招聘会，6000余家企业提供就业岗位近10万个，近20万人次学生参加招聘，共计达成就业意向3.2万个。

2016年，开发银行还在银监会的指导下积极开展档案电子化试点工作。在试点地区，县级资助中心通过高拍仪和身份证读卡器帮助学生办理助学贷款，借款人仅需在电子签名版上签署姓名，就可以完成合同的签订工作，整个流程迅捷便利，赢得了学生和家长交口称赞。

又是一年开学季。金秋九月，数百万莘莘学子将在开发银行助学贷款资助下走进大学校园，开启人生的崭新旅程。十二年不懈探索，十二年砥砺奋进，开发银行从零开始，已经成为我国助学贷款业务的"领跑者"，实现了跨越式发展。展望未来，在"家国情怀、国际视野、专业高效、追求卓越"的开发银行精神指引下，开发银行将不忘初心，进一步发挥助学贷款精准扶贫的作用，保障广大家庭经济困难学子都能接受公平有质量的教育，照亮寒门学子精彩的人生道路。

融 智 篇

　　扶贫必扶智,治穷先治愚。只有让贫困地区和贫困群众充分掌握科学技术,用现代科技知识武装头脑,才能从根本上摆脱贫困。开发银行在融资的同时,发挥专家、行业优势大力提供融智服务。通过规划先行,帮助贫困地区科学谋划脱贫攻坚路径;通过派驻扶贫金融专员、"第一书记"和驻村干部,发挥"宣传员、规划员、联络员"作用,为贫困地区和贫困群众脱贫发展出思路、找出路;通过地方干部培训,帮助提高贫困地方干部的工作水平。本篇主要介绍开发银行通过规划合作、扶贫金融专员派驻和地方干部培训等方式,为贫困地区提供融智服务的有关情况。

坚持规划先行
科学谋划脱贫攻坚道路

规划先行是开发性金融理论重要理念和方法。开发银行从经济社会发展的全局出发,运用开发性金融方法,以规划先行为手段,整合各方资源,从源头上构建高效的市场、融资体系和风险防范网络,通过规划成批量成系统地策划开发项目,提升开发银行的影响力和发展的主动性、前瞻性和科学性,形成区别于其他商业银行独特的业务发展模式,充分发挥开发性金融的先锋、先导和先进作用。

2016 年以来,开发银行按照"积极配合、参与和支持有关部委和地方各级政府编制'十三五'脱贫攻坚规划,重点做好系统性融资规划的编制工作,针对薄弱环节和重点领域,设计融资方案和支持模式,确保扶贫开发落地实施"的思路,发挥规划先行独特优势,通过参与政府扶贫规划编制、配套编制系统性融资规划以及为贫困县编制脱贫攻坚规划咨询报告等多种方式,融智服务地方脱贫攻坚,有效推动开发银行扶贫业务发展。

一、积极参与和支持政府扶贫规划编制

积极推进与国家发展改革委、国务院扶贫办等部门及地方政府的规划合

作。如：与国家发展改革委合作开展《全国易地扶贫搬迁"十三五"规划前期研究报告》，在总结以往易地扶贫搬迁经验、分析"十三五"面临形势的基础上，重点就"十三五"易地扶贫搬迁范围、搬迁数量、安置方式、安置所需的基础设施及配套公共服务、投资及金融支持模式等方面进行研究，为科学编制《全国"十三五"易地扶贫搬迁规划》奠定基础。

积极与地方政府及相关部门对接，通过争取列入省政府脱贫攻坚领导小组、脱贫攻坚规划编制小组，建立联席会议机制或开展规划课题合作等方式，跟踪掌握政府扶贫规划编制工作进展及有关政策动向，围绕地方"十三五"脱贫攻坚规划编制中需要研究分析的重点领域扶贫政策、投融资体制机制建设、产业扶贫支持模式等方面积极开展专题研究，为地方政府献计献策，从参与规划编制入手凝聚各方共识，提升开发银行规划品牌影响力。

二、主动编制扶贫系统性融资规划

系统性融资规划是开发银行参与或编制各类规划的核心内容和独特产品，弥补了政府现有规划体系的不足，经过多年的实践和发展，已取得一定成绩，得到广泛认可。开发银行立足各地脱贫攻坚实际情况，围绕贫困地区易地扶贫搬迁、基础设施、特色产业发展、教育医疗卫生等重点领域，加强与国家和地方相关政府部门的扶贫规划合作，从融资规划入手凝聚合作共识，助推投融资主体建设，创新投融资模式和机制、研究配套政策建议，明确开发银行支持脱贫攻坚的主要任务、重点领域、支持方式和重大项目，有效发挥开发银行扶贫开发综合金融协调人的融资融智作用，从源头上成批量地构筑项目，从体制上破解经济社会发展的融资瓶颈约束，服务贫困地区经济社会发展。截至2017年6月末，开发银行已完成20项省级"十三五"脱贫攻坚系统性融资规划（含易地扶贫搬迁专项规划）和6项市县级扶贫规划编制。同时，从中央和国家机关定点扶贫县中挑选了22个国家级贫困县作为试点，开展脱贫攻坚规划编制、融资规划研究、重点领域咨询建议等多种形式的规划合作，帮助贫困县找准脱贫发展路径，并针对"融资难、融资贵"等突出问题提出切实可行的解决方案。

专栏:大别山扶贫攻坚专项融资规划

2015 年 6 月,国务院批复同意了《大别山革命老区振兴发展规划》,提出到 2020 年老区的发展目标和重点任务。为落实《大别山革命老区振兴发展规划》,充分发挥开发银行的资金优势和开发性金融的先锋先导作用,2016 年 2 月,开发银行启动大别山片区专项融资规划编制工作,组织专门力量成立行融资规划编制小组,并到湖北、安徽、河南等地进行扶贫工作调研,了解地方政府对片区规划的落实情况、脱贫攻坚中的经验做法,以及存在的问题和困难。开发银行多次开展内部规划编制研讨,经过不断修改完善,形成了《大别山扶贫攻坚专项融资规划》。

在编制过程中,开发银行一是坚持问题导向,一切从实际出发;二是聚焦重点问题,创新思路破除难点,积极推动市场建设、搭建信用结构,从而实现项目落地实施;三是及时梳理当地脱贫攻坚有关问题与建议,重点研究贫困地区融资需求与融资能力不匹配、开发银行如何发挥好开发性金融作用支持地方脱贫攻坚等问题。

规划的作用主要体现在三个方面,一是提供融智服务,推动大别山片区规划落地实施;二是为开发银行在片区推动扶贫开发业务提供支持;三是为其他连片贫困地区以及省、市、县各级脱贫攻坚融资专项规划编制探索经验,提供借鉴。

三、创新开展脱贫攻坚规划咨询工作

脱贫攻坚规划咨询是结合脱贫攻坚工作新的形势需要的实践创新,是对开发银行扶贫规划工作体系的丰富和完善。通过规划咨询,帮助贫困地区研究脱贫攻坚的发展重点和思路方法，为地方政府脱贫攻坚提出有针对性的咨询意见，进一步明确开发银行对贫困县脱贫攻坚工作支持范围、支持重点、支持模式，加强开发银行对地方脱贫攻坚工作的支持作用。2017 年以来，开发银行以河南省卢氏县为试点，编制脱贫攻坚规划咨询报告，帮助贫困县谋划脱贫攻坚思路方法和对策建议，为支持全国其他地区脱贫攻坚积累经验和打造样板。

专栏：卢氏县脱贫攻坚规划咨询报告

在打赢脱贫攻坚战的关键时期，开发银行结合新的形势需要，进一步深化规划先行对扶贫工作的支持作用，创新融智服务方法，探索通过脱贫攻坚规划咨询方式帮助贫困县谋划脱贫思路、举措，支持地方脱贫攻坚工作。2017 年上半年，以卢氏县为试点，经过深入调研，认真研究，广泛征求意见以及反复修改完善，完成《卢氏县脱贫攻坚规划咨询报告》编制。这是开发银行首个自主完成的贫困县脱贫攻坚规划咨询报告。

河南省政府有关领导同志对规划咨询报告给予了高度评价，认为报告思路非常好，内容很丰富，规划咨询意见充分展现了开发银行的务实精神、创新精神和担当精神。卢氏县委领导同志表示，当前脱贫攻坚工作最缺乏的就是好的思路和方法，规划咨询报告对于地方谋划下一步工作思路和举措将起到很好的帮助作用。

为贫困地区开展脱贫攻坚规划咨询的主要目的在于帮助贫困地区更好谋划脱贫攻坚的思路和方法，助力贫困地区加快脱贫攻坚的步伐。卢氏县规划咨询报告的完成，标志着试点成功，为在全国推广脱贫攻坚规划咨询工作探索积累了经验，打造了样板范例。卢氏县规划咨询报告深入分析当地致贫原因、发展瓶颈的基础上，立足卢氏县自然条件、资源禀赋以及卢氏县脱贫攻坚相关规划，通过借鉴其他地区以及开发银行支持脱贫攻坚好的工作经验和做法，提出了易地扶贫搬迁、基础设施、公共服务、产业发展、"互联网＋"等五大脱贫攻坚领域，谋划了交通扶贫、水利扶贫、教育扶贫等十大扶贫工程，梳理了 34 个项目包 484 个项目，并有针对性地研究提出卢氏县脱贫攻坚举措方法和对策建议。

发挥扶贫金融专员作用
加大人才帮扶力度

打赢脱贫攻坚战,人才是不可或缺的最高战力。2015年中央扶贫开发会议召开后,为进一步加大开发性金融支持脱贫攻坚的力度,解决贫困地区金融人才不足的问题,开发银行大力实施向贫困地区派驻扶贫金融专员(以下简称"扶贫专员")的创新举措。经过精心选拔,183名综合素质好、责任意识强、业务能力过硬的业务骨干作为开发银行首批扶贫专员,赴832个国家级和集中连片特困地区贫困县所在的174个地市州专职开展扶贫工作,在政策宣传、规划编制、扶贫项目策划,融资模式设计,理顺资金运行机制等方面发挥了重要作用,被称为扶贫开发的"宣传员、规划员、联络员"。

一、完善机制体制,加大贫困地区金融人才支持

(一)打造过硬队伍,优中选优派驻业务骨干

开发银行高度重视选派扶贫专员工作,克服人员紧缺的困难,严格执行派驻规定,选拔工作经验丰富、业务能力过硬、派驻意愿坚定的业务骨干担任

扶贫专员。扶贫专员作为开发银行脱贫攻坚的"排头兵""尖刀连",体现出以下三个特征:党员占绝大多数,在183名扶贫专员中,党员比例占到79%,团员占到4%;工作经验丰富,处级干部比例高达36%,其中正处级干部6名,副处级干部59名,95%的干部具有三年以上工作经验;受教育水平高,本科学历及以上者占99%,其中拥有博士学位者占3%,硕士学位者占64%。此外,开发银行还直接向贫困村派驻了29名驻村干部和"第一书记",常年驻村开展帮扶工作,带领贫困村民脱贫致富,真正做到了深入基层一线、帮扶到村到户。

（二）完善工作机制,强化对扶贫专员的支持保障

开发银行通过进一步完善扶贫专员工作机制,保障扶贫专员专心、专职、专业地深入派驻地开展扶贫工作。一是从业务培训、联系机制、后勤服务等方面强化和细化对扶贫专员的支持保障。内蒙古自治区分行协调人事、行政及业务处室共同落实扶贫专员服务保障机制,并制作《扶贫服务工作手册——专员版》。陕西省分行通过讲座培训、交流座谈、知识竞赛等多种形式加强对扶贫专员的业务指导。二是在派驻扶贫专员的基础上,通过组建专项工作组的方式,超常规配备人员全力支持脱贫攻坚。河北省分行抽调一半以上业务骨干组建23个专项工作组,分赴全省45个国定贫困县和6个省定贫困县专职开展驻县扶贫工作。新疆、贵州、黑龙江等分行也采取了类似做法加大对扶贫工作的人力支持。三是扶贫金融事业部为加强与扶贫金融专员的联系,及时掌握工作动态,改进服务作风,建立扶贫金融专员联系机制,开通专员微信群,密切沟通联系,加强对专员的支持和服务。事业部每位员工负责联系和服务两至三位专员,定期通过电话、微信等方式主动联系专员,了解实际情况,帮助解决问题。

（三）加强考核管理,确保扶贫专员工作取得实效

建立扶贫专员量化考核体系,严格规范扶贫专员工作,确保扶贫专员下得去、待得住、干得好。贵州、湖北、海南等分行通过"一把手"讲党课、组织专题学习、定期组织会议、加强联系沟通等方式,将"两学一做"学习教育与扶贫专员工作紧密结合起来,党建与脱贫攻坚特色活动收到显著效果。山西、江

西、黑龙江等分行明确要求扶贫专员在派驻期间建立工作台账,每月报告工作情况,每季度撰写工作总结,通过台账管理和信息报送强化对扶贫专员的跟踪考核。陕西省分行制定了《陕西分行扶贫金融服务专员管理考核实施细则(暂行)》,设置了业绩成效、党建工作、内外评价、纪律监督和考核调整的五维考核指标体系,并实行"目标清单制"管理。内蒙古自治区分行出台《内蒙古分行扶贫开发金融服务专员考核暂行办法》《分行扶贫专员费用开支实施细则》,明确扶贫专员费用开支管理和2016年扶贫工作考核任务。

二、践行职责使命,扶贫专员工作取得积极进展

(一)深入基层,加强宣介,切实发挥"宣传员"作用

一方面,扶贫专员发挥行业、专家优势,为贫困地区地方干部和相关从业人员举办政策宣讲和业务培训,并提供咨询服务,大力宣介开发性金融支持脱贫攻坚的思路举措。广西壮族自治区分行扶贫专员先后开展各类扶贫宣介、培训活动140余次,为顺利推进扶贫项目的开发和评审打下坚实基础。宁夏回族自治区分行扶贫专员累积开展座谈、宣介、培训等工作65次,并总结出"金扶工程,国开惠民""开发银行普惠金融,诚助乡村脱贫"等通俗易懂、朗朗上口的宣传语,获得良好宣传效果。江西省分行为萍乡市举办银政对接会,组织市直机关、县区、融资主体200余人参加,为分行和地方干部交流金融扶贫经验做法、对接扶贫项目搭建平台。另一方面,扶贫专员发扬吃苦奉献精神,深入基层,用老百姓听得懂的语言宣传开发性金融扶贫做法,提升贫困户运用金融手段实现自力更生、摆脱贫困的能力。四川省分行驻凉山州扶贫专员累计下乡调研扶贫工作22次,行程1万余公里,徒步近300公里,走访了15个县市53个村68户贫困群众,全面了解基层情况和致贫原因,具体指导贫困户利用开发银行优惠政策实现增收脱贫。重庆市、吉林省分行扶贫专员主动承担干部帮扶任务,每周联系,每月探访,还采取自发捐款的模式资助3名建档立卡贫困学生高中、大学生活费用。

专栏：开发银行驻四川古蔺县麻柳滩村"第一书记"工作笔记

2015 年 9 月 17 日　星期四　小雨

终于到麻柳滩村了！县里组织部刘部长昨儿一早就从北京接上我，先飞机，再汽车，一路颠簸，又在县城辗转了一晚。此刻，坐在村活动室改造出来的宿舍，一张老式木床，一破桌，没有洗澡的地方，用的是旱厕……这比我想象的还艰苦。

2016 年 3 月 22 日　星期一　晴

今天中午的村委会真热闹，党员同志、各组组长、群众代表都齐了。公布修路账目，开发银行 225 万元，李书记 2000 元，赵支书 1000 元，吴村长 1000 元，老支书也出了 800 元，几个党员和各组组长是既出钱又出力，还有老王家、老李家的嫂子都出工了……大家听到环山路修通，光出行就省下 100 多万元，养的猪、种的果再不用抬着扛着运下来，都很兴奋，很踊跃，很有干劲。这群众会从大中午一直开到天摸黑。

2016 年 12 月 29 日　星期四　雨

今天收到同事的短信，说没想到古蔺的甜橙也这么好吃。我悬着的心终于放下了。甜橙众筹上线以来，领导同事们纷纷出手帮助，订单来了，物流却一直是块心病。一箱甜橙 128 块钱，如果用顺丰，光物流就要六七十元，这样，不仅赚不到钱，还可能亏本。干脆，我们自己干！从采摘、分拣，到套袋、装箱，20 多万个果子，80 多万次劳动，我们带着村民，一个一个装箱，一箱一箱装车，用卡车拉到北京，再用快递送到大家手里。一箱甜橙多赚 10 多块钱呢。这是走出大山的第一个产品，只要成了，苦点、累点，也值了！

2017 年 1 月 16 日　星期一　晴

所有的贫困户都搬进了新房，泸州市的易地扶贫搬迁现场会也选在我们村召开。大家能在青瓦白墙的新房过春节了，我心里特别兴奋。回想这半年多，各种意想不到的状况：土地征迁，因为其中一块没协调下来，不得不调整规划；建房价格谈不拢，拉着贫困户和施工队一轮一轮谈，一户一户说，磨了40 多天。不管怎么样，靠着苦中作乐的这股劲，还是顺利地走过来了。

2017 年 6 月 26 日　星期一　阴

接到行里电话,"第一书记"任期将满,可以返回总行。同时也告诉我,如果愿意,可以再干一年!想起家里的妻儿老小,我真的挺想回家。但想到刚刚搞起来的羊肚菌试验园,想起通往四组的公路还没有硬化,我又放心不下。

2017 年 7 月 1 日　星期六　晴

今天,翻开一本崭新的日记本,我写下三个字:留下来!

留下来,继续做开行和古蔺的桥梁纽带,做开发性金融在中国最基层的践行者。

(二)科学谋划,因地制宜,积极履行"规划员"使命

扶贫专员充分结合派驻地区贫困县实际情况,协助当地政府做好扶贫开发规划和系统性融资规划。同时,帮助地方政府谋划扶贫项目,推动搭建扶贫开发融资主体,完善信用结构,设计融资方案。湖南省分行从项目规划和融资规划入手,形成了覆盖市县、行业的多层次融资规划架构,编制《湖南省"十三五"精准扶贫融资规划》《龙山县脱贫攻坚系统性融资规划》等扶贫规划 12 个,与十余个市州签订一揽子合作协议。广西壮族自治区分行调动相关处室联合组成工作队赴贫困县现场办公,为当地政府设计"统筹整合使用财政涉农资金 + 政府购买服务 + 扶贫基础设施"融资模式,形成自治区首个整合涉农财政资金支持农村基础设施建设的"凌云模式",有效推进扶贫基础设施建设与产业帮扶工作。新疆维吾尔自治区分行派驻喀什扶贫专员协助地方政府推动《喀什地区"十三五"易地扶贫搬迁融资规划》和《喀什市"十三五"扶贫攻坚融资规划》编制工作,为喀什地市两级政府扶贫攻坚做好融资顶层设计,为当地政府谋划重大项目 34 个、融资需求 900 亿元。

(三)创新模式,深化合作,努力践行"联络员"职责

扶贫专员发挥连接开发银行和贫困地区的桥梁纽带作用,结合地方政府在金融扶贫中遇到的实际困难和问题,创新开发性金融支持脱贫攻坚的思路

与做法,确保扶贫开发项目落地,惠及贫困百姓。重庆分行扶贫专员利用挂职机遇和地方干部身份,促成双方主要领导互访,增进彼此了解,建立互信基础,共同推进扶贫工作。安徽分行主动联系证监会、国家粮食局、国家食药监总局、全国供销合作社等中央国家机关和单位派驻安徽定点扶贫县的挂职干部,建立定期协调沟通机制,利用定点扶贫资源,形成帮扶合力,共同推动定点扶贫工作。甘肃省分行扶贫专员在天水、陇南等地区大力开展产业扶贫,推广完善"四台一会"模式,按照精准扶贫进村入户的要求,利用以村互助资金协会为基础网络的管理体系,以县、市财政为最终风险缓释措施,开发扶贫互助协会扶贫贷款机制模式。目前,甘肃分行一次性向天水市承诺互助资金小额贷款20亿元,已发放10亿元贷款,覆盖天水市1034个建档立卡贫困村。河南分行扶贫专员在派驻周口市工作期间,大力推动银政合作机制建设,促成各县成立开发性金融支持脱贫攻坚工作组,下设融资部和项目部,融资部负责与分行以及市级统贷平台对接,项目部负责加快项目四项审批办理。推进河南省首个采用市级统贷模式支持扶贫基础设施项目落地,已实现发放贷款7.4亿元。云南分行发挥扶贫专员利用挂职普洱市发展改革委挂职副主任双重身份的优势,积极推动普洱市国家绿色经济试验示范区建设,由分行和当地政府联合设立全国首只绿色经济发展基金,总规模50亿元,第一批基金已投向景文高速公路项目(财政部第二批PPP示范项目),为当地脱贫攻坚破除了瓶颈制约。

三、进一步发挥扶贫专员作用,加快脱贫致富步伐

(一)加强组织领导,强化服务保障

开发银行将进一步加强对扶贫专员工作的重视程度,通过座谈会、工作信息等多种方式及时了解专员遇到的困难与问题,积极研究解决办法和支持政策。继续完善扶贫专员联系保障制度,加强对扶贫金融专员的业务指导和培训,提高扶贫专员的工作能力,确保这项工作取得更大成效。

（二）突出工作重点，紧抓项目落实

一是着眼于贫困地区长远可持续发展，协助地方政府完善脱贫攻坚规划，使扶贫工作有目标、有步骤、有措施。二是根据贫困地区资源禀赋，选择确定特色优势产业，同时结合基础实施和公共服务短板，谋划一批改善贫困群众生产生活条件的扶贫项目，为持久脱贫创造条件。三是根据所确定项目，设计融资模式和支持方案，创新思路方法，解决遇到的困难和问题，确保项目的落地实施。

（三）强化风险意识，确保好事办好

继续发挥扶贫专员双向挂职的优势，坚持实事求是，切实履行职责，协助地方政府把扶贫信贷资金使用好、监管好，确保资金精准、合规、高效使用。同时，强化纪律意识、规矩意识，把纪律挺在前面，自觉运用党章、党纪、党规约束言行，在扶贫工作中展现过硬的政治素质、扎实的工作作风和良好的精神风貌。

加大地方干部培训
融智支持脱贫攻坚

◇◆

为贫困地区地方干部举办研讨班和培训,是开发银行贯彻党中央、国务院关于打赢脱贫攻坚战的决策部署,深化银政合作,推进脱贫攻坚的重要举措,也是开发银行融智服务的重要方式和内容。特别是 2014 年以来,开发银行围绕国家脱贫攻坚总体部署以及全行脱贫攻坚工作部署和安排,将地方干部培训工作聚焦到脱贫攻坚,以集中连片特困区为重点,大力开展贫困地区干部培训。截至 2017 年 6 月末,开发银行共举办脱贫攻坚培训 20 期、培训地方干部 1553 人,实现了对 14 个集中连片特困地区的全覆盖。

一、基本情况

开发银行脱贫攻坚地方干部培训班从武陵山片区开始,累计为 14 个集中连片特困区干部举办 15 期培训;配合全行定点扶贫工作安排,为开发银行 4个定点扶贫县和 1 个对口支援县举办 3 期培训;与国家发展改革委联合举办"全国易地扶贫搬迁投融资工作专题培训",与中央国家机关工委联合举办"中央国家机关定点扶贫挂职干部培训",覆盖 14 个集中连片特困地区 764 个县。

二、主要做法

（一）紧紧围绕脱贫攻坚主题，开展专题培训研讨

一是在内容上，重点安排国家扶贫政策以及"三步走"战略、开发性金融扶贫政策、项目运作模式等。二是在方式上，安排实地观摩、交流研讨和项目对接等环节，组织参训人员调研开发银行支持的扶贫项目、交流扶贫经验，安排分行与参训人员对接，增强培训实效性。三是在人员选择上，与地方省委组织部联合招生，确保贫困县负责扶贫或经济金融工作的干部参加。

（二）围绕地方特点和干部需求，"一地一策"精准培训

一是根据片区特殊需求，精准安排课程。如滇桂黔石漠化片区培训，突出生态建设、水利建设、石漠化治理等内容；西藏和新疆南疆四地州培训，安排维稳、民族政策等专题；大别山、乌蒙山片区培训，安排片区规划专题解读等。二是根据地方干部的共性需求，安排危机管理、媒体沟通和舆情引导等内容。

（三）创新推进教育扶贫，形成培训合力

坚持一手抓地方干部培训，一手抓贫困群众素质和能力建设。与中国金融教育发展基金会密切合作，一是实施"关爱奖励金"项目，累计资助开发银行4个定点扶贫县和1个对口支援县坚守一线的贫困乡村教师1043名，促进贫困地区基层教育事业；二是实施"金惠工程武陵山片区项目"，向武陵山片区71个县区、开发银行定点扶贫县、对口支援县基层农民农户开展金融知识宣传和培训。

三、取得成效

（一）发挥桥梁作用，积极加强银政合作服务扶贫业务发展

开发银行脱贫攻坚干部培训不仅安排政策解读，还搭建沟通交流平台，组织相关分行与贫困县一对一对接，共同探索脱贫攻坚思路方法，挖掘合作方向和潜在项目。例如，滇桂黔石漠化片区培训后，广西多数贫困县与开发银行广西壮族自治区分行签订了合作协议。再如，中央国家机关定点扶贫挂职干部培训结束后，公安部、交通运输部、宋庆龄基金会等主动联系开发银行，沟通扶贫项目推动工作。

（二）深化认识理解，为进一步开展合作奠定基础

培训重点安排开发性金融扶贫政策措施、项目运作模式以及片区特色产业政策等，还安排调研开发银行支持的扶贫项目，促进地方干部加深对开发银行相关政策措施的了解，熟悉项目运作模式，增强运用金融手段推进脱贫攻坚的意识和能力。比如四省藏区班参训学员、云南省迪庆藏族自治州香格里拉市副市长在座谈中表示，"通过培训，坚定了与开发银行合作的信心和决心，会后争取第一时间到省分行继续对接，争取对我市产业扶贫、易地扶贫搬迁、旅游扶贫、基础设施建设等方面给予大力支持与帮助"。

（三）彰显责任担当，树立开发性金融融智扶贫特色品牌

培训受到国务院扶贫办、中央农办、国家民委、中央国家机关工委以及地方政府、参训学员的高度评价。比如，国务院扶贫办主任多次出席培训，并指出培训具有很强的创新性、示范性和政治性；国家民委副主任表示培训充分发挥了金融乘数和杠杆效应，对全国扶贫开发有示范作用；西藏自治区常务副书记指出，培训为西藏打赢脱贫攻坚战提供了强有力的智力支持。大别山

片区班参训学员、河南商城县县长表示，"开发银行的培训，不单就扶贫讲扶贫，而是把银行、政府、企业三方汇集到一起，既融资又融智，体现了责任担当，体现了与其他商业银行的不同"。人民日报、光明日报、人民网、新华网等主流媒体以及地方党报多次报道相关培训，取得了良好的社会效果。

融 情 篇

　　扶贫工作要有大情怀。开发银行通过加强与各类社会组织合作，不断创新捐赠资金使用方式，更好地为贫困地区和贫困群众提供支持及帮助。本篇主要介绍开发银行扶贫增信捐赠情况，以及与中国扶贫基金会、中国西部人才开发基金会、中国青少年发展基金会、中国人口福利基金会和中国金融教育发展基金会合作开展的系列帮扶项目情况。

开发银行扶贫增信捐赠项目

◇◇◇

为进一步做好扶贫捐赠工作,助力打赢脱贫攻坚战,2016 年,开发银行改革创新捐赠资金使用方式,在河北、吉林等 10 省份 21 个贫困县(含开发银行 4 个定点扶贫县和 1 个对口支援县)开展试点,共捐赠资金 2400 万元,用于注入贫困县扶贫贷款风险补偿金,缓解产业发展"融资难"问题。扶贫增信捐赠资金帮助地方政府转变发展理念,提高对产业扶贫风险补偿机制建设重要性的认识,加强信用建设,促进贫困地区发展产业脱贫致富。

一、发挥杠杆作用,撬动财政资金、信贷资金支持产业扶贫

扶贫增信捐赠工作促使试点县加大财政投入力度,不断壮大扶贫贷款风险补偿金规模,目前,21 个试点县扶贫贷款风险补偿金总额度已达 3.2 亿元。开发银行捐赠资金有效发挥杠杆作用,撬动产业扶贫贷款,引导信贷资金精准支持贫困户。2017 年上半年,赤城、阳原、安图等 17 个试点县通过风险补偿金共撬动发放产业扶贫贷款 13.21 亿元,支持了 2.27 万户建档立卡贫困户发展产业。其中,开发银行捐赠资金直接撬动贷款 1.06 亿元,将近 2400 户建档立卡贫困户受益。

二、提供融智服务，完善试点县
风险补偿金相关制度建设

开展扶贫增信捐赠工作，也是运用开发性金融理念和方法推动地方政府加强风险补偿金制度建设的过程。21个试点县中，赤城、安图、汪清等12个试点县按照扶贫增信捐赠工作要求，制定或修订相关制度，其余9个试点县也重新对制度进行了梳理，完善了流程。通过加强风险补偿金制度建设，试点县进一步完善信用体系，同时也为合规有效运用开发银行捐赠资金提供了制度保障。

三、打通融智瓶颈，改善贫困地区金融生态环境

开展扶贫增信捐赠，有利于缓解地方金融机构对产业扶贫贷款风险高的顾虑，帮助地方政府更好引导信贷资金支持脱贫攻坚，降低了贫困户的融资成本，使其比以往更加容易获得信贷资金发展产业，得到了试点县政府、合作金融机构和贫困户的好评。试点县普遍重视，并承诺继续用好开发银行捐赠资金。

四、增强"造血"功能，激发贫困地区
脱贫致富的内生动力

扶贫增信捐赠将捐赠方式由传统的"点对点"支持转变为"点对面"支持，帮助试点县精准聚焦产业扶贫，引导信贷资金精准支持产业发展，坚定了贫困户自食其力发展产业脱贫的信心，变"输血"式扶贫为"造血"式扶贫，依托市场化方式支持贫困群众脱贫致富。

开发银行机关扶贫捐赠服务

◇◇

打赢脱贫攻坚战，是确保实现全面建成小康社会的战略决策和现实行动，也是开发银行"十三五"期间的重点任务和中心工作。为切实贯彻中央精神和行党委决策部署，推动党建工作与脱贫攻坚工作有效融合，引导广大干部员工关心扶贫、参与扶贫，以公益捐赠的实际行动助力脱贫攻坚，在举手之劳、日常点滴中践行开行精神、弘扬家国情怀，在2016年纪念建党95周年之际，开发银行发起"扶贫捐赠——机关党员在行动"主题活动，建立了总行机关扶贫捐赠服务平台。

涓涓细流，日积月累汇成江海；拳拳之心，你我共筑大爱梦想。扶贫捐赠服务平台聚焦"扶贫公益"主题，通过机关爱心库、微信专属链接、爱心汇集专线和EP子站，持续受理广大干部员工的捐赠意向、筹措资金物资、提供爱心投放渠道、反馈爱心帮扶效果，从贡献一本书、一张纸、一件衣做起，让扶贫捐赠从一种责任、一种态度，成为一种习惯。

从2016年6月28日第一个"机关捐赠日"开始，一年多来，七大主题捐赠，5800余件物品、万余斤纸张，近400名青年志愿者轮值服务……2000余名机关干部员工将仁爱之心传递到6省（区）7地贫困人群，以实际行动投入打赢脱贫攻坚战的热潮之中。

一、爱心出发——千件物资送赤城

为把党员干部的爱心传递给渴望得到帮助的贫困人群，结合行内扶贫调研情况，首个捐赠活动定为"爱心出发"——物品捐赠，对接点是河北赤城海家窑村。海家窑村位于河北省西北部，属国家建档立卡贫困村。针对海家窑村地处山区、昼夜温差大、寒冷季节到来较早的特点，总行机关扶贫捐赠服务平台对接当地村民需求，发动大家贡献保暖御寒的衣物。开发银行行领导带头捐赠，各党支部（总支、党委）积极响应，很多员工还自费购买了棉大衣、厚棉被。2017 年 7 月 6 日，总行机关扶贫捐赠服务平台向张家口市赤城县马营乡海家窑村 136 户建档立卡贫困户捐赠爱心扶贫物资 200 箱，共计保暖御寒衣物 1082 件。

二、扶贫捐赠，吾心为爱

"千件物资送赤城"爱心行动后，机关爱心库又陆续收到 2000 余件衣物。为把大家的爱心及时传递给更多需要帮助的贫困人群，总行机关扶贫捐赠服务平台联合"吾心为爱"公益项目，发起向甘肃西和县等贫困地区的衣物捐赠行动。连续 4 周 9 个支部 40 余名青年志愿者轮值整理、清点、分装、打包……爱心库 1273 件秋装顺利启程。

三、"为了大山的孩子"——爱心包裹现场捐赠

2016 年 9 月 12—13 日，总行机关扶贫捐赠服务平台"为了大山的孩子"爱心包裹现场捐赠活动先后在四川省古蔺县麻柳小学和贵州省道真县大塘小学顺利举行，将 300 个爱心包裹送到学校，并设计开展了"圆梦美创课堂"

"圆梦开行童心画展"和"成长对话卡互换"三项特色活动,得到了150余名机关员工子女的积极参与和当地师生的热烈回应,收到了良好的活动效果。

四、冬衣送暖·心念赤峰

继河北赤城、甘肃西和之后,总行机关扶贫捐赠服务平台联合西城区金融街街道办事处,参加了北京市民政系统2016"冬衣送暖"捐助活动。5个支部18名青年志愿者利用休息时间辛苦付出,58袋880件整齐码放的御寒衣物载着机关员工满满的爱心即将发往内蒙古赤峰地区,为塞外寒冬时节的贫困乡亲们送去开发银行员工的温暖。

五、一份来自开发银行机关的特殊礼物
——《圆梦开行童心画册》

2016年9月开学季,"为了大山的孩子"爱心书包现场捐赠活动中,开发银行机关的小朋友和大山里的同学们携手创造了属于自己的"童心画展"。2017年2月,新的开学季,扶贫捐赠服务平台为两所小学和全体参展的孩子们,准备了一份特殊的礼物——《圆梦开行童心画册》。画册分为"北京模样""我的家乡""童心祝福""五彩梦想""填涂美创"五个部分,收录了小开行人饱含情意的主题创作和大山里的孩子们"圆梦美创课堂"上的绘画成果。120余幅作品让同龄的孩子认识彼此的世界,架起友谊的桥梁!

六、让闲置变需要——助力甘孜爱心行动

春夏之交,"换季"成了不少同事不大不小的"难题"。整理出的衣物利用率不高,"躺"在衣柜里占空间,想送给有需要的人又苦于没有渠道……这个

问题怎么解决？接到热线，马上行动！总行机关扶贫捐赠服务平台再次牵手"吾心为爱"公益组织，发起环保生活倡议，让你我的"闲置"变为四川甘孜老乡们的需要！不到一周时间，平台就收到来自20家单位91袋近2100件爱心衣物！

七、一张纸献爱心、救助贫困患病儿童行动

为进一步推动党建工作与脱贫攻坚工作有效融合，弘扬扶贫公益精神，根据中央国家机关精神文明办有关通知精神，在总行机关扶贫捐赠服务平台运行一周年之际，开发银行启动"一张纸献爱心、救助贫困患病儿行动"。

"一张纸献爱心、救助贫困患病儿童行动"由中央国家机关精神文明办于2015年6月发起，倡导"慈善就在身边""节俭从我做起"理念，主要通过售卖废旧纸张筹集善款专项救助少数民族贫困家庭患病儿童，两年来筹款20.95万元，8名患先心病新疆儿童和包虫病患者得到积极救治。

通知发出后，总行机关在京39家党支部（党委、总支）全部第一时间响应，短短2个小时，捐赠平台就收到废旧书报11082斤，折合金额3878.7元。中华慈善总会负责同志亲临现场见证开行人的爱心传递，对开发银行"一张纸献爱心行动"给予高度评价，对扶贫捐赠服务平台从点滴做起、从小事做起、凝聚广大员工爱心助力脱贫攻坚的积极努力给予充分肯定，并表示将通过中华慈善总会的平台和媒体积极宣介开发银行正能量。

开发银行开展的扶贫公益项目

一、"新长城"特困学生资助项目

中国扶贫基金会是由国务院扶贫办对口业务指导、以扶贫济困为宗旨的公益机构,现为我国扶贫公益领域最大的公益组织。开发银行自2003年起支持中国扶贫基金会"新长城"特困学生资助项目,累计捐赠资金1100万元,已成为开发银行履行社会责任的典型案例。14年来,通过"新长城"大学生、高中生资助项目以及员工自发组织的爱心包裹捐赠项目,开发银行累计资助贫困大学生、高中生以及小学生6223人次,为贫困学生提供了经济帮助和成才支持,为对口帮扶贫困县教育扶贫作出了突出贡献。

2016年,开发银行向该项目捐赠资金200万元,资助学生1000人。其中,在四川、贵州、重庆的5个县5所高中设立13个高中自强班,资助高中生650名;在北京外国语大学、中国人民大学、新疆大学、西藏大学等4所高校资助大学生350名。2016年3月,开发银行被中国扶贫基金会授予"扶贫大使"荣誉称号。

二、"彩烛工程"公益项目

中国西部人才开发基金会是经国务院批准,在民政部注册登记的全国性公募基金会,成立于2006年,目前业务主管是国家行政学院。开发银行自2011年12月起与中国西部人才开发基金会开展合作,累计捐赠资金1500万元,捐赠资金主要用于"彩烛工程"公益项目。

"彩烛工程"公益项目由开发银行会同中国西部人才开发基金会联合设立,自2012年启动以来,已先后在京举办17期校长培训班,累计培训重庆、四川、贵州、江西、甘肃等地的小学校长及教师805名;邀请国内知名教育专家3次深入定点扶贫县"送教",以学校综合管理、班主任提升、阅读文化打造为主题,对约1500名校长及骨干教师进行培训;在古蔺县资助扶持了27所学校的90个留守儿童关爱活动,通过组织自强互助活动,为贫困地区留守儿童构建积极有效的心理支持环境,受益师生近1.2万人。对此,国务院领导给予了批示肯定。

2016年,开发银行向该项目捐赠资金200万元,主要实施情况:一是在北京师范大学举办3期心理健康教育专题培训班,来自四川古蔺、贵州务川、正安、道真、江西全南的148名教育工作者参训。受益教师普遍反映,"彩烛工程"课程设计好、老师水平高、组织管理严、收获提升大。回到学校后,能够将所学知识和技巧运用到教学管理实践中,受益匪浅。二是在四川古蔺资助扶持了25所学校的45个留守儿童关爱活动,深受社会各界的一致好评和赞誉。古蔺县双溪中学实施的"多彩园艺"活动,从地理、历史、人文、社会等方面使学生对家乡有一个清晰的认识,从环保参与、礼仪教育等方面提升学生的内在素养,通过打造校内花卉园提升学生的创新精神和动手能力;古蔺县黄荆学校实施的"裁缝与模特"活动通过让学生收集生活中的废旧物品、再生环保材料制作自己喜欢的衣服,充分提升孩子们的审美能力和想象力。2016年,"彩烛工程—相守计划"被人民网和公益时报分别评为"第十一届人民企业社会责任奖年度案例奖"和"2016年中国企业社会责任卓越项目奖"。

三、"快乐音乐教室"公益项目

中国青少年发展基金会成立于 1989 年,业务主管单位是共青团中央。该基金会自 1989 年发起设立"希望工程"以来,累计援建希望小学 1.9 万所,资助学生 519 万名,在改善贫困地区办学条件、促进教育公平方面取得了显著成效。为了促进偏远贫困地区小学音乐教育事业的发展,开发银行自 2015 年与中国青少年发展基金会开展合作,累计捐赠资金 400 万元。

2016 年,开发银行会同中国青少年发展基金会在内蒙古、吉林、青海、新疆等 13 个省份的偏远贫困与少数民族地区资助 50 所学校建设"国开发银行·希望工程快乐音乐教室",通过为资助学校的音乐教室配置乐器、合唱器材、演出服装等物资,让贫困地区的孩子们也能获得更好的音乐教育资源与教学体验,当年直接受惠学生超过 4.13 万人。同年 10 月,中国青少年发展基金会邀请北京天使童声合唱团在京组织音乐教师培训班,为 50 所受助学校的音乐教师提供合唱教学与音乐方面的专业化培训,帮助提高"快乐音乐教室"的教学水平和教学质量。参训教师均表示此次来京收获非凡,返校后大家充分利用所学所得运用到自己的教学实践中,并将自己的教学心得与成果在微信互助群内进行分享。2016 年,"快乐音乐教室"被共青团中央授予"2016 年希望工程贡献奖"。

四、"黄手环行动"公益项目

中国人口福利基金会成立于 1987 年,业务主管单位为国家卫生和计划生育委员会。该基金会自成立以来,在关注弱势群体、增进人口福利与家庭幸福等方面发挥了积极作用,社会反响良好。1998—2015 年,开发银行连续 17 年与该基金会开展合作,组织员工捐款共计 200 余万元,参与"幸福工程——救助贫困母亲行动"。为扶持患有阿尔兹海默症的老年人及家庭,开发银行自 2015 年与中国人口福利基金会开展合作，累计捐赠资金 400 万元支持其"黄手环行动"公益项目。

为了帮助有走失风险的老人安全回家，在开发银行支持下，基金会开发研制了具有实时定位、双向通话、SOS 一键呼叫、安全围栏、历史轨迹查询等功能的第四代黄手环，使得家人可以实时查询老人的位置，变被动查找为主动看护。截至 2017 年 6 月末，项目累计发放 3680 只定位"黄手环"，帮助有走失倾向的老年人安全回家。领取黄手环的老人及家属反映，黄手环功能强大，定位准确，使用方便，解决了许多实际困难，赢得使用者及家属的好评，纷纷对"黄手环行动"公益项目表示感谢。

同时，为了进一步引导全社会加强对阿尔茨海默患病老人的关心。项目在北京、上海、山东济南、青岛等地举办 6 场"黄手环行动"专题科普讲座、义诊、医护人员培训，聘请专业义工为社区群众进行阿尔兹海默病的预防判断、就医治疗，对中重症患者的照护基础知识进行讲解；为基层医务工作者进行识别早期阿尔兹海默病患者的技能、掌握专业照护的技巧培训，受益群众近千人。2016 年 11 月，国开发银行捐赠"黄手环行动"公益项目暨四代定位黄手环发放仪式在京举行，人民网、光明网、央广网等媒体对相关活动进行了报道。

五、设立"国家开发银行关爱奖励金"捐助贫困乡村教师

按照国家精准扶贫的要求以及开发银行扶贫工作的整体部署，自 2014 年起，开发银行联合中国金融教育发展基金会开展了面向开发银行定点扶贫县和对口支援县贫困乡村教师的"国家开发银行关爱奖励金"项目。通过向贫困乡村教师捐助一定金额的资金，帮助其缓解生活困难，激励其更好地投身乡村教育事业，同时促进贫困地区农村教育工作持续健康发展。2014 年至 2016 年，开发银行共向中国金融教育发展基金会捐赠资金 300 余万元，定向用于开发银行定点扶贫县和对口支援县贫困乡村教师的捐助，共捐助贫困乡村教师 1043 名，每人 3000 元。

　　"国家开发银行关爱奖励金"项目开展以来,为开发银行定点扶贫县和对口支援县部分扎根乡村、爱岗敬业、家庭贫困的乡村教师解决了实际困难,反响较好,得到了贫困县教育部门和基层教师的好评和认可。同时,"关爱奖励金"精准面向乡村教师这一困难弱势群体,填补了开发银行教育扶贫对基层教师群体的空白,彰显了开发银行精准扶贫的理念。三年来该项目的实施对促进贫困县区基层教育事业,阻断贫困代际传递起到了积极的作用,得到广泛的社会赞誉。

地 区 篇

　　按照"中央统筹、省负总责、市县抓落实"的工作管理体制，脱贫攻坚工作由省负总责。为此，开发银行总行党委与有脱贫攻坚任务的25家省级分行签订了脱贫攻坚责任书，立下"军令状"，确保脱贫攻坚工作落到实处。本篇主要介绍开发银行发挥开发性金融作用，坚持"三融"扶贫策略和"四到"工作思路及方法，支持河北、山西等25个省（自治区、直辖市）脱贫攻坚的做法和成效。

开发性金融支持河北省
脱贫攻坚发展报告

◇·■·◇·■·◇·■·◇·■·◇·■·◇·■·◇·■·◇·■·◇·■·◇·■·◇·■·◇·■·◇·■·◇·■·◇·■·◇·■·◇·■·◇·■·◇·■·◇

　　打赢脱贫攻坚战是实现京津冀协同发展战略、实现全面建成小康社会目标的重大任务。为贯彻习近平总书记扶贫开发战略思想和系列调研讲话精神，全面落实党中央、国务院关于脱贫攻坚的决策部署，开发银行以河北省10个深度贫困县为重点，以"规划先行融智、改革创新融制、市场运作融资"为依托，以强化外部合作沟通，理顺内部工作流程为抓手，结合河北省脱贫攻坚实际，精准施策、靶向发力，支持河北省脱贫攻坚工作取得显著成效。近年来，开发银行累计向河北省承诺扶贫贷款逾1000亿元，覆盖全省62个扶贫开发重点县中的56个；发放精准扶贫贷款521.9亿元，切实保障193个重点扶贫项目建设资金落实到位，助力近200万建档立卡贫困群众彻底脱贫。

一、主要工作亮点和成效

（一）完善省负总责机制，确保易地扶贫搬迁首战告捷

根据《河北省"十三五"易地扶贫搬迁规划》，"十三五"期间，河北省拟完成7个区市38个县（区）合计42万人口的易地扶贫搬迁，任务十分艰巨。经多次深入调研了解，河北省经过前几年的易地扶贫搬迁，有条件、有能力搬迁的贫困人口多数已经迁出，目前尚未搬迁的，其生存环境和居住条件更为恶劣、贫困程度更深，属于经过多轮扶持仍未啃下来的"硬骨头"。为此，开发银行认真研究和领悟五部委印发的《"十三五"时期易地扶贫搬迁工作方案》，充分发挥专家银行优势，向河北省委、省政府递交了《关于支持扶贫开发工作有关情况的报告》，系统提出省级投融资主体组建新思路以及省级"统一贷款、统一采购、统一还款"和"建档立卡与同步搬迁人口一并纳入"的支持模式，并代为起草政府购买服务协议、资金管理办法、贷款资金使用三方协议、县级政府购买服务协议等全套政策和文件草本，初步构建起河北省易地扶贫搬迁投融资整体运作框架。2016年5月，在开发银行河北省分行和省发展改革委等4部门的共同推动下，省级投融资主体——河北易地扶贫搬迁开发投资有限公司正式成立。同年6月15日，开发银行率先完成项目整体授信，全额承诺长期贷款196.7亿元。截至2017年6月末，开发银行累计向张家口沽源、承德丰宁等23个县（区）发放易地扶贫搬迁贷款22.43亿元，投放专项建设基金2.25亿元。

（二）借力涉农资金整合，破解基础设施瓶颈制约

1.农村基础设施领域。农村基础设施建设是脱贫攻坚的先行工程。河北省委、省政府明确的阜平、涞源等10个深度贫困县206个深度贫困村贫困发生率高、生产生活条件差，是我国东部沿海基础设施建设最为薄弱的地区之一。围绕这一重点区域，2016年，开发银行积极总结前期调研成果，结合国

务院办公厅《关于支持贫困县开展统筹整合使用财政涉农资金试点的意见》精神,向河北省委、省政府提出了以贫困县未来可以整合的部分财政涉农资金作为还款来源,以"县级直贷"方式支持贫困县农村基础设施的融资模式,并得到省领导肯定。

2016年8月,在河北省"7·19"特大洪灾10天之后,开发银行河北省分行召开全行动员大会,号召紧抓入冬前的有效建设期,围绕村组道路、安全饮水、环境整治、美丽乡村等难点和"短板",采取超常规举措,打一场扶贫开发集中攻坚战,最大限度地改善贫困群众生产生活条件。会后,分行领导亲自挂帅,抽调全行一半以上业务骨干组建了23个扶贫战斗小组,连夜奔赴扶贫一线。在相关市县政府的大力支持下,集中攻坚取得圆满成功。截至2017年6月末,开发银行累计向保定顺平、承德滦平等52个县(区)发放农村基础设施贷款120亿元,覆盖全省3831个建档立卡贫困村,受益建档立卡贫困人口超过140万人。

2. 重大基础设施领域。河北省太行山高速公路项目全长680公里,辐射面积2.6万平方公里,横跨太行山—燕山特困区域,覆盖贫困人口数百万人,建成后将有效带动太行山区城乡居民脱贫致富,对于促进沿线经济发展、推动京津冀交通一体化进程具有重大意义,是一条名副其实的"扶贫路、致富路、旅游路、发展路",更是河北省首个重大扶贫工程。然而,随着政府债务负担加重,财税体制面临变革,太行山高速公路项目在融资领域遇到了前所未有的困难和挑战。

开发银行充分发挥融智服务作用,主动参与设计太行山高速公路项目PPP融资方案。在进行多轮模拟测算后,最终形成了全国首个"肥瘦搭配"以及打包进行"BOT + EPC + 政府补贴"的PPP运作模式,为太行山高速公路项目成功解决了融资难题。截至2017年6月末,由开发银行牵头组建的银团,已向太行山9条高速公路授信575.8亿元,投放信贷资金近100亿元,有力地支持了"扶贫大动脉"建设。此外,围绕南水北调、清洁能源发电等重点领域,开发银行累计支持跨区域重大基础设施项目66个,发放扶贫贷款333.44亿元,引领同业扶贫资金10.5亿元,受益范围几乎涵盖全省所有贫困地区。

（三）立足当地资源优势，构建产业帮扶长效机制

人们常说，一把钥匙开一把锁，找准"路子"，才能迈开"步子"。产业扶贫要立足贫困地区资源禀赋和特色优势，才能做到对症下药、精准滴灌、靶向治疗。在国家级贫困县邢台威县，多年来当地政府一直在探索如何让贫困人口增收脱贫，但难题之一就是财政吃紧，缺乏启动资金。开发银行多次调研后发现，这里部分有劳动能力的贫困人口知识技术水平较低、信用意识较差，若采取传统扶贫贷款模式将贷款直接贷给贫困户，由农户承担市场风险，可能会出现贷款项目无法按期完工、市场低迷时农户还款意识不强等现象。在多次沟通协商后，威县政府与河北宏博牧业有限公司启动了产业扶贫"助威计划"，建设年加工 5 万吨肉鸡熟食制品生产线。该项目由开发银行提供 1.3 亿元长期贷款，威县政府整合扶贫资金，按每人 4500 元标准补贴贫困人口并入股分红。项目实施后，可使 1528 名贫困人口年均增收达到 18621 元。同时，开发银行主动让利，让项目享受基准利率优惠，从而拿出部分利息，而宏博牧业则承诺每出栏 1 只鸡，按照 0.05 元标准出资，共同设立"鸡基金"，用于威县扶贫事业的可持续发展，从而建立起一个具有自我"造血"功能的长效机制。

专栏：河北省"助威计划"产业扶贫案例

一、基本情况

河北宏博牧业有限公司（以下简称为"宏博牧业"）是全产业链的现代化白羽肉鸡一条龙企业。2015 年 3 月 15 日，开发银行河北省河北分行通过了对河北宏博牧业有限公司年加工 5 万吨肉鸡熟食（一期）的 A 组授信，授信金额 1.3 亿元，贷款期限为 8 年（含 2 年宽限期），贷款利率执行中国人民银行公布的同期限同档次人民币贷款基准利率，用于建设年产 2 万吨熟调产品、年产 1 万吨生食调理品的生产线（一期）。

二、运作模式

（一）采用"政府＋银行＋龙头企业＋合作社＋贫困农户"五位一体的精

准扶贫模式。有效整合政府、银行、龙头企业的资源,充分发挥政府的组织协调优势、银行的资金优势、龙头企业的经营优势,将扶贫资金补贴到户,再将扶贫资金整合运作,让企业承担经营风险,使农民摆脱了市场风险,走出了一条企业增效、财政增长、农民增收的现实之路,实现了由输血式扶贫向造血式扶贫的转变,具有重要示范意义。

(二)"鸡基金"补充扶贫资金,体现银企社会责任。由宏博牧业主动投入、开发银行让利构成的"鸡基金",定向用于支持建档立卡贫困村的主导产业、基础设施、公益事业,贫困村脱贫后可用于低收入家庭产业发展、养老保险、养老院建设等。据测算,每年"鸡基金"收入为170万元,形成了扶贫资金的第二来源,充分体现了龙头企业、开发银行的社会责任,形成扶贫事业的良性循环。

(三)构建完善信用结构,坚守风险底线。企业提供足值房产、土地抵押,威县人民政府提供1000万元风险补偿资金。

三、扶贫效果

该项目实施后,通过"扶贫资金入股获得资本收益、土地承包经营获得租赁收益、贫困人口就业获得薪资收益",可使69个贫困村的1592个贫困户,共计2671名贫困人口每人年均增收18630元,贷款期内总共可使贫困户增收2.99亿元,实现建档立卡户的稳定脱贫、精准脱贫。

(四)开展生源地信用助学贷款,"应贷尽贷"助寒门学子圆梦大学

助学贷款是由政府主导、教育主办、金融支持的一项政策性贷款业务,同时也是斩断贫困代际传递的一项重要国策。开发银行很早就开始承担河北省高校助学贷款任务,但由于种种原因,生源地信用助学贷款业务一直未在河北省开展。2016年7月,在多次实地调研之后,开发银行选择在阳原、怀来两县先行试点。仅一个多月时间,两县申请生源地信用助学贷款的学生就已将近1400人,申请金额合计超过1000万元。2017年,依托省财政厅及各县(区)资助中心,开发银行谋划全面扩大生源地信用助学贷款覆盖范围,并推行全流程电子化管理。截至2017年6月末,全省已有不少于50个县申请开

展生源地信用助学贷款业务，预计申贷金额不低于1亿元。未来，生源地信用助学贷款业务将扩大至全省所有县（区），帮助数以百万计的贫困孩子走进大学校园，不让一个学子因家庭经济困难而失学。

开发银行精准扎实的扶贫工作，得到了河北省委、省政府领导的充分肯定。河北省多位负责同志对开发银行支持河北脱贫攻坚工作作出批示："开发银行在支持我省扶贫攻坚中主动而为，急项目所急，体现了高度的政治自觉和政策性银行的重要作用。""开发银行心系大局，作风务实，扶贫工作卓有成效！"

二、经验做法

（一）加强外部宣介，做好融智服务

一是先后多次就扶贫融资工作向省委、省政府建言献策，协助省直部门设计制定符合河北实际的扶贫政策和融资模式，其中多项建议得到省领导肯定批示，部分写入省级政策文件。二是编制配套系统性融资规划，全面梳理地方扶贫重点项目，科学设计融资模式，确保施策精准、扶贫精准。三是选取阳原、赤城、临城3个中央国家机关对口县开展规划合作试点，立足当地资源禀赋，深入谋划脱贫产业，提供切实可行的融智服务。

（二）依托银政合作，推动融制建设

一方面，向9个有扶贫任务的地市派驻9名业务能力突出、经验丰富的扶贫金融专员，分别挂职市政府副秘书长专职开展扶贫工作，协助各地市完善扶贫顶层设计。另一方面，在积极总结集中攻坚经验的基础上，全面完善地区工作组工作开展机制，通过与贫困县政府建立动态协调、常态沟通、信息共享等多项机制，千方百计延伸服务网络、下沉服务重心，以完善的制度建设，推动脱贫攻坚工作顺利开展。

（三）谋划重点项目，加大融资支持

重点项目谋划是金融扶贫工作的生命线。依托融智服务与融制建设，着力发挥政府组织协调优势与开发性金融综合服务优势，加大项目谋划力度。在易地扶贫搬迁领域，开发培育了张家口沽源、康保等重点大县搬迁项目；在农村基础设施领域，开发培育了阜平县农村基础设施（村组道路）、灵寿县改善农村人居环境建设、滦平县农村公路"三年攻坚"等重点项目；在重大基础设施领域，开发培育了太行山高速、南水北调配套工程、察哈尔风电场等重点项目；在产业发展领域，开发培育了宏博牧业年加工5万吨肉鸡熟食制品生产线、魏县科技创业孵化基地、太行山生态绿化等重点项目。开发银行以超常规的评审力度、授信效率和强有力的资金保障，为河北省脱贫攻坚提供了有力支持。

开发银行将以务求实效为目标，继续深入落实党中央、国务院关于脱贫攻坚的决策部署，遵循"四到"工作思路和"三融"扶贫策略，围绕"易地扶贫搬迁、基础设施、产业发展、教育资助"四大板块，以"绣花"的功夫和更大的力度推进脱贫攻坚各项工作，助力河北省打赢脱贫攻坚战。

一是提高自觉，树立扶贫开发"大情怀"。贫穷不是社会主义。习近平总书记曾语重心长地说："我现在看到贫困地区的老百姓，确实发自内心地牵挂他们，作为共产党人一定要把他们放在心上，真正为他们办实事，否则我们的良知在哪里啊？"开发银行将始终从国家战略和全局出发，带着责任和感情，真情付出、用心探索、务实苦干，不断提高服务脱贫攻坚的行动自觉，切实肩负起开发性金融支持脱贫攻坚的社会责任与历史使命。

二是发挥优势，体现扶贫开发"大智慧"。河北省脱贫攻坚工作时间紧迫、任务艰巨、情况复杂。开发银行将始终坚持可持续性和包容性原则，发挥"融智""融制"双重优势，以发展普惠特惠金融、增加贫困地区金融供给为着力点，完善扶贫金融专员机制建设，积极研究创新支持模式，引领社会资本流入扶贫领域，不断加强政策性、开发性和商业性资金良性互动，形成加快贫困地区经济社会发展的强大合力。

三是务实推进，理顺扶贫开发"大思路"。针对易地扶贫搬迁，加强调研

推动，协调各县（区）政府加快新增项目前期审批，鼓励加快存量资金支付，挖掘重点县资金需求。针对基础设施，研究领会《关于进一步规范地方政府举债融资行为的通知》的精神，围绕政府与社会资本合作（PPP），探索创新支持模式。针对特色产业，探索依托省属国有企业、上市企业及中小城商行，以"转贷款"等方式支持扶贫产业发展。针对生源地信用助学贷款业务，推进各县（区）教育部门落实协议要求和电子设备配置，最大程度扩大覆盖范围。

"衙斋卧听萧萧竹，疑是民间疾苦声。些小吾曹州县吏，一枝一叶总关情。"作为服务国家战略的开发性金融机构，开发银行将进一步发挥好开发性金融功能和作用，坚定信心，乘势而上，精准发力，主动作为，以脱贫攻坚的"大情怀、大智慧、大思路"肩负起服务国家战略和建设"经济强省、美丽河北"的"大责任、大使命、大担当"，用开发性金融的有力笔杆书写一段扶贫济困的不朽诗篇！

开发性金融支持山西省
脱贫攻坚发展报告

◇◇◇◇◇◇◇◇◇◇◇◇◇◇◇◇◇◇◇◇◇◇◇◇◇◇◇◇◇◇◇◇◇◇◇◇◇◇◇

　　山西省是全国扶贫开发工作重点省份,近一半县市区是贫困县,贫困面积大、贫困人口多、贫困程度深。2017 年 6 月下旬,习近平总书记视察山西,要求山西省"扎实推进脱贫攻坚和民生保障"。考察期间,习近平总书记在太原市召开深度贫困地区脱贫攻坚座谈会,对解决深度贫困作出战略部署,为山西省攻克深度贫困堡垒增添了强大动力。2016 年以来,开发银行深入贯彻党中央、国务院决策部署,加强与山西省委、省政府及各市县地方政府合作,结合山西省情和脱贫攻坚实际,运用开发性金融理念,创新扶贫开发投融资模式,不断深化融制、融资、融智服务,大力实施"四到"工作思路,取得积极成效。

一、坚持融制、融资、融智相结合,服务山西脱贫攻坚

（一）融资情况

　　截至 2017 年 6 月末,开发银行共向山西省贫困地区投放扶贫信贷资金 157 亿元,覆盖全省 58 个贫困县,惠及建档立卡贫困人口约 50 万人,贷款领域涵盖

易地扶贫搬迁、农村基础设施、助学贷款、产业扶贫、区域重大基础设施等。

（二）融智情况

1. 高层融智、顶层设计。2016年4月，开发银行山西省分行向山西省省长提交《关于开发性金融支持山西棚户区改造、脱贫攻坚的工作建议》，就融资模式设计、易地扶贫搬迁操作方案等提出意见建议；2016年5月，向山西省委书记提交《开发性金融支持山西脱贫攻坚与生态建设工作建议》，均获得高度肯定。2017年以来，开发银行山西省分行通过多个场合向省委省、政府主要负责同志和分管领导汇报对脱贫攻坚的工作建议，获得肯定和支持。

2. 规划先行、系统推进。开发银行山西省分行多次与省发展改革委、省扶贫办、省财政厅对接，对全省脱贫攻坚"十三五"规划、全省易地扶贫搬迁"十三五"规划提出意见建议；制定《国家开发银行山西省分行"十三五"金融扶贫规划》，明确扶贫工作路径；选择吕梁市临县作为试点，完成扶贫融资规划编制，获得临县政府高度赞赏。

3. 谋划策划、批量落地。开发银行山西省分行先后就林业、水利、交通、采煤沉陷区治理等领域起草扶贫方案，向有关部门献计献策；坚持评审前移，帮助项目实施单位编制可研报告，完善项目实施条件，推动项目批量落地。

（三）融制情况

1. 包片推动，完善机制。开发银行山西省分行出台《山西分行扶贫业务集中攻坚实施方案》《山西分行2017年扶贫业务工作计划》等文件，实施分行领导包片推动制度，成立58个工作组，集中开展了对10个地市、58个贫困县的走访调研，推动组建市县开发性金融合作办公室，帮助市县政府理清扶贫业务合作需出台的文件、方案等必备文件，推动地方政府高效融资、有效融资。

2. 深度参与，积极融制。开发银行派员协助山西扶贫开发投资有限公司完善内部管理一系列基础制度；配合财政、扶贫等部门起草相关文件，推动山西省政府及有关部门出台《山西省易地扶贫搬迁资金管理办法》《易地扶贫搬迁长期政策性贷款管理办法（试行）》；在全国范围内，较早地全面完成了项目政府购买服务的全部流程，推动省扶贫公司与省财政厅、扶贫办共同签署了

《易地扶贫搬迁项目政府购买服务协议》。

3.签署协议,凝聚合力。2016年5月30日,开发银行山西省分行与省扶贫办签署《开发性金融支持山西省脱贫攻坚合作协议》,协议明确了双方合作目标、重点合作领域、合作模式、建立联系和信息共享机制等重要事项,决定就完成"十三五"期间山西省脱贫攻坚任务,发挥开发性金融优势,加强对山西省脱贫攻坚的融资和融智支持力度而共同努力。2016年5月20日,与吕梁市政府签署《开发性金融支持吕梁市脱贫攻坚合作协议》,双方决定将重点推动吕梁山集中连片特困地区的金融扶贫工作。

4.派遣专员,落实合作。2016年以来,开发银行先后派遣2批共计18名扶贫金融专员赴地方交流挂职,专项推动扶贫开发。扶贫专员作为扶贫政策宣传员、脱贫攻坚规划员以及政府和开发银行之间的联络员,实现在扶贫领域的深度合作,为完善地方与开发性金融合作机制发挥了巨大作用。

二、坚持"四到"工作思路,助力山西脱贫攻坚战略部署落地

(一)以易地扶贫搬迁项目为切入点,推进扶贫融资工作

开发银行派员协助省扶贫公司组建,积极开展易地扶贫搬迁项目评审授信工作。2016年5月,对山西省易地扶贫搬迁项目贷款授信承诺300亿元。2016年8月17日,开发银行山西省分行与山西省扶贫公司签订了全省首笔易地扶贫搬迁借款合同,并发放贷款1300万元。2016年10月13日,开发银行山西省分行率先投放全省首笔易地扶贫搬迁专项建设基金11.25亿元。

+·

专栏:开发银行支持山西省易地扶贫搬迁情况

2016年5月,开发银行实现向山西省易地扶贫搬迁项目整体承诺贷款300亿元,对"十三五"期间山西省45万建档立卡搬迁人口及11万同步搬迁

人口易地扶贫搬迁提供贷款支持。2016年8月，率先发放山西省易地扶贫搬迁项目首笔贷款1300万元。

一、构建省级投融资机制

1. 协助搭建省级扶贫投融资主体。2015年12月，开发银行山西省分行抽调业务骨干赴省扶贫公司挂职交流，参与公司的组建和运作，帮助公司建章立制，完善内控制度，规范工作流程，夯实借款人的管理基础。

2. 完善省级制度建设，规范资金使用。配合省财政、扶贫办制定易地扶贫搬迁资金管理办法等制度文件，规范全省易地扶贫搬迁项目资金使用管理，明确各方职责，为保障全省易地扶贫搬迁项目顺利实施提供了制度保证。

3. 完善还款机制，确保真扶贫、扶真贫。推动省级出台制度明确，在建档立卡贫困人口搬迁享受中央专项贴息贷款额度内，本息偿还时，国定贫困县全部由省级承担，省定贫困县由省级承担70%，非贫困县由省级承担50%，省级整体承担本息比例约90%，切实减轻贫困县区的还款负担。

二、构建、做实市级统筹职能

1. 推动组建市级扶贫投融资主体。推动省扶贫公司主要出资、市级政府按比例配套，在山西省11个地市设立市级扶贫公司，专项承接省扶贫公司下达的包括贷款在内的各类资金，统筹县级易地扶贫搬迁项目的贷款申报、资金使用管理等。

2. 派驻扶贫金融专员，加强与地方政府的沟通协调。开发银行山西省分行向各市扶贫办派出扶贫金融服务专员挂职交流，加强与地方扶贫、财政等部门的协调联系，帮助市级完善易地扶贫搬迁管理机制，第一时间掌握融资需求，做好对各县项目建设、资金使用的统筹管理。

（二）以农村基础设施建设为着力点，改善贫困村落后面貌

开发银行积极支持山西省贫困村的村组道路、安全饮水、环境整治、校舍安全等农村基础设施建设。创新融资思路，按照政府购买服务框架下的"市级统贷"和直贷两种模式，向运城市闻喜县、临汾市浮山县、太原市阳曲县、大同市浑源县、忻州市岢岚县承诺农村基础设施贷款9.57亿元，累计发放贷款

1.81 亿元,惠及 307 个贫困村、72076 个建档立卡贫困人口。

(三)以行业、产业扶贫为发力点,破解脱贫攻坚瓶颈制约

开发银行高度重视林业、水利、交通等重点行业扶贫工作,派驻业务骨干赴山西省林业厅、省水投集团、省交通厅挂职,加强银政企合作交流。积极配合和推动《山西省林业精准扶贫总体规划》的编制以及林业扶贫投融资主体的组建;与省水利厅签署《推进山西水利建设开发性金融合作备忘录》,研究金融支持兴水富民工作方案;与省交通厅对接交通扶贫规划,重点支持跨区域、连接贫困地区的交通骨干通道项目建设,累计向建档立卡贫困人口占比超过 10% 的贫困地区交通基础设施项目投放贷款 75.59 亿元。

(四)以教育扶贫为根本点,有效阻断贫困代继传递

2016 年以来,开发银行在山西发放近 35 万人次助学贷款,金额合计 21.52 亿元,助学贷款基本覆盖全省建档立卡贫困户高校就读子女。自 2005 年以来,开发银行已累计向山西发放助学贷款 83.2 亿元,支持家庭经济困难学生 147.15 万人次,覆盖省内 122 个县区和 81 所高校。

三、发挥开发性金融作用,进一步 加大山西省脱贫攻坚支持力度

(一)做好金融扶贫机制建设,积极推动成立省级开发性金融合作领导小组

推动山西省政府和开发银行建立常态化的高层沟通联络机制,做好金融扶贫机制的细化落实,形成脱贫攻坚工作合力。积极推动成立省级层面的开发性金融合作领导小组,由省级扶贫、财政、发改、开发银行山西省分行等部门共同参加,下设合作办,作为协助组织、推动、协调开发性金融扶贫业务的合作平台。最大限度地把政府的组织优势与开发银行的融资、融智优势结合

起来,打通扶贫融资"借用管还"路径,建立扶贫开发长效机制。

（二）以编制"两山"脱贫攻坚暨生态修复系统性融资规划为切入点,积极参与"两山"生态扶贫

深化与山西省林业厅、扶贫办的合作,围绕太行山、吕梁山脱贫攻坚工作,发挥规划先行作用,编制"两山"脱贫攻坚暨生态修复系统性融资规划。通过提供融资咨询,共同推动规划的项目化,并按照整体合作、分批推动的思路,实现项目融资落地。

（三）做好贫困村基础设施提升工程、农村人居环境改善工程二期项目的推进工作

围绕贫困村退出标准要求,特别是贫困人口生活生产基础设施短板,配合省扶贫办等部门做好项目规划和融资方案设计,为农村危旧房改造、垃圾污水治理、村级公路建设、安全饮水改造、村卫生室和薄弱小学提标工程等提供一揽子金融支持。

（四）创新融资模式,加大水利扶贫工程支持力度

积极与山西省水利厅、水投集团等部门对接水利扶贫融资需求,创新模式,支持永定河水系治理工程、"七河"生态修复治理工程、"大水网"四大骨干工程、黄河古贤水利枢纽工程等重大项目,以及纳入省"十三五"水利扶贫专项规划的其他水利基本建设。

（五）加大金融支持力度,助力攻克产业扶贫短板

2017 年以来,山西省委、省政府多次要求加大产业扶贫工作力度,开发银行将积极与省扶贫办、省农业厅等部门加强协作,继续完善产业扶贫金融支持举措,重点支持由政府发挥引导作用,通过机制建设,协调各类资源形成合力,促进贫困人口增收的产业项目,带动贫困群众参与产业链、分享价值链,实现增收脱贫。

（六）继续发挥全省教育扶贫主力金融机构作用

将贷款支持教育扶贫作为阻断贫穷代际传递的重要举措，继续做好生源地助学贷款工作。同时，积极支持贫困地区中小学校舍安全改造等教育基础设施建设。

开发性金融支持内蒙古
自治区脱贫攻坚发展报告

◇◇

内蒙古自治区位于我国正北方边疆,是我国少数民族区域自治的发祥地,五十多个不同民族人口和谐共居、繁荣发展。从1947年成立至今,在党中央、国务院的亲切关怀下,内蒙古经济社会迅猛发展,人民生活水平不断提高,自治区农村牧区贫困人口由600万减少至80万。党中央、国务院作出打赢脱贫攻坚战的决定以来,开发银行积极响应、认真贯彻落实中央关于打赢脱贫攻坚战的一系列工作部署,按照开发性金融支持脱贫攻坚"易地扶贫搬迁到省、基础设施到县、产业发展到村(户)、教育资助到户(人)"的工作思路,在脱贫攻坚中探路子、建机制、寻方法,在精准扶贫里出实招、下实功、求实效,发挥开发性金融"规划先行融智、改革创新融制、市场运作融资"作用,助力边疆少数民族地区加快脱贫攻坚进程,确保到2020年内蒙古自治区31个国家级贫困旗县全部摘帽、八十多万贫困人口全部稳定脱贫,如期实现全面建成小康社会的宏伟目标。

一、工作整体情况

截至2017年6月末,开发银行共向内蒙古自治区承诺精准扶贫项目贷款

201 亿元,发放 128.5 亿元,承诺项目覆盖全区 31 个国贫县和 26 个区贫县,受益建档立卡贫困人口达 34 万人。

一是主动出击,全力推进易地扶贫搬迁工程。内蒙古有相当一部分贫困农牧民长期居住在生存条件恶劣、生态环境脆弱、自然灾害频发的偏远山区、牧区、林区和垦区,"一方水土养不了一方人"的现象比较严重。为了帮助贫困地区挪穷窝、拔穷根,开发银行着力解决自治区易地扶贫搬迁工程这块精准扶贫"五个一批"工程最难啃的"硬骨头"。开发银行内蒙古自治区分行与自治区扶贫办、自治区发展改革委、自治区财政厅、内蒙古扶贫开发投资管理有限公司(以下简称"自治区扶投公司")多次沟通对接,参与制定业务实施意见、政府购买服务协议、资金管理办法等文件,并先后完成自治区易地扶贫搬迁工程 28 亿元贴息贷款和 4 亿元专项建设基金评审承诺,以及 49 个旗县的贴息贷款和专项建设基金的授信核准,于第一时间签订合同实现贷款发放,给贫困地区送去脱贫攻坚战的第一场"及时雨",帮助贫困老百姓实现安居与乐业并重、搬迁与脱贫同行。为了发挥扶贫贷款"精准扶贫、精准脱贫"作用,开发银行内蒙古自治区分行与自治区扶贫办、自治区扶投公司联合赴 10 个盟市开展项目及资金使用监管检查。在阿拉善的茫茫戈壁滩,在锡林郭勒的辽阔草原,在奔腾的黄河岸边,在巍峨的大兴安岭脚下,开发银行带去了让内蒙古人民脱贫致富的决心。开发银行根据易地扶贫搬迁项目涉及面广、链条长、关联方多的特点,研究建立了"一本制度文件汇编、两张流程图、三本业务手册"的"规范化、精准化、标准化"扶贫信贷管理模式,得到各方的认可。

+·+

专栏:精准施策推动边疆民族地区易地扶贫搬迁

内蒙古自治区幅员辽阔,地处大兴安岭南麓、燕山—太行山区两个集中连片特困地区,全区共有 31 个国定或集中连片特困地区贫困县和 26 个区贫困县,一半以上的旗县都是贫困县,共有建档立卡贫困总人口 80 多万人,其中"十三五"期间需搬迁建档立卡 6.9 万户 20 万人次。开发银行积极研究易地扶贫搬迁政策,主动设计资金借用管还工作机制,积极推动自治区政府于 2016 年 4 月 21 日召开关于研究易地扶贫搬迁有关事宜的专题会议,明确由自治区扶投公司作为全区易地扶贫搬迁投融资主体,确定贷款规模28亿元,专项建设基金4亿元。开发银行抓紧开展评审承诺工作,分别于2016年6月和8月承诺全区易地扶贫搬迁贷款28亿元和专项建设基金4亿元。此后,开发银行内蒙古自治区分行成立工作组赴开发银行所辖全区10个盟市47个旗县开展项目调研,落实贷款核准、签约、发放条件。2016年10月20日,开发银行内蒙古自治区分行与自治区政府签订《"十三五"开发性金融合作备忘录》。2016年11月18日,开发银行内蒙古自治区分行与自治区扶投公司一次性签订44个旗县7.58亿元借款合同和4亿元专项建设基金投资合同,之后仅用3个工作日便实现了4个旗县0.88亿元的贷款发放,10个工作日实现4亿元专项建设基金一次性全部投放,是自治区首批到位的易地扶贫搬迁贷款资金,内蒙古日报、内蒙古电视台对此进行了专题报道。截至2017年6月末,累计发放易地扶贫搬迁贷款40个旗县7.2亿元,并全部支付到旗县实施主体共管账户。

开发银行内蒙古自治区分行通过高层推动、规划引领、机制搭建、精准管理等方式,发挥融资融智优势,从体制机制建设方面寻求思路,在服务客户精准和信贷管理精准上下功夫,提出了"一本制度文件汇编、两张流程图、三本业务手册"的信贷管理精准模式。在精准的工作机制和信贷管理模式下,有效地保障了自治区易地扶贫搬迁资金需求,为支持自治区打好脱贫攻坚战"当头炮"作出了积极贡献。

二是创新思路,着力改善农村基础设施。内蒙古多数贫困地区交通、水利、电力、能源、生态环境建设等基础设施和文化、医疗、卫生等基本公共服务项目基础依然比较薄弱、历史欠账较多,成为制约自治区经济社会发展的最大短板。脱贫攻坚时间紧、任务重,内蒙古分行坚持"精准发力"的原则,以改善贫困地区基础设施和贫困人口生产生活条件为重点,围绕村组道路、安全饮水、环境整治、校安工程等贫困地区基础设施难点和短板,加快改善建档立卡贫困地区的基础设施落后面貌。为全力配合自治区贫困旗县如期摘帽,开发银行积极创新融资模式,整合贫困县资金和资源,推动完善涉农财政资金使用机制,采取盟市扶贫投融资主体统贷和旗县扶贫投融资主体直贷的政府购买服务模式,以"到县"方式为农村基础设施提供贷款支持,先后向喀喇沁旗、奈曼旗等 24 个国家级贫困县承诺贷款 147.6 亿元、发放 93 亿元,覆盖建档立卡贫困村 1517 个,占全部国贫县建档立卡贫困村 72%,惠及建档立卡贫困人口 25 万人。解决了"路不平、水不畅、电不通"等贫困老百姓切实关心的"家门口"问题,为脱贫攻坚打牢坚实基础。

三是因地制宜,助力产业扶贫促进贫困户就业增收。"小康不小康,关键看老乡。"开发银行提出根据贫困地区不同资源禀赋和产业特色,因地制宜、因困施策地发展绿色生态种养业、森林草原旅游、休闲农业、传统手工业、乡村旅游、农村电商等特色产业,积极发挥产业扶贫在吸收贫困人口就业、带动贫困人口增收方面的巨大作用。开发银行推动完善"四台一会"融资模式,累计发放产业扶贫贷款 18 亿元,大力支持扶贫产业化龙头企业、农村专业合作组织和农村集体经济,发展特色优势产业,带动贫困农户全面融入产业发展,帮助企业吸纳 1100 名建档立卡贫困人口实现稳定就业,增强贫困地区"造血"能力。分行以乌海市作为试点,创新提出"帮扶就业、托养医疗、教育帮扶"三位一体扶贫方式,针对贫困人口不同致贫原因,建立因户、因人施策的金融精准扶贫体系,发放产业扶贫贷款 2 亿元,直接带动每人每年平均增收 3000 元,覆盖当地 1515 名建档立卡贫困人口。分行还结合乌兰察布市马铃薯产业发展特色,按照"政府统贷平台＋政策性担保公司＋龙头薯业企业＋农户"的运作模式,创新"惠农薯业贷款",着力解决产业链融资短板,发放贷款 2.96 亿元以激活"薯都"乌兰察布的特色优势产业。

专栏:内蒙古巴彦淖尔市五原县农畜产品流通链产业精准扶贫案例

五原县位于内蒙古自治区西部、河套平原腹地,隶属巴彦淖尔市,属于自治区级贫困县,有建档立卡贫困户数 3370 户,人口 6271 人,这部分贫困人口贫困程度深、自身脱贫难度大,亟须依托产业发展带动可持续增收。

开发银行多次赴五原县现场调研,反复论证,最终确立了先市场后商户、先点后链的融资模式助力产业扶贫。先期支持市场基础设施建设,后期推动当地政府、鸿鼎农贸公司、鸿鼎担保公司搭建中小企业贷款合作机制,扩展至下游商户，打造流通链融资支持模式。2007年，为解决当地农副产品销售难的问题，鸿鼎农贸公司投资建设鸿鼎农贸市场。开发银行主动介入，贷款3000万元支持市场基础设施建设，市场建成后，以鸿鼎农贸市场为核心，延长支持链条，与五原县政府达成共识，由其承担管理平台职责，选择鸿鼎农贸公司作为统贷平台，同时推动成立内蒙古五原县鸿鼎担保有限责任公司，并将其作为担保平台，联合市场专业协会等机构作为信用协会，向鸿鼎市场内商户提供贷款支持，用于商户向当地农民收购农副产品，取得了良好的经济和社会效益。鸿鼎农贸市场已发展成为我国最大的葵花子、黑白红瓜子以及绒毛等农畜产品集散地。为进一步利用好当地扶贫政策，开发银行积极发挥融资、融智作用，会同五原县政府和鸿鼎农贸共同研究设计了农畜产品流通链产业精准扶贫模式，取得良好成效。2017年以来，开发银行累计向鸿鼎农贸公司发放3批次中小企业贷款9820万元，用于支持鸿鼎市场内68户商户向当地农民收购农副产品，直接带动9户建档立卡贫困户增收，预计实现收入34.2万元，户均3.8万元。

开发银行将开发性金融原理与五原县产业扶贫相结合，围绕内蒙古鸿鼎农贸市场上下游流通链，搭建"四台一会"，以机制建设为核心，从支持固定资产建设到提供流动资金支持，从支持市场建设到市场交易，从贷"点"到贷"链"，探索出了"公司＋商户（用款人）＋农户（含建档立卡贫困农户）"的流通链融资服务模式，促进了农产品的流通和农产品价格的稳定，保证了农业生产和农民增收的稳定性，极大提高了当地特别是建档立卡的贫困农民收入，为助力五原县扶贫攻坚提供了有力的金融支持。

四是坚持"应贷尽贷"，以助学贷款力推教育扶贫。贫困地区农牧业人口较多、教育水平落后、人口素质较低，受教育程度所限，大多数人缺乏增收技能，自我发展能力不足，生产手段落后，劳动生产率低。因此，"扶贫先扶智、治贫先治愚"，脱贫不返贫的前提是思想脱贫、智力脱贫。多年来，开发银行始终坚持"应贷尽贷"原则，按照"政府主导、教育厅主办、开发性金融支持"模式不断提高内蒙古自治区助学贷款的支持力度、广度和深度，确保家庭经济贫困学生公平地接受高等教育，切实阻断贫困人口代际传递。开发银行为确保建档立卡贫困学生信息准确,创新提出"需求摸底、信息搜集、受理申请"的三项工作前移制度。全面启动高中预申请,需求提前摸底;与扶贫部门对接,建档立卡学生信息提前掌握;设立乡镇(苏木)办理点,申请受理前移。在此制度下,2016年实现发放助学贷款8.65亿元,涉及建档立卡贫困学生1.2万人,均创历年之最。为了不让一名大学生因贫困失学,开发银行自2006年以来累计发放助学贷款48亿元、支持贫困学生83万人次,成为自治区开展助学贷款业务持续时间最长、支持人数最多、贷款市场占比最大、覆盖旗县和高校最广的金融机构,也是自治区目前仍在开展助学贷款业务的唯一金融机构。

二、主要做法与经验

一是坚持银政合作,加强高层宣介。开发银行坚持政府主导脱贫攻坚工作的思路,与各级政府部门、行业主管单位积极沟通,成为全区脱贫攻坚工作推进组成员单位。并主动向自治区主要领导同志汇报开发性金融支持脱贫攻坚工作、宣介金融扶贫工作经验,帮助设计融资模式、提出工作建议,得到自治区领导的肯定,为推进脱贫攻坚项目争取到有力的政策支持。

二是坚持规划引领,注重顶层设计。开发银行内蒙古自治区分行积极发挥作为自治区"十三五"规划编制领导小组成员单位优势,与自治区发展改革委、扶贫办建立规划工作对接机制,参与《内蒙古自治区"十三五"时期易地扶贫搬迁工作实施方案》《内蒙古"十三五"易地扶贫搬迁规划》《内蒙古"十三五"扶贫攻坚规划》等扶贫规划编制,并联合自治区政府政研室、扶贫办等部门共同编制《内蒙古自治区"十三五"脱贫攻坚融资规划》,有效引领脱贫攻坚项目融资。

三是坚持"省级统贷",完善相关制度。按照党中央、国务院打赢脱贫攻坚战决定中关于"省负总责"的要求,为充分发挥分行与自治区政府在省级统贷平台方面已有的合作优势,开发银行积极协调、推动自治区成立易地扶贫搬迁项目省级投融资主体,协助完善公司法人治理结构,建立资金使用管理制度。

四是加强人才支持，强化智力扶贫。开发银行先后派出两批14名扶贫金融专员奔赴国贫旗县所在的7个盟市，作为扶贫政策的宣传员、脱贫攻坚的规划员以及政府和开发银行之间的联络员，负责所在盟市开发性金融扶贫的统筹协调、沟通联络和组织推动工作，融情于开发性金融脱贫攻坚事业之中，为贫困地区提供融资融智服务。

五是配合开展中央国家机关和单位定点帮扶工作。按照中央国家机关和单位定点帮扶的有关要求，开发银行积极与13个中央国家机关部门涉及的15个国贫县定点扶贫派驻干部进行对接，将中央国家机关和单位的组织协调、政策保障和行业管理优势与开发性金融融资融智优势相结合，积极发挥扶贫金融专员作用优势，建立合作关系和日常沟通机制，共同开展融资推动工作。

"骏马奔腾七十载"。从中国地图上看，内蒙古自治区势如一匹昂首奔腾的骏马，在祖国北部边疆、在民族区域自治的光辉道路上驰骋。开发银行将继续坚持"精准扶贫、精准脱贫"基本方略，坚持发挥开发性金融功能和作用，按照"四到"工作思路和方法，以服务供给侧结构性改革为着力点，聚焦精准、突出脱贫、注重实效，围绕脱贫攻坚四大领域精准发力、持续用力，以开发性金融助力边疆少数民族地区脱贫攻坚，以优异的成绩迎接党的十九大胜利召开和庆祝内蒙古自治区成立70周年。

一是大力推进易地扶贫搬迁，做好后续产业发展融资支持。围绕自治区易地扶贫搬迁任务，继续做好筹资和贷款支持。同时，积极协助各级政府制定搬迁人口脱贫方案，将易地扶贫搬迁与新型城镇化、农牧业现代化、新农村建设和特色产业发展相结合，统筹谋划、同步推进，提出脱贫举措和资金计划，着力做好搬迁脱贫的扶智建制工作。坚持"产业扶贫到村到户"的工作思路，将解决易地扶贫搬迁贫困户的产业发展问题作为重中之重，坚持"挪穷窝"与"扶穷业"并举、安居与乐业并重，发挥地方政府的组织协调优势，因地制宜地选择迁入地具有发展前景的产业，科学设计方案，整合易地扶贫搬迁剩余财政资金和涉农财政资金，支持产业发展及相关配套设施建设，促进搬迁贫困户"搬得出、稳得住、能致富"，从根本上解决生存和发展问题。

二是聚焦贫困村提升工程，加快改善贫困群众的生产生活条件。围绕自治区农村牧区发展的突出短板,通过扩大整合涉农财政资金的支持范围,大力支持基础设施建设、公共服务改善和特色产业发展,全面提升贫困地区生产生活条件和产业"造血"能力。与各级政府共同将自治区农村牧区改造提升工程与特色小镇、交通"双百"工程、水利、光伏等基础设施建设相结合,围绕通村公路、安全饮水、农村电网、教育医疗等乡村基础设施建设全力推进融资合作,集中资源,予以支持,真正破解贫困地区"难在路上、困在水上、缺在电上"等瓶颈制约,增强贫困农牧民的获得感和幸福感。

三是加大特色产业支持力度,助力实现稳定脱贫。按照"立足改善民生,聚焦薄弱领域,深化金融创新,推进普惠建设"的指导思想,以"三农"和贫困人口为重点,继续深化与地方政府合作,完善和运用"四台一会"融资模式,开展扶贫开发转贷款业务试点,积极推进普惠金融的发展,增加建档立卡贫困户的信贷投入,把因地制宜、突出特色、培育产业作为推动脱贫攻坚的根本出路,促使贫困村、贫困户因地制宜发展特色优势产业,形成开发性金融支持脱贫攻坚可复制、易推广的经验和模式,实现贫困人口脱贫致富。

四是坚持应贷尽贷原则,持续把助学贷款好事办好。把助学贷款作为金融助力教育扶贫的主要抓手,通过电视、广播、报纸、网络等各种媒体持续做好助学贷款政策的宣传工作,确保建档立卡贫困学生充分了解助学贷款政策。切实做好人员保障,提升对建档立卡贫困学生的服务水平。切实保障助学贷款信贷规模,提前做好资金安排,确保实现"应贷尽贷、好事办好",聚焦精准,确保不让一个建档立卡贫困学生因经济困难而失学,有效避免贫困人口"因教返贫、代际传播"。

五是建立联系保障制度,发挥好扶贫金融专员作用。发挥扶贫金融专员作为开发银行支持脱贫攻坚"排头兵"的积极作用,做到真派驻、严管理、起作用。经常听取专员汇报,动态询问工作进展,研究解决遇到的困难与问题,完善支持和服务保障机制,确保扶贫金融专员深入派驻地,专心、安心、静心开展扶贫工作。支持扶贫金融专员发扬不畏艰苦、勇于奉献的精神,立足农业、服务农民、根植农村,与中央国家机关和单位定点帮扶人员加强沟通联系,共同为贫困村整村脱贫发挥更大的作用。

开发性金融支持辽宁省
脱贫攻坚发展报告

党的十八大以来,辽宁省认真贯彻落实新时期国家扶贫开发纲要,以"六个精准""四个一批"为主线,以改革创新为动力,着力构建专项扶贫、行业扶贫、社会扶贫"三位一体"的大扶贫格局,采取更加有力的政策措施,努力解决好制约贫困地区经济社会发展的突出问题,增强内生动力和发展活力,确保全省贫困人口到 2020 年如期脱贫,为辽宁省全面建成小康社会提供基础支撑。近年来,开发银行坚决贯彻落实党中央、国务院关于打赢脱贫攻坚战的决策部署,立足辽宁省脱贫攻坚实际,推动融制、融资、融智"三融"扶贫策略和"四到"工作思路在辽宁地区的实施,取得了良好的社会成效。

一、强化工作机制保障

(一)加强保障,在行内建立扶贫业务组织领导机制

扶贫工作开展以来,开发银行辽宁省分行第一时间成立扶贫开发领导小组,强化组织、明确责任。分行行长任组长,各副行长任副组长,领导小组成

员包括办公室、规划处、经管处、风险处、评审处、贷委办、各客户处,领导小组办公室设在客户三处。

(二)充分衔接,与省扶贫办建立联合工作推进机制

一是建立日常工作联系机制,确保日常工作有序推进;二是建立重点工作推动机制,保证扶贫重点工作推动有力;三是建立信息共享机制,实现省级扶贫政策与开发银行扶贫政策的无缝对接。

(三)深入宣介,与各地市建立扶贫业务开发合作机制

开发银行根据辽宁省贫困县所在的不同片区、不同县域、不同村镇的经济社会发展水平、产业特点和资源禀赋,结合不同对象的融资需求,积极向所辖地市宣介开发银行扶贫贷款政策,结合当地扶贫工作特点,因县施策,创造性地开展工作,明确重点合作内容。

二、加大融资支持力度

(一)以基础设施到县为手段,改善贫困地区生产生活条件

2016年以来,开发银行向辽宁省内贫困地区基础设施项目承诺精准扶贫贷款6.63亿元,累计发放基础设施扶贫贷款2亿元,支持了省内贫困地区发展建设,提升了贫困地区的生产生活条件。

一是重点支持贫困村村组道路建设,完善贫困地区路网体系。开发银行在省级贫困县北票地区开展的农村村组扶贫路项目,新建农村公路路面道路1262.16公里,其中乡级公路78.43公里,村级公路568.33公里,路网外615.40公里,共需配套桥梁2174.62延米/70座,覆盖北票地区23个建档立卡贫困村,通过村组道路建设、路网体系建设,对实施精准扶贫、加快农业和农村经济发展提供了交通运输支持。加快农村公路建设能够有效地促进城

乡区域间的交流,带动贫穷落后地区的经济发展,社会意义重大。

二是通过加强贫困地区重大基础设施建设,优先布局建设能源工程。2016 年 12 月,国务院印发《全国"十三五"脱贫攻坚规划》(以下简称《规划》),明确指出贫困问题依然是我国经济社会发展中最突出的"短板",脱贫攻坚形势复杂严峻。《规划》指出,要加强贫困地区重大基础设施建设,优先布局建设能源工程,积极推动风电等新能源项目。

开发银行融资支持的辽宁省康平县辛屯风电场(50MW)工程项目位于辽宁省康平县西关屯乡罗家屯村,康平县为辽宁省省级贫困县,罗家屯村为辽宁省建档立卡贫困村。根据借款人与康平县西关屯乡政府签订的本项目征用地补偿协议,借款人将按照 2.4 万元/亩的补偿标准给予村民征用地补偿,共补偿村民 152.4 万元,预计罗家屯村建档立卡贫困人口能够获得人均 5000元征用地补偿。项目未来正式运行后,预计对增加当地税收、拉动就业、改善落后面貌等将发挥更为积极的作用。

专栏:辽宁省北票市农村村组扶贫路项目

北票市位于辽宁省西部,南临渤海,北接内蒙古自治区,早在 5500 年以前,这里就留下了人类活动的印迹,红山文化、三燕文明、契丹古迹闻名遐迩,因最早的鸟类化石和最早的开花类植物化石在这里出土,北票被誉为"世界上第一只鸟飞起、第一朵花盛开的地方"。目前,北票市所辖区域内现有建档立卡贫困人口 31115 人,建档立卡贫困村 86 个,是辽宁省 15 个省定扶贫工作重点县之一。

长期以来,北票市 28 个乡镇及管辖区内道路多为自然路和砂石路,抗灾能力弱,多年弃养,形成坑坑洼洼的路况。一到雨季道路泥泞,全是积水,由于路况坑洼,雨水无法自然排出,长时间囤积导致道路不畅,给居民的生活和出行带来极大不便,形成安全隐患。同时,由于道路条件所限,北票市丰富的特产资源对外运输不便,成为制约北票市广大农村贫困人口脱贫致富的瓶颈。

开发银行辽宁省分行获悉信息后,第一时间组织有关部门赴北票市进行实地调研,了解项目情况,帮助政府设计融资模式,并在最短的时间向该项目授信 3 亿元,建设农村公路 1262.16 公里,其中:乡级公路 78.43 公里,村级公路568.33公里,路网外615.40公里,配套桥梁2174.62延米/70座。本项目辐射北票市28个乡镇及辖内行政村,涉及总人口139695人,其中建档立卡贫困人口14069人。

截至2017年6月末,开发银行已向该项目发放贷款2亿元,满足了项目的实际需求,解决了地方政府的燃眉之急。项目的实施促了北票市路网结构优化,提升了路网整体功能,为实现北票交通新的跨越式发展奠定了坚实的基础,对北票市农村经济发展以及脱贫工作有极大的推动作用。

(二)以产业扶贫到户为手段,增强贫困人口自我发展能力

开发银行将产业扶贫作为支持辽宁省脱贫攻坚的重点工作加以推动,收到了很好的工作成效,累计发放产业扶贫贷款13.2亿元,带动129名建档立卡贫困户脱贫致富,在融资支持企业发展的过程中,也实现了对建档立卡贫困户的支持帮扶,提升了贫困人口的自我发展能力。

(三)以助学贷款到人为手段,有效阻断贫困代际传递

开发银行自2011年至辽宁省开办助学贷款业务以来,始终坚持"应贷尽贷,好事办好"的指导思想,将政府的组织优势和开发银行的融资优势相结合,与教育部门共同推进助学贷款的良性发展,现已实现省内除大连市以外全覆盖。截至2017年6月末,开发银行在辽宁省累计发放助学贷款7.43亿元,惠及贫困学生5.92万人,12.25万人次,产生了良好的社会效益。

三、抓好定点帮扶推动

(一)积极响应号召,扎根基层,服务群众

按照辽宁省省委、省政府的统一部署,开发银行辽宁省分行自2014年6

月开始,在铁岭市西丰县明德乡尚文村开展驻村工作,分行领导高度重视,要求把扶贫工作作为政治任务和社会责任,鼓励驻村工作队队员要坚持不懈地把扶贫工作做好、做实。驻村工作开展以来,开发银行驻西丰县明德乡尚文村工作队将坚持以实际调查为基础,以乡村两级政府为依托,以解决村民关心的急难问题为重点工作方向,采用转输血为造血的方式,积极做好相关工作。

一是发挥开发银行的银政合作优势,积极争取各类帮扶项目、帮扶资金,加强与项目涉及部门的对接协调,推动解决好项目实施中的困难和问题。

二是结合"三严三实"专题教育、"两学一做"学习教育,把精准帮扶与基层组织建设结合起来,切实加强以村党支部为核心的基层组织建设,让基层组织建设成为发展生产、减贫"摘帽"的主力军,让基层组织在群众中充分发挥自身的作用,让群众在村党支部的领导下脱贫致富。

三是以驻村帮扶为契机,开展教育帮扶活动。工作队组织分行青年员工赴巨英小学开展"爱心课堂助成长活动",该活动成为开发银行辽宁省分行有特色的常态化活动。活动的开展,既为贫困家庭的孩子提供了学习必要的书籍、文具,更重要的是帮助孩子们了解祖国,丰富内心世界,开阔视野,鼓励他们认真学习,带来了改善生活的美好希望。

(二)彰显社会责任,扶贫捐赠,奉献爱心

2016年,开发银行向省级贫困县康平县捐赠50万元,用于修建"东一棵树村村民文化活动中心",项目建设规模约3000平方米,主要建设入口广场区、舞台表演区、游园区、健身区、运动区等。建设内容包括院墙、活动广场、舞台、影壁墙、游园路、篮球场、凉亭、建设器械、绿化种植等。目前,该活动中心已投入使用,达到预期效果。

开发银行将深入落实党中央、国务院关于脱贫攻坚的决策部署,发挥开发性金融在脱贫攻坚等领域大额、长期、低成本的资金优势,在与辽宁各界较高的合作起点上继续充实合作内容,深化合作关系,尤其是大力加强与辽宁省相关部门及各地市政府的扶贫合作机制建设,进一步密切与辽宁省扶贫办等专业对口部门的沟通联系,创新扶贫融资模式,完善金融扶贫路径,遵循

"四到"工作思路和"三融"扶贫策略,围绕"基础设施、产业发展、教育资助"三个板块,主动出击,寻求突破,求真务实,重点做好以下几个方面的工作:

一是继续保持与省扶贫办的工作联系,时刻关注省内扶贫开发工作的新动态、新情况,择机开展相关工作。

二是继续加强与地市政府的沟通,加强宣介,密切跟踪,如果各地市有扶贫贷款需求,分行将全力支持。

三是加大市场化运作的产业扶贫项目支持力度,结合辽宁省产业扶贫政策及产业发展特点,实现"输血"式扶贫向"造血"式扶贫转变。

四是结合新型城镇化建设,通过融资改善县域基础设施条件,为贫困人口脱贫创造良好的外部条件。

"安得广厦千万间,大庇天下寒士俱欢颜",消除贫困,自古以来就是人类梦寐以求的理想。作为服务国家战略的开发性金融机构,开发银行将充分发挥开发性金融在重点领域、薄弱环节、关键时期的功能与作用,坚定信念,精准发力,脚踏实地,主动作为,狠抓各项政策措施落实,推动扶贫攻坚工作不断取得新成效,为辽沈大地振兴发展、为东北老工业基地再创辉煌、为全面建成小康社会作出新的更大贡献!

开发性金融支持吉林省
脱贫攻坚发展报告

◇◇

　　"齐心协力打赢脱贫攻坚战"是我国在"十三五"时期一项重要的民生工程,是国家改革发展的重大举措。截至2015年年末,吉林省尚有一个集中连片特困地区,8个国家级扶贫开发重点县,1500个贫困村,70.07万农村建档立卡贫困人口,脱贫攻坚的总体任务较为艰巨。中央扶贫开发工作会议以来,开发银行进一步加大对吉林省脱贫攻坚扶持力度,截至2017年6月末,累计向吉林省投放精准扶贫贷款41.84亿元,其中易地扶贫搬迁按省级"统贷统采统还"模式高效实现贷款、基金双发放;整合财政资金投放基础设施扶贫贷款推广全省贫困县;产业扶贫创新办法,探索了扶贫开发与产业发展深度融合的新模式;助学贷款业务应贷尽贷,覆盖了吉林省全部60个县(市、区)和42所省属高校,充分发挥了开发性金融在重点领域、关键时期、薄弱环节的作用,彰显了开发性金融机构"增强国力、改善民生"的责任与担当。

一、以银政合作为支撑点,巩固和完善扶贫
开发机制建设,夯实脱贫攻坚工作基础

　　贫困不除愧对历史,群众不富寝食难安。深入银政合作,加强自上而下

的顶层设计是把准贫困脉搏、确立脱贫攻坚路线蓝图的重要基础。开发银行按照"政府主导、财政支持、金融服务、市场运作"的原则,主动谋划,创新服务,全力支持吉林省打赢脱贫攻坚战。第一时间,开发银行吉林省分行主动向省委、省政府领导呈报函件,就开发银行支持扶贫的有关信贷政策进行专题汇报,并就省级平台设立和项目包装提出大量切实有效的建议,得到了省政府的大力支持和回应。时任吉林省省长收到分行函件后立刻做出批示:"开发银行提出全年拨放扶贫贷款1500亿元的计划,意义十分重大,我省应抓住机遇,借鉴外省的经验和做法,积极创新推动我省扶贫贷款的发放。此事宜抓紧抓好,要以创新的办法来办。"在对省情深入认识的基础上,开发银行吉林省分行协同政府绘蓝图、明责任、定路径、聚合力、建机制,与省发展改革委签订了《开发性金融扶贫合作协议》。双方就充分发挥开发性金融扶贫攻坚作用,进一步创新金融扶贫机制,增强贫困地区内生动力和发展活力,加快贫困群众脱贫致富、贫困地区全面建成小康社会的步伐达成了广泛共识。省发展改革委明确开发银行作为全省扶贫开发和易地扶贫搬迁项目的重点合作银行,同时建立共同研究扶贫贷款评审授信方法创新,探讨扶贫贷款、专项基金、中央和地方预算资金捆绑使用的途径等协同机制,提出将突出发挥好财政资金、信贷资金以及专项建设基金的组合优势,多渠道多途径提升扶贫项目的可融资性,为吉林省在全国率先实现全面脱贫目标奠定扎实基础。

二、以发挥融智优势为突破点,加强规划编制和信息服务,助力贫困地区科学发展

规划先行是开发银行业务发展的基本模式,也是区别于一般商业银行的核心品牌。开发银行吉林省分行正是通过规划先行,与省内各级政府共谋宏观发展思路,形成了对地方经济社会发展的融智支持。在全省层面,分行积极对接、持续推动并参与《吉林省"十三五"脱贫攻坚规划》的有关编制工作,与省委、省政府协力构建脱贫支撑体系,全力保障脱贫攻坚。延边朝鲜族自

治州汪清县作为吉林省内的 8 个国家级贫困县之一,被开发银行确定为规划合作试点县。2016 年 10 月 12 日,分行与汪清县人民政府签订了《"十三五"脱贫攻坚规划合作备忘录》,以编制"有用的规划"为原则,按照汪清县人民政府提出的规划服务需求,组织编制了《开发性金融支持汪清县"十三五"脱贫攻坚系统性融资规划》,针对汪清县"十三五"脱贫攻坚重点领域,测算资金需求,设计融资模式,提出提升脱贫攻坚融资能力、拓宽融资渠道、改善融资环境、实现政府组织优势与银行融资优势相结合等方面的政策建议,成为开发银行融资模式创新的宣介窗口。在加强人才支持,强化智力扶持方面,分行在 2016 年、2017 年两年共选派了 7 名政治素质强、专业水平高、作风能力过硬的业务骨干,其中 5 名为处级干部,到吉林省扶贫办及国家级贫困县所在的白城、白山、延边三个市州,专门从事扶贫开发工作,参与地方扶贫规划编制,协助政府谋划符合开发银行扶贫信贷政策的项目,从项目源头控制风险。专员到位后不忘初心,作为开发性金融在贫困地区的重要使者、传播者和代言人,真正肩负起开发性金融扶贫的统筹协调、沟通联络和组织推动等重要职责,协助地方政府解决了遇到的实际困难,受到了地方各界的高度评价。

三、以易地扶贫搬迁为切入点,采取"到省"的方式,统筹推进有关工作

作为脱贫攻坚工作中矛盾最集中、领域最综合、工作链条最长的工程,易地扶贫搬迁是所有扶贫措施中最难啃的一块"硬骨头"。吉林省"十三五"时期易地扶贫搬迁建档立卡人口 15219 人,共涉及 14 个县(市、区),虽然搬迁总量不大,但涉及县市多,具体搬迁情况极为复杂。开发银行积极与省政府对接沟通,协调省级发改、财政、扶贫办等有关部门,推动建立了省级扶贫投融资主体,自上而下解决了运作机制和借款平台的问题。随后,开发银行协助省政府按照省级"统贷统采统还"模式设计融资方案,研究制定资金管理办法,确定了政府购买服务协议内容,以最快速度完成项目的尽职调查、统一授信、分县核准、合同签订以及贷款发放的整个流程,于 2016 年 7 月底前实现中

长期贷款评审承诺 2.665 亿元,截至 2017 年 6 月末,已发放额度 5489.75 万元。2016 年实现专项建设基金 3058.25 万元的承诺和发放工作。为此,省政府对开发银行的工作效率和工作方法给予了高度评价。

四、以基础设施建设为发力点,采取"到县"的方式, 破解脱贫攻坚瓶颈制约

对于大多数贫困地区来说,基础设施落后是共有的"穷根",是扶贫开发中最迫切需要解决的问题。开发银行围绕村组道路、安全饮水、环境整治等难点和"短板",整合贫困县资金、资源,推动完善财政涉农资金使用机制,创新融资方式,积极为贫困县农村基础设施建设提供贷款支持,加快改善建档立卡贫困村基础设施的落后面貌。开发银行吉林省分行领导分赴贫困县全面开展调研,了解地方扶贫举措,融资需求,提供融资建议,并向省财政厅呈报了《关于利用整合财政涉农资金支持我省贫困县基础设施建设的建议》等专题函件。在各方努力下,《吉林省人民政府办公厅关于支持贫困县开展统筹整合使用财政涉农资金试点的实施意见》于 2016 年 7 月末在全省正式发布。以此为契机,开发银行选取西部偏远的镇赉县作为试点,大力推进 8 个国家级贫困县基础设施扶贫建设项目开发工作。截至 2017 年 6 月末,已对镇赉县、通榆县、安图县基础设施扶贫建设项目合计授信 14.7 亿元,实现贷款发放 4.5 亿元,共解决 192 个贫困村的 1188.54 公里村组道路,37 个贫困村 21215 人的安全饮水及 222 个贫困村的环境整治问题。其中在延边州,开发银行根据少数民族地区区域自治的特点,设计了"州级扶贫投融资主体统贷,县级政府采购,州政府增信的统贷分采模式"。在增强国家级贫困县融资能力的同时,通过州级增信,强化扶贫贷款的风险防控机制。而在重大基础设施扶贫方面,开发银行积极开发省内农村公路与农村环境治理等扶贫项目,实现项目开发入库 68 亿元,发放 3.4 亿元。2016 年 8 月末,延边州受"狮子山"台风影响,图们江流域遭受百年一遇的洪水,开发银行利用 2 天时间完成 3 亿元应急贷款的授信审查和贷款审批发放程序,在最短时间内提供贷款资金,全力

支持延边州及有关贫困县受灾群众。2016年以来，开发银行合计发放基础设施类扶贫贷款10.9亿元。

五、以产业发展为着力点，采取"到村（户）"的方式，精准支持贫困人口增收脱贫

给钱给物，只能解一时之困，合理安排扶贫项目和扶贫资金，由"输血"式扶贫变为"造血"式扶贫才是巩固脱贫成果、增强贫困地区发展内生动力的治本之举。在产业扶贫创新方面，开发银行吉林省分行重点开发、设计了东辽县"一村一场"蛋鸡标准化养殖扶贫建设项目，创立了"政府主导、民营资本参与、龙头企业运作、财政购买服务、产业收益分红、贫困户受益"的"东辽模式"，真正实现"产业发展到村"的基本理念。该项目由当地政府牵头，开发银行设计贷款模式，政府扶贫资金折股量化控股扶贫公司，通过实现了扶贫开发与产业发展的深度融合，保障了5806名建档立卡贫困人口增收、脱贫，目前已实现2亿元发放。除此之外，开发银行坚持因地制宜、因困施策的原则，发挥政府引导作用，推广和完善"四台一会"贷款模式，通过支持的地方产业企业与当地扶贫办及建档立卡贫困人口签订三方"帮扶协议"的形式促进贫困户就业、增收，发放中小企业扶贫贷款1.92亿元，更打造了以林业工程带动贫困人口就业脱贫模式和以特色资源为基础的林下经济带动扶贫模式，通过有实力的大型国企助力产业脱贫攻坚，发放吉林森工（湖南）刨花板有限公司湖南国家储备林基地项目18亿元。在国家提出加快推进光伏扶贫工程的有关背景下，开发并发放吉林省舒兰市光伏扶贫建设项目一期发放贷款3亿元，以利润补贴方式实现124个行政村中3175户，合计4829名无劳动能力贫困人口脱贫。2016年以来，开发银行向吉林省合计发放产业扶贫贷款24.9亿元。

专栏:支持吉林省东辽县开展资产收益扶贫案例

开发银行发挥龙头企业带动作用,支持东辽县政府与龙头企业合资成立的项目公司,实施蛋鸡标准化养殖项目,实现精准到人的资产收益扶贫。一是由东辽县国有资产经营有限责任公司(东辽县财政局出资成立)代持3000万元扶贫资金(折股量化给丧失劳动能力建档立卡贫困人口)入股项目公司,融资建设养殖基础设施并委托龙头企业运营,确保每人获得不低于3080元/年的分红收益。二是引入龙头企业利用其上下游产业链优势,开展市场化运营,防范市场波动风险。三是通过社会公示、锁定分红资金支付路径等方式,确保分红资金长期足额有效支付。该项目总投资2.51亿元,建设栏量300万只/年的蛋鸡养殖场三座,可达到年存栏蛋鸡300万只,年产鲜蛋量5.28万吨,营收4亿元/年,净利润不低于2000万元/年。目前,开发银行已承诺并发放贷款金额2亿元,期限10年,可带动当地5806名建档立卡贫困人口(占东辽县总贫困人口的34%)脱贫致富。

该模式是开发性金融支持产业扶贫的有益探索和实践。一是突出了龙头企业带动作用。实现地方产业发展与脱贫攻坚同步推进,特别是发挥龙头企业的市场、技术、管理优势,熨平市场波动风险。二是经济和社会综合效益明显。通过项目公司10年运营,可实现贫困户分红2亿元;项目公司可向该县政府交纳利税约2600万元/年;龙头企业减少负债的同时扩大产能、获得稳定的原材料供应,提升企业发展潜力。三是项目公司的现金流来源包括政府购买服务协议下的支付款、龙头企业保底分红款和争取分红款。既遵循了市场和产业发展的特点,又体现了政府支持和增信的作用,充分调动了政府、龙头企业和金融力量参与产业扶贫的积极性,实现了由输血式扶贫向造血式扶贫的转变。

该项目被评为中国银行业协会2016年度全国"送金融知识下乡"优秀项目、吉林金融青年"金点子"创新创效大赛获奖方案一等奖。

六、以教育扶贫为根本点，通过教育资助"到户（人）"的方式，有效阻断贫困代际传递

在打赢脱贫攻坚战中，教育脱贫无疑是治本之举，而国家助学贷款正是教育扶贫的重要抓手。一直以来，开发银行在吉林省累计发放助学贷款18.7亿元，支持贫困学生34万人次。生源地助学贷款业务覆盖吉林省全部60个县（市、区），高校助学贷款覆盖全部42所省属高校，为吉林省教育扶贫工作奠定了坚实基础，有效缓解了因学致贫现象。2016年，开发银行在吉林省受理生源地和高校助学贷款共计33689笔，发放贷款2.59亿元。此外，开发银行联合政府、市场多方力量和资源，帮助解决家庭经济困难大学生的就业问题，自2012年起，连续5年举办助学贷款高校毕业生就业、创业专场招聘会，共有超过3万名学生参加招聘会，一半以上达成签约意向，最终近万名学生签订劳动合同。通过招聘会，开发银行将助学贷款金融服务延伸到学生的就业环节，为学生提供就业平台的同时进行诚信宣传教育，增强了贷款学生的还款能力，取得了良好的社会效益。

"利民之事，丝发必兴；厉民之事，毫末必去"。过去的一年多来，在政府、开发银行、社会各界的一道努力下，吉林省已完成32.9万建档立卡贫困人口脱贫，522个贫困村提出"摘帽"申请，初步实现了务实前行、攻坚拔寨的良好开局。未来一段期间更将是吉林省脱贫攻坚的关键时期，开发银行将继续坚持精准扶贫、精准脱贫基本方略，坚持发挥开发性金融的功能和作用，坚持"四到"的工作思路和方法，聚焦精准，突出脱贫，注重实效，着眼关键部位与薄弱环节，创新产品服务和工作机制，为打赢吉林省脱贫攻坚战作出新贡献。相信在开发性金融的大力支持下，吉林省脱贫攻坚战役必将迎来暖意融融的"春天"。

开发性金融支持黑龙江省
脱贫攻坚发展报告

◇◆◇◆◇◆◇◆◇◆◇◆◇◆◇◆◇◆◇◆◇◆◇◆◇◆◇◆◇◆◇◆◇◆◇◆◇◆

黑龙江省位于我国东北部边陲,地处偏远,交通发展落后,产业结构单一,人力资本匮乏,脱贫任务非常艰巨。开发银行根据党中央、国务院决策部署,遵循集中资源、精准发力原则,针对黑龙江省贫困县所在的不同片区、不同县域、不同村镇的经济社会发展水平、产业特点和资源禀赋,结合不同对象的融资需求,因地制宜提出差异化发展思路和融资支持方案,确保扶贫信贷资金的精准配置,真正做到精准扶贫。截至 2017 年 6 月末,开发银行向黑龙江省实现精准扶贫贷款承诺 108.05 亿元,累计签订合同金额 101.45 亿元,累计发放贷款 72.61 亿元,2017 年上半年实现发放 17.55 亿元,余额 65.34 亿元。

一、多方联动宣介,助推全省项目落地

开发银行黑龙江省分行就推动搭建省级扶贫开发投融资主体一事,多次与省领导和各部门对接,积极向省政府报送《关于黑龙江省扶贫开发投融资平台组建方案建议》,最终省政府原则同意利用原有省级平台"黑龙江省龙财

资产经营有限公司"作为扶贫投融资主体。开发银行黑龙江省分行于 2016 年年末完成与省扶贫办《开发性金融扶贫合作协议》签署工作后,相继向省委、省政府相关领导及省扶贫办、金融办等部门报送了《国家开发银行黑龙江省分行关于金融扶贫相关工作的报告》《开发性金融支持全省脱贫攻坚工作方案》及《关于支持光伏扶贫项目融资工作方案》等报告。通过多方宣介开发银行扶贫融资政策、工作思路和想法,建立联席协调机制,秉承开发银行"政府热点,雪中送炭"的开发性金融合作理念,形成金融系统合力,共同推动省内扶贫攻坚项目尽早实施落地。

二、"四到"指导实践,脱贫攻坚初显成效

一是在重大基础设施领域,截至 2017 年 6 月末,开发银行向黑龙江省累计承诺 71.87 亿元,累计发放 50.25 亿元,2017 年实现发放 10.08 亿元。其中,国道宝泉至克拜段及绥滨至名山段公路被列入"十三五"百项交通扶贫骨干通道工程,2017 年发放贷款 6.15 亿元。二是在农村基础设施领域,通过整合财政涉农资金,以"市带县"模式支持了兰西、青冈两个县内村屯道路建设,贷款金额共计 1.38 亿元,已全部发放。项目建设公路覆盖了两个贫困县内 57 个建档立卡贫困村,服务建档立卡贫困人口 46961 人。三是在产业扶贫领域,支持了泉林生态农业有限公司、龙煤矿业集团股份有限公司、象屿农业物产有限公司等省内龙头企业,累计发放产业扶贫贷款 20.24 亿元。

三、贯彻服务理念,提供融资融智支持

开发银行在黑龙江省组成 7 个扶贫专员工作组,选派 7 名扶贫专员和 20 名责任心强、业务能力过硬的业务骨干到省内 20 个国家级贫困县和集中连片特困县,积极履行社会责任,宣传国家扶贫相关政策和开发银行金融扶贫举措,协助做好当地扶贫开发规划,特别是系统性融资规划的编制工作,了解地

方政府和贫困群众的融资需求,研究解决金融扶贫中遇到的困难和问题,真正发挥好扶贫金融专员宣传员、规划员和联络员的作用。定期深入贫困村第一线,深化扶贫工作实效,实地走访贫困户,看真贫、查实情,针对各贫困县不同的特点,撰写了《桦南县大八浪乡东安村脱贫攻坚调研报告》《延寿县光伏扶贫方案》《大庆市林甸县宏伟乡宏伟村调研报告》《饶河县大通河乡镇江村脱贫攻坚调研报告》等 7 篇调研报告,全面分析了贫困村在脱贫攻坚中遇到的瓶颈问题和老百姓的迫切需求,找准贫困病根,研究开发性金融支持脱贫攻坚工作方向和工作思路,为探索金融扶贫有效路径和方法奠定基础。

2017 年 5 月末,开发银行黑龙江省分行积极响应省委、省政府关于派驻定点扶贫驻村工作队的工作部署,向齐齐哈尔市富裕县忠厚乡蓬生村长期派驻扶贫驻村工作队,专职落实精准扶贫、精准脱贫政策,发展经济带动村民脱贫致富,为困难群众办实事解难题,抓党建促脱贫。目前工作队已与县、乡政府、村"两委"进行对接,对全村的村情、民情进行了初步了解。

四、立足规划先行,明确扶贫工作方案

结合黑龙江省脱贫"摘帽"任务和全省"十三五"扶贫规划工作整体布局,根据省内贫困县所在的不同片区、不同县域、不同村镇的经济社会发展水平、产业特点和资源禀赋,结合不同对象的融资需求,开发银行先后编写了《黑龙江省"十三五"时期脱贫攻坚系统性融资规划》《黑龙江分行产业扶贫贷款业务工作方案》《黑龙江分行统筹运用财政涉农资金支持农村基础设施扶贫业务工作方案》及《国家开发银行黑龙江省分行支持全省扶贫攻坚实施规划》,因地制宜地提出差异化发展思路和融资支持方案,确保扶贫信贷资金的精准配置,做到精准扶贫。

五、创建扶贫样板，提高扶贫精准度

开发银行黑龙江省分行与绥化市签订了《开发性金融支持绥化市"十三五"经济和社会发展合作备忘录》，以推动银政合作为契机，将绥化市兰西县、青冈县作为"四台一会"模式开展产业扶贫工作试点县，因地制宜设计产业扶贫模式。目前两个试点县均已完成开发性金融脱贫攻坚合作办公室搭建，并分别梳理了在开发银行支持范围内有需求的产业项目，力争年内完成项目筛选，试点成功后将在全市进行推广。通过创建精准扶贫样板，构建具有开发性金融特色的良性运作模式，发挥开发银行"投、贷、债、租、证"综合金融服务优势，为金融助力全省脱贫攻坚提供示范，提高信贷投放精准度。

六、强化组织领导，增强社会责任意识

开发银行黑龙江省分行成立脱贫工作领导小组及扶贫工作办公室，由分行行长担任组长，分行副行长担任副组长，统筹推进扶贫工作。2016 年年末，开发银行参加了由省扶贫办举办的"全省金融精准扶贫和金融扶贫业务信息化培训班"，对省、市及 65 个县扶贫办相关工作人员进行了主题为"加强银政合作，助力脱贫攻坚"的业务培训，与各市、县扶贫工作人员初步建立了沟通机制，为全面推开扶贫合作奠定基础。2017 年 2 月末，开发银行组织大兴安岭南麓集中连片特困区 11 个贫困县县长或扶贫相关人员进行为期 3 天的培训与座谈，进一步提升了开发性金融支持脱贫攻坚的社会影响力。

七、增强金融合力，多方突破短板业务

2016 年以来，开发银行多次走访省教育厅，表达了想参与黑龙江省助学

贷款领域,从而帮助更多的家庭贫困学生解决"上学难"问题的意愿。目前已向省银监局、审计署驻哈办等部门报送了《关于助学贷款业务相关情况的报告》,详细介绍了开发银行助学贷款的业务模式,操作特点和比较优势,共同探讨与省教育厅开展生源地助学贷款的可行性及需具体推进、落实的相关工作。

开发银行将根据脱贫攻坚实际和贫困群众主要致贫原因,结合开发银行扶贫支持领域和贷款模式,加强机制建设和模式创新,集中力量攻克薄弱环节。重点将抓好以下几方面工作

一是签订合作协议。积极推动与省政府签订《开发性金融支持黑龙江省"十三五"脱贫攻坚合作备忘录》,深化扶贫领域银政合作,明确开发性金融支持脱贫攻坚的领域、范围和具体形式,推动建立联席协调机制,加强高层联动和对接,做好顶层设计,共同推动全省脱贫攻坚工作。

二是坚持规划先行。充分发挥专家、行业优势,结合黑龙江省"十三五"扶贫规划编制和地方政府扶贫工作要求,通过编制融资规划、制定综合金融服务方案等方式,协助贫困市县做好投融资规划设计。并根据规划出的重点支持领域,筛选出具有良好示范效应、可操作性强的扶贫项目,构建扶贫项目储备库,重点跟踪和协调推进。

三是建立完善扶贫机制。①推动省级扶贫开发投融资主体建设。充分发挥省级扶贫开发投融资主体作用。通过省级平台统筹整合全省扶贫项目,不论在覆盖领域、推进效率还是扶贫成效等方面均优于市县直贷。向省委、省政府建议进一步确定省级统贷扶贫项目主管部门,建立联合工作机制,明确职责分工,统筹推进统贷项目尽快实施落地。并推动地方政府组建或夯实市县扶贫投融资主体,从省级投融资主体承接资金并实施项目。②建立开发性金融扶贫合作机构。设立省、市、县三级合作办公室,对当地扶贫开发项目进行摸查初审、推荐和监督管理。③完善担保体系。选择有实力、信用好、政府主导的省级担保公司作为增信机构,缓释贷款风险。市、县政府加大资本金投入,增强地方担保公司担保能力,提供增信支持。④建立风险补偿分担机制。推动各级政府建立贷款风险补偿金,增强金融投资和社会资本投入的积极性、安全性。

四是分领域重点推进。在重大基础设施领域：按照集中资源，精准发力原则，深化与省交通厅、水利厅等行业主管部门合作，通盘考虑以省级统贷模式支持贫困地区重大基础设施建设。积极跟进交通"双百"工程、铁路、道路、航空、内河航道运输业、电力生产和供应等重大基础设施项目，做到应贷尽贷。

在农村基础设施领域：加强与各市县的工作对接，对各贫困县农村基础设施需求进行深度调查摸底，根据精准扶贫和精准脱贫的要求，一方面以"市带县"模式为主，围绕支持乡级及以下道路（包括具有扶贫功能的旅游道路等有利于改善贫困地区域交通条件、打通贫困地区域交通阻隔的道路项目）、安全饮水、环境整治、农田基本建设、旅游基础设施、基本医疗和农村危旧房改造等有助于推进"两不愁、三保障"目标任务完成的基础设施项目以及其他符合黑龙江省统筹整合财政涉农资金相关政策要求、有助于改善贫困地区基础设施条件、加快贫困地区发展的基础设施等项目，以整合贫困县资金、资源为契机，推动完善财政涉农资金使用机制，为贫困县农村基础设施建设提供贷款支持，以贫困县基础设施项目为基点，聚焦贫困村提升工程。另一方面对于其他农村基础设施以省级统贷模式批量予以支持。

在产业扶贫领域：通过龙头企业带动和"四台一会"两条路径做实产业扶贫，以政府合作为基础，发挥龙头企业带动作用，运用市场化方式，构建与贫困户紧密联结的多种利益机制，推动贫困地区形成市场稳定、带动作用明显、长期可持续发展的产业体系，促进有劳动能力和劳动意愿的建档立卡贫困户增强自我发展能力和意愿，通过生产、经营或资本收益等多种形式参与产业发展，形成较为稳定、持续的收入，实现增收脱贫。一是发挥北大荒、森工集团等省内"大龙头"带动作用及抓住泉林和象屿集团等省外龙头企业或优质企业在黑龙江省投资的契机，在企业发展布局中注入扶贫因素，在贫困人口集中的县、区形成一批扶贫项目，体现出黑龙江区域和产业特色。二是充分挖掘各市县里"小龙头"潜力，提高其招商引资能力，发挥产业发展带动基础设施建设项目发展的联动效应，增强贫困地区发展内生动力。三是积极支持借款人或用款人为农民合作社、家庭农场或农业专业大户的项目，采用"四台一会"统贷模式支持产业扶贫。四是试点开展扶贫转贷款业务，在有效防控风险的基础上,选择经营规范、资信状况好、合作意愿积极的中小商业银行开展扶贫转贷款业务。

专栏:支持农业龙头企业带动脱贫案例

开发银行黑龙江省分行充分利用黑龙江省涉农企业密集的优势,在企业发展布局中注入扶贫因素,按照龙头企业带动脱贫的思路,与黑龙江象屿农业物产有限公司(以下简称"象屿农业")开展融资合作,以就业协议的方式直接带动建档立卡贫困户脱贫。针对粮食供应链相关业务资金需求量大、周期性强,对经营周转性流动资金短期贷款需求强烈的特点,2016年对象屿农业新增B组授信2亿元,2017年发放1.5亿元,用于满足其日常生产经营周转需要,主要为收购粮食以及购买种子和化肥、购买燃料、支付物流费用等。象屿农业通过全产业链运营促进农业相关上下游产业发展,辐射带动龙江县、泰来县、甘南县、富裕县、克东县、拜泉县等10余个国家级和省级贫困县的经济发展。

(一)背景情况。象屿农业主要从事农业全产业链运营,扎根于黑龙江,业务范围涉及上游合作种植、种子、化肥、合作联社,中游粮食收购与仓储、物流服务,下游贸易及深加工,是一家"粮食全产业链综合服务提供商"。

(二)信用结构。项目授信2亿元,期限1年,利率按照中国人民银行同期贷款基准利率下浮8%执行。借款人象屿农业控股股东为上市公司厦门象屿股份有限公司。厦门象屿股份有限公司为本次2亿元流动资金贷款本息提供连带责任保证担保。

(三)脱贫效应。一是直接脱贫。象屿农业按《中国人民银行关于建立金融精准扶贫贷款专项统计制度的通知》(银发〔2016〕185号)、《国家开发银行扶贫贷款专项统计制度》(开行发〔2016〕488号)有关要求,直接带动一定数量的建档立卡贫困户就业。二是促进了区域经济发展。象屿农业通过粮食收储、种子化肥、物流等粮食全产业链业务运营,依托公司技术、资源和管理等优势,有效带动了周边10余个贫困县的区域经济发展,从而辐射带动了区域内14.7万建档立卡贫困人口通过劳动脱贫致富。

在教育、健康扶贫领域：继续多方宣介生源地助学贷款业务，"两后生"教育助学贷款、农村寄宿制学校、中等职业学校建设以及贫困人口职业培训等领域贷款业务，争取尽快实现突破；继续推动县、乡、村三级卫生医疗机构基础设施建设和医疗设备提档升级项目贷款业务的开展。

开发性金融支持安徽省
脱贫攻坚发展报告

安徽是农业大省,也是全国脱贫任务较重的省份之一。2016 年 4 月,习近平总书记在安徽考察期间,专程到金寨县花石乡大湾村、凤阳县小岗村考察脱贫攻坚工作情况,强调要咬定青山不放松,苦干实干加巧干,确保到 2020 年全面实现"人脱贫、村出列、县摘帽"。开发银行以习近平总书记视察安徽重要讲话精神为指引,以大别山片区和皖北地区为主战场,把助力安徽脱贫攻坚战作为重大政治任务和首要工作目标,坚持精准扶贫、精准脱贫基本方略,结合《安徽省"十三五"脱贫攻坚规划》"脱贫攻坚十大工程"和实际省情,探索形成了开发性金融支持安徽省脱贫攻坚"两扶"(即"扶贫、扶志")、"三融""四到"的精准扶贫工作思路。截至 2017 年 6 月末,已累计向安徽省贫困地区精准扶贫项目授信近 400 亿元,投放各类精准扶贫资金 137 亿元,覆盖全省所有扶贫开发工作重点县,支持脱贫攻坚取得积极成效,较好地发挥了开发性金融支持脱贫攻坚的融资主力作用。

一、主要扶贫工作成效

自 1998 年开发银行与安徽省政府在全国范围内率先签订首个银行与省级

政府间合作协议以来，双方先后签署了6轮开发性金融合作协议，累计向安徽提供"投贷债租证"各项融资超过8000亿元，在重大基础设施建设，新型城镇化、棚改、扶贫等民生事业，实体经济发展等领域开展了卓有成效的合作。

2016年8月，开发银行和安徽省政府签署了《全面深化开发性金融合作备忘录》，将扶贫开发纳入双方"十三五"重点合作领域，约定未来五年将向全省众多扶贫领域提供不低于300亿元的融资总量支持。开发银行安徽省分行以扶贫重大项目为工作抓手，以"两不愁三保障""一接近"为工作目标，助力全省经济社会发展和贫困地区脱贫攻坚，实现"四到""五大领域"的精准覆盖。

（一）省负总责、融资推动，支持全省易地扶贫搬迁工程

通过省级投融资主体"统一贷款、统一还款"的模式，实现易地扶贫搬迁贷款承诺140亿元，承诺专项建设基金1.7亿元，授信覆盖全省8.3万建档立卡易地扶贫搬迁人口和29.2万随迁人口，并推动签署省级政府购买服务协议，完成0.65亿元贷款、0.53亿元基金投放。

（二）区域推进、立梁架柱，加大重大基础设施支持力度

向交通扶贫"双百"工程郑阜铁路、六安大别山区振兴发展道路、大别山旅游扶贫快速通道等重大基础设施项目授信55.1亿元，投放3.23亿元（其中贷款1.07亿元，专项建设基金2.16亿元），构建贫困地区基础设施主干架构。

（三）补齐短板、填平空白，鼎力支持农村基础设施建设

一是支持贫困地区农村道路畅通工程建设。向利辛、涡阳、临泉、颍上、裕安区、金安区6个贫困县（区）农村公路畅通工程项目承诺贷款42.48亿元，发放贷款27.94亿元，助力贫困地区193.97万农村人口（含27.98万建档立卡贫困人口）实现"进得来、出得去、走得通、行得畅"。二是支持贫困地区农村饮水安全工程建设。向阜阳、宿州、亳州、六安等16个贫困县（区）农村安全饮水巩固提升工程项目承诺贷款31.4亿元，发放贷款4亿元，助力贫困地区破解429.35万农村人口（含46.2万建档立卡贫困人口）饮水安全难题。

三是支持贫困地区水利工程建设。向国家172项重大水利工程江巷水库承诺贷款7.9亿元。四是支持贫困地区灾后重建和环境整治。针对灾害频发、因灾返贫、因灾致贫的情况,向金寨县"6·30"特大洪灾水毁建设等3个项目授信12.3亿元,发放7亿元,支持贫困地区灾后重建;向金寨县农村环境整治项目授信20亿元,实现全额发放。

(四)分类施策、投贷联动,支持贫困地区产业发展

一是联结收益,光伏助力稳定增收。向利辛县光伏扶贫项目授信4亿元,投放贷款5.36亿元,通过建立项目与贫困村、贫困户的资产收益联结机制,既直接带动"无力脱贫"建档立卡贫困户增收,又填补了村集体经济空白。二是因地制宜,促进旅游产业发展。承诺旅游扶贫项目"美丽岳西"旅游扶贫工程项目10亿元,实现贷款发放12亿元,整合全县优质旅游资源,提高地区旅游基础设施承载能力,有效地实现了绿水青山和金山银山的有机结合,让贫困人口从生态保护和生态建设中得到更多实惠。三是支持贫困地区产业园区发展。贷款2亿元支持金寨县金梧桐产业园项目,建设标准化厂房19栋,吸引40家企业进驻,带动投资约20.23亿元,解决当地就业逾2000人,其中建档立卡贫困人口约400人。四是充分发挥国开发展专项建设基金带动作用。向贫困地区"三农"建设、企业搬迁改造、产业转型升级等项目投放专项建设基金11.4亿元,作为项目资本金撬动近百亿元社会、金融资本投入。

(五)应贷尽贷、不离不弃,教育资助和就业帮扶阻断贫困代际传递

一是进一步加大助学贷款支持力度。2016年发放生源地助学贷款12亿元,惠及贫困学生16万人次,占全省助学贷款份额的80%以上,发放金额连续9年创历史新高。二是搭建就业平台,为借款学生提供就业保障。联合省教育厅、省国资委举办专场招聘会,为借款学生搭建就业平台,举办安徽省"双困"高校毕业生专场招聘会,累计吸引招聘企业超过800家,提供就业岗位近15000个。

（六）填平补齐、改薄推均，助力实现公共服务均等化

一是填平补齐，提升贫困地区医疗服务能力。以宿州泗县为试点，推动全省县乡村三级医疗卫生体系建设。向泗县县乡村三级医疗卫生体系服务能力项目新增授信9.5亿元，发放贷款2亿元，有效地提升了地区医疗基础设施水平，解决贫困人口"因病致贫、因病返贫"的问题。

专栏：探索支持安徽省泗县县乡村三级医疗卫生服务能力提升工程

安徽省因病致贫的比例达56.9%，高于全国平均水平，安徽省委、省政府高度重视健康扶贫工作，将健康脱贫工程列入安徽省"脱贫攻坚十大工程"，提出"实施贫困县医疗卫生服务机构标准化建设"，包括县级医疗机构、乡镇卫生院、村卫生室等三级医疗卫生服务体系建设。开发银行重点聚焦贫困地区县乡村三级医疗卫生服务体系硬件短板，按照"先试点，再推广"的原则，选择与开发银行合作基础良好的泗县作为首个试点地区，启动实施了泗县县乡村三级医疗卫生服务能力提升工程项目。

（一）规划引领，系统谋划，找准试点区域。为在全省范围内率先突破健康扶贫工作，开发银行安徽省分行与省卫计委签署了《开发性金融支持安徽省县乡村三级医疗卫生体系建设战略合作协议》，协议约定到2020年，为安徽省三级医疗卫生领域提供融资总量400亿元。开发银行按照"统分结合"的工作思路，一方面，积极推动安徽全省三级医疗卫生服务能力提升统贷项目，形成了《关于支持安徽省贫困地区县乡村三级医疗卫生体系建设的工作思路报告》上报省领导；另一方面，深入解读全省医疗卫生服务体系规划，以合作需求强烈、建设意义重大、发展现状短板突出、项目成熟度高的泗县作为启动试点。

（二）"条条谋划""块块推动"，寻求最大公约数。开发银行按照"条条谋划、块块推动"的网络化业务推动机制要求，一方面，多次走访省卫计委和市县区卫计委，了解健康扶贫规划、短板、政策，摸清健康扶贫的任务、路径、进度；另一方面，加强"块块上的推动"，选派扶贫金融专员到贫困县区挂职，深

入宣介、谋划和推动业务,精准宣介健康扶贫融资政策,加强对接沟通。

(三)因地制宜,创新模式,推动项目承诺。开发银行坚持因地制宜,创新融资模式和产品采用"县借县采"融资模式,选择已经完成市场化转型的泗县投融资主体作为本项目借款人,针对医疗卫生项目准公益性的特点,采取政府购买服务模式推进。开发银行高效专业的工作能力得到了宿州市委和泗县县委领导的高度肯定。宿州市委要求在全市范围内推广泗县医疗卫生项目合作经验,积极争取开发银行资金。

(四)工作成效。该项目的实施可直接覆盖建档立卡贫困村47个,惠及建档立卡贫困人口约4.1万人,建档立卡贫困人口受益率10.25%,实现了泗县基层医疗卫生服务"三级(县乡村)、两大领域(医疗卫生、公共卫生)"补短板的全覆盖。该项目取得了良好的示范效应,也为后续安徽省三级医疗卫生服务能力提升统贷项目探索了试点经验。

二是改薄推均,促进贫困地区教育基础设施均衡发展。向太湖县农村义务教育学校提升改造项目、泗县教育均衡发展项目、霍邱县教育均衡发展项目新增授信13.9亿元,发放贷款9.72亿元,新建、改建校舍623所。改善贫困地区义务教育基本办学条件,推动教育资源向农村、贫困地区倾斜。

二、主要做法

(一)坚持组织保障与制度建设相结合

一是开发银行安徽省分行成立以行长为组长的开发性金融助力安徽精准扶贫、精准脱贫领导小组,及时研究重要方向、重要政策、重大问题和关键环节。二是分行领导带队,深入贫困县区宣介、谋划和推动业务,实现安徽省20个国家级贫困县及集中连片特困地区县调研走访全覆盖。三是派驻7名副处级业务骨干赴阜阳市宿州市、亳州市、六安市、安庆市、池州市、岳西县交流挂职,派驻舒城县凡坛村扶贫工作队驻村帮扶,为地方政府出谋划策,融资融智推动项目。四是切实做好扶贫合作机制建设,已成立合作领导小组与合作办建设 24 个,合作办机制运用成效初步显现,开发性金融融制扶贫作用进一步凸显。五是增强扶贫统筹工作,梳理扶贫政策依据,加强扶贫工作预研预判。六是定期召开扶贫专员述职会,密切前后方联系,增进经验分享,增强了工作的针对性、时效性和协调性。

(二)坚持顶层设计与"摸着石头过河"相结合

一是提前谋划,主动布局。制定开发银行安徽省分行《扶贫工作方案》和《扶贫宣传工作方案》,在《扶贫工作方案》的指导下,扶贫各项工作推进井井有条、蹄疾步稳。谋定而后动,增强了工作的预见性和主动性。二是深入调研,找准方向。结合安徽省贫困情况和致贫原因,明确在支持贫困地区基础设施、产业发展、灾后重建的基础上,积极推动安徽全省三级医疗卫生服务能力提升统贷项目,形成了《关于支持安徽省贫困地区县乡村三级医疗卫生体系建设的工作思路报告》上报省领导,提供破解"因病致贫"的开发银行方案;同时,大力推广教育均衡发展项目,促进贫困地区教育发展,改善贫困地区办学条件,助力阻断贫困传递。

(三)坚持条线谋划与区域推动相结合

开发银行按照"条条谋划、块块推动"的网络化业务推动机制要求,强化沟通、宣介、开发,摸清政策、了解需求,寻求客户与开发银行的最大公约数。以三级医疗体系建设项目为例,一方面加强"条条上的谋划",多次走访省卫计委和市县区卫计委,了解健康扶贫规划、短板、政策,摸清健康扶贫的任务、路径、进度,组织业务部门深入学习各级健康扶贫系列文件;另一方面,加强"块块上的推动",精心选派政治过硬、业务精通的处级干部作为扶贫金融专员,到贫困县区挂职,深入宣介、谋划和推动业务,精准宣介健康扶贫融资政策,加强对接沟通。结合医疗健康发展的"五个规划、两个意见、两个标准",摸清融资需求,做好项目开发储备。在开发银行的大力推动下,宿州市在全市范围内部署推进三级医疗卫生体系建设工作,六安市下发了《关于加强基层医疗卫生机构基础设施建设的通知》。

（四）坚持模式创新与推广复制相结合

一是泗县乡村三级医疗卫生服务能力提升工程项目成为系统内首个健康扶贫项目，在省内带动了宿州、六安全市及阜阳部分县区的同类项目复制，并进一步带动了以蚌埠为代表的非贫困地区医疗卫生项目的开发。2016 年承诺的太湖教育均衡发展项目，在六安、宿州、阜阳等地实现了复制。二是构建了有效的项目资源池，为支持安徽地区脱贫攻坚可持续性发展提供了保障。

（五）坚持扶贫与扶志相结合

一是融资推动，培养脱贫内生动力。推动岳西县政府印发《关于美丽岳西旅游扶贫项目有关事项的通知》，通过依托项目资源加强对建档立卡贫困户就业技能培训，加大涉旅企业对贫困户的招工政策倾斜，增强贫困地区群众自力更生意愿和能力，从思想上淡化"贫困意识"。二是定点帮扶，发挥能人带头作用。开发银行派驻凡坛村工作组结合凡坛村自身资源禀赋优势和产业基础，结合能人大户现状和青年回乡创业机遇，找准产业定位，帮助村集体成立公司，搭建平台，充分发挥能人大户带头作用，增强贫困户主观能动性，带动村民增收，带动集体经济增长。

（六）坚持党建统领和业务发展相结合

一是紧密围绕"两学一做"学习教育和地方政府脱贫攻坚任务，由开发银行安徽省分行分管行长带队，组织分行党支部、分行团委深入贫困地区开展支部共建和捐助活动，开展"五个一"特色扶贫行动，向村办小学及幼儿园捐赠"亲情交流室"，增强分行员工助力脱贫攻坚的使命感和责任感。二是进一步加大党建促扶贫工作力度，联合省委组织部将分行清理收缴的 150 万元党费捐赠支持金寨、舒城、岳西、太湖、泗县 5 个国家级贫困县，用于修缮当地基层党组织活动场所、更新党员教育设施、配置党员教育设备和书籍、开展扶贫培训等方面。三是加大扶贫工作宣传力度。定期编发《扶贫工作简报》并抄送省委、省政府有关部门，省扶贫办还在全省范围内转发了分行首期《扶贫工作简报》。开发性金融支持安徽脱贫攻坚在省市县和相关媒体、平台都有身影，在安徽日报、新华网、江淮时报等省内主流媒体上发表新闻稿近十篇。

开发银行将进一步加大工作力度，支持安徽省脱贫攻坚。

一是积极适应政策变化，创新扶贫业务融资模式。围绕国家近期下发的新文件、新政策，及时开展文件的解读和培训工作，同时做好银政合作模式创新工作，推进医疗卫生服务和教育服务能力提升工程特许经营试点，探索扶贫开发工作的多元融资模式，及时总结经验、发布案例，并力争在年内实现在各领域的推广复制。

二是持续强化项目谋划、推动与开发。一是全力落实开发银行安徽省分行与省卫计委签署战略合作协议，结合"三医"改革和市域医联体、推动全省三级医疗卫生体系建设。二是持续做好引江济淮、省道307一级公路PPP项目等重大扶贫项目的开发评审工作。三是深入谋划产业扶贫项目，在继续推进政府投资的旅游扶贫、光伏扶贫、易地扶贫搬迁配套产业扶贫的同时，积极探索园区扶贫、大企业带动就业扶贫。四是积极推动贫困地区产、城、人、文四位一体的特色小城镇建设示范，把贫困村提升与特色小城镇建设结合起来推进。五是进一步推动扶贫开发业务区域和结构均衡发展，实现贫困地区和"五大类"两个全覆盖的工作目标。

三是切实用好扶贫开发业务合作机构和合作组织管理体系。一是融资推动成立省、市、县三级"开发性金融脱贫攻坚合作领导小组"和"开发性金融脱贫攻坚合作办公室"。二是进一步发挥合作机构和合作组织管理体系务实、长效的全周期作用。

四是扎实做好金寨县开发性金融精准扶贫示范点工作。安徽省金寨县从832个国家扶贫开发工作重点县和集中连片特困地区县中脱颖而出，被确定为8个开发性金融精准扶贫示范点之一。开发银行将继续发挥好开发性金融优势，在融资模式、支持领域、产品服务等领域求实创新，加强示范点的培育和建设，把金寨县打造成开发性金融支持精准扶贫"叫得响、立得住"的样板和典范。

开发性金融支持福建省
脱贫攻坚发展报告

◇◆◇◆◇◆◇◆◇◆◇◆◇◆◇◆◇◆◇◆◇◆◇◆◇◆◇◆◇◆◇◆◇◆◇◆◇◆

　　"十三五"时期,是福建深化改革开放、加快转变经济发展方式的关键时期,是全面建成小康社会的决胜期,也是扶贫开发的攻坚克难期。解决贫困人口的脱贫致富问题,对加快推进福建省经济建设,实现全面建成小康社会的目标具有重要战略意义。为贯彻落实党中央、国务院决策部署,支持福建省脱贫攻坚战,开发银行发挥开发性金融优势和作用,主动作为、深入调研、了解民生需求,抢抓时机、宣介政策、设计方案、积极建言献策,切实做好开发性金融服务福建省"十三五"脱贫攻坚工作,助力福建省如期实现全面建成小康社会的目标。

一、福建省贫困现状及脱贫攻坚总体目标

　　福建简称"闽",地处中国东南沿海,毗邻浙江、江西、广东,与台湾隔海相望。现辖福州、厦门等9个设区市和平潭综合实验区,全省常住人口3839万人,地理特点是"依山傍海",九成陆地面积为山地丘陵地带,被称为"八山一水一分田"。"十二五"期间,福建省在扎实推进经济社会全面发展的同时,坚

持把扶贫开发作为一项重要工作,持续加大政策扶持力度和工作推动力度,促进贫困地区加快发展,贫困人口增收脱贫。截至2015年年底,福建省贫困人口从2010年的140万人减少到45.2万人,农村贫困发生率从5.42%下降到1.65%。福建省贫困地区因病致贫返贫、因灾返贫、劳动力短缺等现象突出,产业竞争力弱、基础薄、政府财力有限等短板明显,截至2017年6月末,福建省仍有23个省级扶贫开发重点县,2200个贫困村,20.4万贫困人口尚未脱贫"摘帽"。

二、支持福建脱贫攻坚情况

开发银行充分发挥开发性金融作用,坚持"三融"扶贫策略和"四到"工作思路,大力支持福建省打赢脱贫攻坚战,促进福建省经济社会健康、协调、快速发展。2016年,开发银行福建省分行荣获福建省银行业重点扶贫金融机构支持扶贫开发工作考核第一名。

(一)积极建言献策,主动提供融智服务

开发银行发挥规划先行优势,积极研究和推动"省负总责"模式。2015年9月30日,开发银行福建省分行向福建省政府递交《开发性金融支持福建省扶贫开发的工作意见》。此后,积极协助、扎实推动省级扶贫开发投融资主体建设。2015年12月,开发银行向省政府递交《关于成立省级扶贫开发投融资主体建议方案及有关事项的报告》;同月,再次向省政府递送《关于福建省扶贫开发投融资主体及项目融资的建议方案》,同时积极与省财政厅、省发展改革委、省农业厅等省直相关部门沟通联系,推动福建省出台《福建省易地扶贫搬迁资金管理办法》,明确易地扶贫搬迁省级政府购买服务的采购主体等关键事项,理顺省、县工作机制,共谋贫困地区科学发展新格局。此外,开发银行福建省分行还主动深化与省发改委、省农业厅等单位的合作,开展脱贫攻坚系统性融资规划编制,完成《福建省"十三五"脱贫攻坚系统性融资规划》,是福建银行业机构中首个针对脱贫攻坚的"系统性融资规划"。

(二)密切银政沟通,凝聚合作共识

2016 年 5 月,在福建省委、省政府主要负责同志的见证下,开发银行福建省分行与省扶贫办签署《支持福建省脱贫攻坚合作备忘录》,与三明市签订《支持三明市国家扶贫改革试验区建设合作备忘录》。2017 年上半年,开发银行福建省分行先后与省旅游局、省发展改革委等部门联合发文《关于印发福建省乡村旅游扶贫工程行动方案的通知》,与省林业厅联合转发《关于进一步利用开发性和政策性金融推进林业生态建设的工作通知》(发改农经〔2017〕140 号),探索旅游扶贫、生态林业扶贫新模式,不断凝聚合作共识。

(三)发挥先锋作用,助力易地扶贫搬迁

2016 年 6 月,开发银行对福建省扶贫公司授信 29.75 亿元,用于福建省"十三五"易地扶贫搬迁项目,率先实现对福建省"十三五"易地扶贫搬迁资金兜底保障。截至 2017 年 6 月末,开发银行投放 1.39465 亿元专项建设基金,发放 5.098 亿元易地扶贫搬迁专项(贴息)贷款,顺利完成福建省 2016 年和 2017 年第一批易地扶贫搬迁贴息贷款计划,专项基金及专项(贴息)贷款覆盖全省 54 个县,惠及国定贫困人口超过 2.9 万人,助力打赢易地扶贫搬迁战。同时,积极支持易地扶贫搬迁同步搬迁项目,对福鼎市造福工程项目承诺 2.77亿元,惠及同步搬迁人口 0.85 万人,解决省定贫困人口与国定贫困人口同搬迁、同脱贫问题。

+·+

专栏:聚焦后续产业发展　助力搬迁户家门口就业

漳平市位于福建省西南部,土地总面积 2975 平方公里,目前全市人口约 28 万人,辖区设 8 镇 6 乡 2 个街道办事处 174 个行政村 25 个居委会。漳平市是原中央苏区县,木竹产业是漳平市经济发展的支柱产业,也是推进脱贫攻坚的重要抓手。

2016 年以来,开发银行在服务福建省打赢脱贫攻坚战过程中,始终把发

展生产扶贫作为主攻方向，积极研究支持产业扶贫的具体举措，尤其是把易地扶贫搬迁后产业发展作为支持重点，在与地方政府充分对接的基础上，在全省率先开发培育了漳平市木竹产业园助力易地扶贫搬迁群众就业项目。该项目周围为吾祠、灵地、南洋、官田等乡镇易地扶贫搬迁集中安置点，涉及国定标准贫困户及省定标准贫困户共计 726 户 2216 人。项目总投资约 52000 万元，项目资本金 15600 万元，拟申请开发银行贷款 36400 万元，项目建成后，预计将吸引入驻企业约 15 家，年加工木材 19.8 万立方米，加工毛竹 2 万吨，总产值将达到 28 亿元，年利润总额 4.2 亿元，将带来 500 个直接就业岗位和 1500 个间接就业岗位。项目建成后，产业园管委会将与附近易地扶贫搬迁集中安置点的部分贫困群众签订就业协议，同时，当地政府要求木竹产业园入园企业也要通过签订帮扶协议或就业劳动合同等方式，让搬迁群众获得就业岗位和收入，实现周边贫困人口的增收脱贫，促进贫困村的建设和发展。该项目的实施还将拉动周边乡村手工业、农业、旅游业等产业的融合发展，形成关联度高、集聚力强的产业发展态势，有利于促进当地县域经济发展和带动百姓脱贫致富。

开发银行创新性探索了一条"特色产业 + 生态建设"的产业园区建设模式，采取"产业园管委会 + 入园企业 + 搬迁群众"的带动方式，支持漳平市发展木竹产业，确保搬迁群众"搬得出、稳得住、能致富"，做到"以产定搬、以搬促城、产城融合"的搬迁思路，把产业发展放在更加突出的位置，真正意义上实现稳定脱贫。

（四）倾斜信贷支持，增强贫困地区发展动力

截至 2017 年 6 月末，开发银行累计向 23 个省级扶贫开发重点县发放表内贷款 259.77 亿元，累计发放专项建设基金 33.38 亿元，其中 2017 年 1—6 月发放贷款 16.3 亿元，贷款余额 174.48 亿元，重点支持了通村道路、安全饮水、教育卫生、现代农业等项目，助力贫困地区加快脱贫致富，增强贫困地区内生发展动力。

（五）紧抓特色产业，积极创新融资模式

开发银行紧密结合福建省自身资源禀赋，以易地扶贫搬迁后续产业发展、旅游产业扶贫等为重点，探索产业扶贫新途径，支持"输血"式扶贫向"造血"式扶贫转变。自 2016 年起，累计发放产业精准扶贫贷款 5.08 亿元，通过产业项目实现对建档立卡贫困人口帮扶和就业。此外，主动服务福建省生态文明建设，积极探索开展林业生态扶贫，向省政府报送开发性金融支持林业生态建设工作方案并获省领导批示，联合省发展改革委等单位转发《关于进一步利用开发性和政策性金融推进林业生态建设的工作通知》；会同省林业厅深入现场，创新模式支持储备林扶贫项目建设，通过"PPP＋市级风险准备金机制＋保险"的模式推动南平储备林生态示范扶贫项目，拟授信金额 170 亿元，预计可为贫困林农提供就业岗位超过千个，助力贫困林农脱贫增收。

+·+

专栏：开发性金融支持福建省脱贫攻坚情况之林业生态扶贫

2016 年 5 月 12 日，开发银行与福建省举行高层联席会并签署《"十三五"全面深化开发性金融合作备忘录》。联席会上，围绕脱贫攻坚、实施生态省战略加快生态文明建设、国家扶贫改革试验区建设等战略，开发银行福建省分行分别与省扶贫办、省金融办、三明市政府签订了支持脱贫攻坚、绿色金融发展、三明国家扶贫改革试验区建设等合作备忘录，明确深化银政合作，发挥开发性金融作用，实现相互融合和共同发展。

2017 年 5 月，习近平总书记对福建集体林权制度改革作出重要批示，要求福建要以国家生态文明试验区为契机，继续深化集体林权制度改革，更好实现生态美、百姓富的有机统一，在推动绿色发展、建设生态文明上取得更大成绩。开发银行积极落实习近平总书记对福建省林权制度改革的批示精神，主动服务福建省生态文明建设，深入推进林业金融的发展，创新模式开展林业生态扶贫。一是高层推动，大力支持福建国家储备林和林业生态扶贫重点领域建设。福建省是全国首个国家生态文明试验区，推动深化集体林权制度改革走在全国前列，为发挥开发性金融先锋先导作用，创新林业投融资机制，

帮助福建打造林业产业供给侧结构性改革和林业生态脱贫示范省，7月11日，国家林业局、福建省政府和开发银行三方签署《共同推进深化福建省集体林权制度改革合作协议》，明确意向融资金额600亿元。二是项目带动，助力集体林权制度深化改革。开发银行充分研究开发性金融在生态文明试验区建设中的作用，向省政府报送《关于进一步利用开发性金融推进林业生态建设的报告》，联合省发展改革委等单位转发《关于进一步利用开发性和政策性金融推进林业生态建设的工作通知》，会同省林业厅深入林业项目现场，推动通过"PPP＋风险准备金＋保险"的模式开展南平市储备林生态扶贫示范项目的评审，与南平市政府签署《共同推进南平市生态文明试验区——国家储备林建设项目合作协议》，意向融资金额170亿元，预计可为贫困林农提供就业岗位超过千个，助力贫困林农脱贫增收。此外，开发银行联合省林业厅等单位，积极开发培育三明、龙岩等地林业生态建设项目，服务福建省继续推动林业生态扶贫不断取得新成效。

（六）拓展生源地助学贷款，助力寒门学子圆大学梦

开发银行福建省分行自2014年试点开办生源地助学贷款业务，截至2017年6月末，已与全省26个县区签订助学贷款合作协议，在13个县区（含7个省级贫困县）开办助学贷款业务，累计发放生源地助学贷款7421万元，共支持1.03万名家庭贫困学生实现大学梦，有效地阻隔了贫困的代际传递，进一步提高福建省助学贷款获贷率，在促进教育公正公平、支持教育脱贫等方面起到压舱石作用。

（七）加强人才支持，强化智力扶持

开发银行采取"走出去、请进来"的方式，完善扶贫开发长效机制，派出5名干部到地方政府部门挂职，接收4名地方干部来分行交流，选派23名干部到23个省级扶贫开发重点县挂职交流，发挥宣传员、规划员和联络员作用，特别是通过规划编制和咨询服务等方式，帮助地方政府理清发展思路，明确发

展目标,不断发挥开发银行与地方政府间的桥梁和纽带作用。开发银行福建省分行积极参与 2017 年福建省"青春扶贫"项目与计划大赛,在全省 989 个参赛项目中,分行推选的"漳平市木竹产业园项目""扶贫金融专员计划"分别获得产业扶贫计划组、人才扶贫计划组一等奖,在省内金融系统中获奖个数最多,获奖名次最高。

开发银行将始终把支持脱贫攻坚作为当前和今后一个时期的重点任务,强沟通、促对接、抓落实,服务福建省系统推进脱贫攻坚工作,助力福建省巩固和发展脱贫成效。

一是着力巩固脱贫成效,加快易地扶贫搬迁。开发银行福建省分行将继续加强与省财政厅、省扶贫办、省发展改革委的协调,沟通落实 2017 年易地扶贫搬迁专项贷款计划,加快推动符合用款条件的县(市、区)使用专项贴息贷款。支持地方政府强化实施集中安置,并使用贷款资金支持建设集中安置区基础设施及配套公共服务设施建设,改善搬迁群众的生产生活环境。此外,在巩固福鼎市易地扶贫搬迁同步搬迁贷款合作成效的基础上,继续支持和推动其他县(市、区)的同步搬迁建设及拆旧复垦建设,推进易地扶贫搬迁工作取得新实效。

二是着力抓住稳定脱贫,大力支持产业扶贫项目。第一,全力支持林业生态扶贫,增强产业扶贫带动力。2017 年 7 月 11 日,开发银行与国家林业局、福建省政府签订《共同推进深化福建省集体林权制度改革合作协议》,加快与各地政府对接,重点推动南平市储备林项目的评审承诺,打造示范项目,形成可复制可推广的模式,助力福建省脱贫攻坚、助力绿色金融发展。同时实现三明、龙岩、永定的林业生态扶贫项目开发评审取得新突破,构建科学扶贫带动机制,鼓励和支持龙头企业通过安排建档立卡贫困人口就业或与建档立卡贫困人口签订帮扶协议等途径,带动建档立卡贫困人口增收,提升对扶贫开发、经济发展和生态建设的贡献度。第二,大力支持旅游扶贫,提升产业扶贫精准度。用好"加法",增强内外部联动合力。加强与省旅游发展委员会等部门的沟通对接,宣介开发银行支持旅游扶贫项目的相关政策,深化双方的规划合作及项目策划的联动。强化与地方政府的互动,善于挖掘各地资源,主动构建景区依托型、乡村旅游型、基础设施提升型等各类旅游扶贫项目。用好"乘法"，扩大旅游扶贫项目的覆盖面。首先，积极探索推动以县为单位，策划一条或几条乡村旅游精品路线项目，助力实现"旅游＋扶贫"让风景变钱景。项目策划中突出乡村自然资源优势，助力打造以农家乐、渔家乐、牧家乐、休闲农庄、森林人家等为主题的乡村度假产品，助推建成一批依托自然风光、美丽乡村、传统民居为特色的乡村旅游景区。其次，积极促进农业与旅游业紧密结合，形成种、销、游一体化的特色农业产业化体系，让旅游精准扶贫"转型升级"。最后，针对乡村旅游项目"小、散"的特点，重点开发"旅游基础设施＋产业＋贫困户"的旅游产业扶贫项目，支持新建景区或改造原有景区、完善特色小镇基础设施和公共服务设施、提升旅游扶贫重点路线重点村基础设施等旅游项目，助力补齐旅游发展的短板，也带动旅游产业发展和贫困户脱贫增收。

三是着力金融创新发力点，继续补齐贫困地区短板。第一，围绕《关于支持贫困县开展统筹整合使用财政涉农资金试点的意见》有关要求，探索建立以财政涉农资金作为还款来源的融资创新机制，重点开发建档立卡贫困人口较为集中的贫困村通村公路、村组公路、安全饮水、环境整治等基础设施建设项目、公共服务改善项目。第二，积极宣介 PPP 模式，特别是对福建省 23 个省级扶贫开发重点县加强政策宣介，积极支持各地公益性、准公益性 PPP 项目建设，探讨以 ROT 模式盘活存量经营性资产，减轻地方政府的债务压力，腾出资金用于重点民生项目建设，全面改善贫困地区的生产生活条件。

四是着力抓住脱贫根本点，扩大教育扶贫覆盖面。联合省教育厅和省学生资助中心共同推广助学贷款业务。以省级贫困县和原中央苏区县为重点，进一步扩大助学贷款业务惠及面，特别是加强对建档立卡贫困学生宣传教育、预申请的覆盖，确保每一个贫困学生都公平享有获得助学贷款的机会，力争 2017 年推动助学贷款业务在 23 个省级扶贫开发重点县年内实现"全覆盖"，力求 2018 年实现助学贷款业务县区全覆盖，大力推动已签订县级合作协议的县区尽快开办助学贷款业务，通过教育资助"到（户）人"的方式，有效阻断贫困代际传递。

开发性金融支持江西省
脱贫攻坚发展报告

◇◆

  2016 年以来,开发银行始终将脱贫攻坚使命记在心上,扛在肩上,抓在手上,不断研究新情况、新问题,谋划新思路、新方法,助力江西开创脱贫攻坚新局面。开发银行立足江西省情和开发银行特点,深化认识,落实目标,强化担当,围绕"三融""四到"扶贫策略和工作思路,充分发挥开发性金融促进脱贫攻坚作用,累计向江西省承诺扶贫开发贷款 925 亿元,发放 201 亿元。开发银行创新模式,在脱贫攻坚战中主动作为,得到江西省委、省政府的高度认同。省委副书记在江西分行呈报的相关报告中批示:开发银行江西省分行"政治站位高、大局意识强,特别主动呼应、服务我省绿色崛起、兴赣富民的精神可嘉,境界感人",省农工部、省扶贫办"用足用好开发银行的金融信贷优势,服务我省经济社会发展、'三农'事业、脱贫攻坚大局"。时任省政府副省长批示:"开发银行江西省分行在我省扶贫工作中做了大量卓有成效探索,取得显著成绩,作出积极贡献。"

一、强化融智服务,营造科学发展新局面

(一)深入贫困一线,共谋脱贫大计

开发银行以罗霄山脉集中连片、原中央苏区贫困县为重点,开发银行江西省分行领导带队下基层,访真贫、察实情,累计走访调研近50个国家级和省级贫困县。分行主要负责人用周末时间遍访全省24个国家级贫困县,走访70余个贫困村,先后11次赴赣南原中央苏区贫困地区调研。通过与县乡村各级干部同志座谈,了解当地贫困现状、致贫原因及问题困难,共同研究中央金融扶贫政策,谋划脱贫攻坚方法路径。

(二)派驻扶贫专员,提供人才支持

向赣州、吉安、抚州、上饶、宜春和九江6个地市先后选派8名思想作风过硬、业务素质突出的业务骨干作为扶贫金融专员,发挥宣传员、规划员、联络员和战斗员作用,宣介扶贫政策,推动扶贫规划,推进扶贫项目,取得了良好成效,得到地方政府肯定和欢迎。

(三)坚持规划引领,创新融资模式

2016年12月扶贫开发工作动员会后,开发银行江西省分行第一时间向江西省委、省政府呈报《关于全面助推江西脱贫攻坚的报告》《全省扶贫开发融资主体组建及融资方案建议》和《全省"十三五"时期易地扶贫搬迁项目融资方案建议》等报告,得到省领导批示肯定。围绕江西脱贫攻坚领域薄弱环节,分行主动请缨,向省政府提出利用易地扶贫搬迁富余授信资金用于全省贫困村基础设施建设融资方案,得到省政府领导积极响应。开展《全省"十三五"脱贫攻坚融资规划》《赣州市油茶产业发展规划》等规划编制工作,通过科学规划引领精准扶贫脱贫。配合相关部门做好具体融资方案设计,充分依托

省级投融资主体信用优势,创新全省易地扶贫搬迁、全省供水一体化、全省污水管网、全省国省道改造等项目融资模式,批量支持全省扶贫开发项目。

（四）开展业务培训,提升能力水平

与省扶贫办联合组织召开全省 28 个贫困县领导参加的开发性金融支持扶贫开发融资培训会,与人民银行南昌中心支行联合组织召开开发性金融精准扶贫座谈会,召开 9 个中央机关、国家部委驻江西 15 个国家级贫困县干部座谈会,宣传扶贫开发政策,介绍开发性金融致力脱贫攻坚的方法和举措,提升贫困地区地方政府领导对脱贫攻坚政策的精准把握。

二、着力融制合作,突出扶贫开发新优势

（一）对接政府需求,达成合作共识

开发银行加强与省、市、县各级政府的沟通和联系,对接融资需求,构建合作机制。与江西省政府签订"十三五"全面深化合作备忘录,涉及脱贫攻坚项目融资 1266 亿元;主动与全省 11 个地市签订"十三五"全面合作协议,明确与各地市脱贫攻坚合作方向,实现地市协议签订全覆盖;与省交通厅、省扶贫办、省水利厅等部门签订开发性金融合作协议,重点突出脱贫攻坚合作,合力推进贫困地区基础设施、扶贫产业、易地扶贫搬迁、水利、教育等领域重大、重点项目建设。

（二）共建合作办公室,夯实政银合作基础

开发银行与地方政府共同建立省、市、县三级"开发性金融脱贫攻坚合作办公室",实现与省级、6 个地市以及 24 个国家级贫困县政府共建开发性金融脱贫攻坚合作办公室全覆盖,构建开发性金融扶贫开发的工作机制和合作平台,完善扶贫项目运作和资金运行管理。通过合作办建设,成立联合工作小

组,发挥政府组织优势和开发银行融资优势,合力高效推动项目落地和组织实施。通过合作机构建设,仅用24天即完成抚州市农村基础设施建设提升工程7个项目的开发评审工作,承诺贷款42亿元,实现"市、县、村"三级全覆盖。

（三）强化党建统领,创新联络机制

充分发挥党支部战斗堡垒和党员先锋模范作用,在先后向6个地市派驻8名扶贫专员的基础上,进一步建立分行15个党支部、87名党员对口联系全省87个国家和省级贫困县的扶贫联络员机制,实现党建与扶贫全面对接,加快推进扶贫工作。

三、加大融资支持,实现金融扶贫新作为

（一）易地扶贫搬迁加快落地

开发银行以省级统贷模式向省行政资产集团承诺全省易地扶贫搬迁项目贷款260亿元、专项建设基金4亿元。截至2017年6月末,开发银行向赣州、上饶、吉安、抚州等9个地市中的28个县（市、区）发放贷款7.3亿元、专项建设基金8839万元,惠及贫困人口2.12万人。"十三五"期间,将支持全省6.97万左右的贫困人口实现"搬得出、稳得住"。

（二）农村基础设施全面提升

根据国务院出台的《关于支持贫困县开展统筹整合使用财政涉农资金试点的意见》,通过整合财政涉农资金撬动信贷资金的创新性举措,围绕村组道路、安全饮水、环境整治、校安工程等难点和"短板",在不增加地方财政负担的前提下,为贫困县建档立卡贫困村基础设施提供贷款支持。截至2017年6月末,已承诺219亿元、发放贷款77亿元,已覆盖24个国家级贫困县、35个

省级贫困县,占全省 87 个贫困县的 67.8%,全面提升贫困县农村村组道路、安全饮水、环境整治、校安工程、基本医疗等基础设施水平,助推江西"整洁美丽、和谐宜居"乡村建设,惠及建档立卡贫困人口 107 万人,占全省贫困人口的 53.8%。

(三)重大基础设施成效显著

以贫困地区交通、水利、能源领域为重点,解决贫困地区"缺在电上、困在水上"等瓶颈。承诺贷款 416 亿元、发放 70 亿元支持贫困地区公路、污水处理、安全饮水、电力等基础设施建设,破解贫困地区基础设施瓶颈。其中,充分发挥省级统贷融资经验优势,推进全省污水管网融资工作,项目授信总金额 41.9 亿元,投放 16.3 亿元,支持 12 个贫困县区污水管网建设。创新"城乡一体化"运作模式,统筹全省城乡供水资源,支持江西省城乡一体化供水建设项目,融资 90 亿元、投放贷款 26.8 亿元,惠及 41 个县(区)1529 万人。

(四)特色产业发展有序推进

按照"一市一品"及"一个产业、一个规划、一个平台、一个项目"模式,统筹支持各地扶贫产业发展。创新"五统一"+"四台一会"模式支持赣州油茶,承诺 60 亿元支持赣州市 100 万亩高产油茶产业发展,并建立"就业扶贫""油茶产业扶贫基金""提前分红""林权入股""合作造林"等利益联结机制,帮助近 10 万贫困人口融入油茶产业发展,实现增收脱贫。开展吉安储备林项目评审工作,计划贷款 65 亿元支持吉安 16 万公顷储备林建设。

专栏:定南县油茶产业精准扶贫高产生态示范基地建设项目

为实现"统一规划、统筹资源、统一授信、统借统还、统一管理",批发式支持赣州市 18 个县(市、区)油茶产业发展,开发银行与赣州市合作,搭建市级统贷平台,采用政府购买服务融资模式,通过各级政府组织增信,以"市带县"模式进行项目统贷,并在各县(市、区)创新"四台一会"机制建设,完善制度建设，按照"统一规划、统一整地、统一购苗、统一种植、统一抚育、分户收益"实施赣州市油茶产业精准扶贫项目建设，并授信承诺60亿元。

模式一："林场＋贫困户"模式

定南县选取县级国有林场开展油茶种植，国有林场发展在获得合理利润的基础上，按照每户贫困户3亩的标准，将1500亩油茶股权分给贫困户，贫困户股权县扶贫和移民办代持股权。国有林场每年将1500亩油茶所产生的收益分红统一归集至县扶贫和移民办，县扶贫和移民办按照每年每户5000元标准的固定收益补贴给贫困户，帮扶贫困户脱贫。收益期为20年，确保所带动的贫困户2018年前脱贫。2018年以后的收益实行定期核查、动态管理，由县扶贫和移民办统筹调度使用。国有林场将贫困户固定收益汇入县扶贫和移民办专户，由县财政局、县扶贫和移民办审核后发放至贫困户一卡通账户。同时，就近带动一批贫困人口实现就业脱贫。

模式二："公司（大户）＋贫困户"模式

种植公司（大户）与县国资公司、县扶贫和移民办签订购买扶贫服务协议，并通过县国资公司平台进行贷款融资。种植公司（大户）采取"100＋1＋1"的利益联结方式，即每发展100亩油茶林须联结带动1户贫困户脱贫，并雇用1个以上有劳动能力的贫困人口就业。种植公司（大户）按每年每户5000元的标准给予贫困户固定收益，收益期为20年，确保所带动的贫困户2018年前脱贫。2018年以后实行定期核查、动态管理，种植公司（大户）所缴交的固定收益由县扶贫和移民办统筹调度使用。贫困户固定收益资金由种植公司（大户）汇入县扶贫和移民办专户，通过县财政局、县扶贫和移民办审核后发放至贫困户一卡通账户。

- -

（五）教育医疗扶贫力度加大

坚持应助尽助，推广助学贷款预申请，提高覆盖率和申请效率，累计发放22.9亿元，2016年发放5.3亿元支持南昌、新余、赣州、宜春、抚州等5个地市50个县（市、区）34.1万贫困学生实现大学梦，占全省份额60%以上。以健康扶贫作为改善贫困人口医疗条件的重要举措，积极推进县级医院、乡镇卫生院医疗体系建设及能力提升。

"脱贫攻坚,任重道远;造福老区,时不我待",在当前脱贫攻坚进入啃硬骨头、攻坚拔寨冲刺阶段的关键时期,开发银行将继续按照党中央、国务院决策部署,与各级政府和部门一道,不忘初心,马上干、努力干、认真干、自觉干、自信干、继续干,展现新担当、实现新作为。进一步认清形势要求、强化责任担当、创新机制举措,围绕"十三五"时期投放852亿元以上扶贫开发贷款目标,用真情、出实招、求实效,全力支持江西24个国家级贫困县、63个省级贫困县,2900个贫困村脱贫摘帽和200万贫困人口致富奔小康。

一是提高思想认识,强化责任担当。进一步深入学习党中央、国务院关于脱贫攻坚的重要精神,坚定打赢脱贫攻坚战的信心和决心,切实履行开发性金融服务国家战略的职责和使命,全力以赴做好开发性金融支持扶贫开发工作。

二是强化党建引领,提供政治保障。创新党建活动,将脱贫攻坚作为开展"两学一做"学习教育的重要内容,充分发挥党支部战斗堡垒作用和党员先锋模范作用。进一步发挥15个党支部87名党员的扶贫联络机制,把扶贫开发工作与加强党的建设紧密结合,抓好党建促扶贫。

三是夯实合作机制,深化政银合作。进一步发挥融智融制优势,以扶智建制为重点,积极开展规划编制、融资模式设计、制度建设等,与地方政府共同探索支持脱贫攻坚的新思路新举措。进一步将开发性金融脱贫攻坚合作办公室建设落到实处,完善合作办工作机制和制度建设,切实推动政银合作,合力促进脱贫攻坚取得实效。

四是做好融资服务,保障易地扶贫搬迁。继续支持全省易地扶贫搬迁,加快项目核准和资金投放,保障28个县6.97万建档立卡贫困人口的搬迁资金需求。与江西省发展改革委、省扶贫办及地方政府一道,共同保障资金高效合规使用,配合国家有关部门做好对地方政府的监督检查和考核评价工作,确保把好事办好。

五是聚焦基础设施,破解发展瓶颈。进一步支持贫困地区交通扶贫"双百"工程以及水利、能源等基础设施建设,着力破解"难在路上、困在水上、缺在电上"的难题。按照江西"整洁美丽、和谐宜居"新农村建设行动要求,加大资金投放力度,提高资金使用效率,全面提升贫困村基础设施水平,为打赢脱贫攻坚战筑牢基础。围绕党中央、国务院提出的保障搬迁人口稳得住、能致富要求,结合立足农业供给侧改革和江西省委、省政府提出的建设"百县百园"工作部署,研究推进融资支持全省现代农业示范园区建设,探索园区发展建设与建档立卡搬迁人口增收脱贫的科学利益联结机制。

六是突出产业支撑,拓宽脱贫举措。在赣州油茶成功落地的基础上,与地方政府合作探索,因地制宜支持各地旅游、储备林、中药等扶贫产业发展路径。深化"四台一会"贷款模式,发挥政府组织协调优势,支持返乡创业贷款,促进地方产业发展。创新融资模式,与地方商业银行合作,采用商业银行转贷款模式支持贫困人口发展产业,支持贫困群众实现永续脱贫致富。

七是推进教育医疗,改善民生保障。继续坚持应助尽助,计划"十三五"期间每年发放助学贷款不低于5亿元、每年惠及贫困学生不少于6万人,保障贫困人口受教育权利。研究推动"两后生"助学贷款,支持贫困地区提升基础教育水平、发展现代职业教育和开展职业技能培训等教育扶贫项目,增进贫困人口就业创业能力,加快实现贫困人口教育有保障。推动落实健康扶贫新增长点,与江西省卫计委合作,在全省范围支持县级医院、乡镇卫生院、村卫生室等基层医疗卫生机构建设,加快实现贫困人口基本医疗有保障。

开发性金融支持山东省
脱贫攻坚发展报告

开发银行明确工作目标,认清重点任务,制定实施方案,采取有效措施,充分发挥开发性金融作用,不断加大对山东省脱贫攻坚的支持力度,截至2017年6月末,向山东省累计发放精准扶贫贷款124.5亿元,取得了较好的工作成效。

一、政策背景

在国家脱贫攻坚工作启动伊始,山东省委、省政府即出台《中共山东省委山东省人民政府关于贯彻落实中央扶贫开发工作部署坚决打赢脱贫攻坚战的意见》(鲁发〔2015〕22号),对全省脱贫攻坚工作作出了明确要求,计划2016—2017年两年基本完成脱贫任务,第三年全部兜底完成,后两年巩固提升脱贫攻坚成果,建立长效机制;制定出台了《山东省"十三五"易地扶贫搬迁规划》(鲁政字〔2016〕83号)等重要文件,编制了《山东省"十三五"脱贫攻坚规划》;同时,省有关部门配套出台了多项专项实施方案,组成"1 + N"精准脱贫方案,为强化金融扶贫服务,优化金融扶贫环境,人行济南分行会同各相关职能部门印发了《关于金融助推脱贫攻坚的实施意见》，进一步明确了金融助推山东脱贫攻坚的目标和任务。

山东省现有 31 个省定贫困县，没有国家级贫困县。2015 年年末，全省有省定贫困户 121.1 万户，省定贫困人口 242.4 万人，贫困人口分布不均衡，呈"插花式"特点，因病因残致贫的占 66.2%，因缺劳动力致贫的占 13.1%。经过一年多的不懈努力，2016 年山东省脱贫攻坚首战告捷，超额完成年度减贫任务，全省仍有贫困人口 89.6 万人，从群体构成上看，大都是无劳动能力的特困群体，扶贫任务依然艰巨。

二、工作措施

（一）坚持党建统领，建立联动机制

打赢脱贫攻坚战是一项重大政治任务，开发银行始终坚持党建在脱贫攻坚业务中的统领作用，认识统一、信心坚定。作为全省扶贫开发领导小组成员单位，开发银行山东省分行多次参加全省扶贫工作会议、金融扶贫工作会议和易地扶贫搬迁工作会议，积极宣介政策措施，汇报进展情况，提出工作建议。组织开展扶贫攻坚爱心捐赠，赴省内革命老区、贫困地区开展基层党组织结对共建特色活动，实地调研扶贫项目，对接融资需求，解决贫困群众实际困难。与省扶贫办、省发展改革委、省财政厅、省金融办、人行济南分行等部门加强联系，建立高层沟通和日常联络机制，及时掌握扶贫政策信息，明确工作思路要求，为开展金融支持脱贫攻坚工作打下坚实基础。

（二）明确工作目标，认清重点任务

开发银行结合山东省脱贫攻坚工作实际，进一步明确开发性金融支持山东省扶贫重点范畴，全力保障资金需求，增强贫困群众内生动力和发展活力。一是易地扶贫搬迁和库区移民搬迁。二是贫困地区农村基础设施建设。三是建档立卡贫困村和贫困户特色产业发展。四是巩固开展生源地助学贷款。

（三）制定工作方案，加强措施保障

开发银行山东省分行建立了以"一把手"为第一责任人的扶贫工作机制，成立了脱贫攻坚工作领导小组，制定了脱贫攻坚工作实施方案，将任务指标分解至各责任处室，运用量化考核等手段调动各部门扶贫工作积极性。连续两年制定推动脱贫攻坚业务实施意见，多次召开扶贫工作专题办公会议，梳理项目进展情况，分析存在问题，加大资金投放力度，引导脱贫攻坚业务科学有序开展。

（四）签订合作协议，加大资金投放

2015年10月，开发银行与山东省政府召开高层联席会议，签署了三年3000亿元融资总量的战略合作协议，重点支持山东基础设施建设和扶贫开发等民生领域发展。2016年4月，在全省金融扶贫工作会议上，开发银行山东省分行与省扶贫办签署了《开发性金融扶贫合作协议》，围绕易地搬迁、贫困地区农村基础设施建设、建档立卡贫困村和贫困户特色产业、助学贷款和教育等重点领域推进全省金融扶贫工作，力争脱贫攻坚期间投入融资总量300亿元。

（五）坚持规划先行，科学有序推进

积极编写《山东省"十三五"脱贫攻坚融资规划》，围绕贫困地区基础设施、易地扶贫搬迁、特色产业发展、教育卫生改善等重点领域，理顺投融资模式和机制，研究配套政策建议，科学有序推进扶贫业务开展。研究制定支持山东《产业扶贫贷款工作方案》，进一步理顺产业扶贫融资工作机制，梳理贷款投向领域和重点项目，加大对贫困地区产业发展支持力度，拓宽贫困群众增收渠道。

（六）完善机制建设，深化银政合作

为充分运用开发性金融理论和金融社会化理念，制定加快推进山东革命老区金融精准扶贫工作方案,加大对省内48个重点革命老区县(市、区)脱贫攻坚的金融支持力度,改善老区人民生产生活环境,促进特色产业发展,尽快实现脱贫致富。结合山东实际,研究制定推动成立开发性金融脱贫攻坚合作办公室实施方案,不断深化银政合作,构建覆盖到县的扶贫开发合作机构和组织管理体系,扶智建制,先行在菏泽市和鄄城县、东平县、五莲县试点成立开发性金融脱贫攻坚合作领导小组和合作办公室,积极推动当地脱贫攻坚、教育医疗、农田水利和棚户区改造等重点领域融资合作。

三、工作成效

(一)发挥融资优势,大力支持移民搬迁

1. 东平库区移民项目。2015年12月,开发银行山东省分行与省财政厅、泰安市政府共同签署《支持东平县库区移民扶贫搬迁项目合作协议》,签订10亿元借款合同,用于支持近4000户1.2万名库区移民搬迁和社区建设。截至2017年6月末,已发放贷款3.5亿元,投放专项建设基金1亿元。

2. 鄄城、五莲易地扶贫搬迁项目。在国家正式下达易地扶贫搬迁工作任务后,开发银行与山东省发展改革委、省扶贫办和省丝路投资公司等部门主动对接,广泛宣介配套政策,研究具体融资方案,开展项目评审工作。按照《山东省"十三五"易地扶贫搬迁规划》要求,积极开展鄄城县和五莲县易地扶贫搬迁项目融资工作,研究制定融资资金管理办法和专项建设基金监督管理实施细则,推动签署省级和县级政府购买服务协议。截至2017年6月末,向鄄城、五莲两地承诺授信3.7亿元,已发放贷款5389万元,投放专项建设基金1500万元,惠及两县建档立卡贫困人口6144人,同步搬迁人口6806人。为加快推动工程建设进度,进一步提高贷款资金和专项建设基金资金使用效率,开发银行会同山东省扶贫办、省发展改革委、省国土资源厅和省丝路投资公司等部门多次赴项目现场开展效果评估,督促加快易地扶贫搬迁资金支用,并针对存在的问题研究提出有效解决方案。

3.黄河滩区脱贫迁建项目。山东省委、省政府将黄河滩区迁建作为脱贫攻坚的重大举措,纳入了山东省"十三五"脱贫攻坚规划,并列为全省新旧动能转换重大工程。2017年5月,开发银行胡怀邦董事长赴来山东调研,在与省委书记会谈时表示,将与山东省委、省政府共同贯彻落实李克强总理重要讲话精神,充分发挥开发性金融优势,创新投融资模式,拓展合作领域,为山东新旧动能转换、产业升级等重大战略实施和棚改、交通、水利、教育等重点领域、重大项目建设提供融资保障。

(二)破解融资难题,打通基础设施建设"最后一公里"

融资支持贫困地区棚户区改造、农饮安全、教育医疗、健康养老等基础设施建设,有效解决贫困地区基础设施建设融资难题。向沂南、莒南等贫困地区发放农村危旧房改造扶贫贷款8.65亿元,大力改善贫困居民居住条件。向菏泽、滨州、曹县、郓城、泗水、沂南、平邑、沂源、庆云等贫困地区发放教育扶贫贷款33.78亿元,着力改善贫困地区办学条件。向巨野、曹县、郓城、鄄城、东明等贫困地区发放水利扶贫贷款8.90亿元,用于解决贫困地区农饮安全问题。向曹县、单县、鄄城等贫困地区发放养老扶贫贷款7.51亿元,用于解决贫困人口养老问题。

(三)搭建融资机制,帮扶贫困人口劳动就业

根据"四台一会"贷款模式,充分发挥统贷平台、担保平台、组织平台、公示平台及信用协会作用,将开发性金融的融资优势与扶贫部门的组织优势、市场化担保公司的信息优势、统贷平台的管理优势、公示平台的社会监督优势等相结合,向沂源县累计发放机制扶贫贷款1.04亿元,支持了10家龙头企业、2家专业合作社及9家农村扶贫互助社,惠及贫困户约1000户,将生产企业、专业合作社和农村互助社等模式有机结合,"因户施策"开展精准扶贫。

专栏：开发银行支持山东省沂源县扶贫贷款新模式

为将开发银行大额、长期信贷资金与县域扶贫主体小额、流动的融资需求相结合，用统一的标准模式解决千家万户的共性问题，用批发的方式解决零售问题，开发银行以支持山东省沂源县扶贫开发为试点，探索形成推进贫困地区"精准识别、平台搭建、信用建设"的开发性金融扶贫新模式。

一、精准识别，确定扶贫贷款对象

为精准识别扶贫贷款对象，开发银行推动沂源县制定了《金融扶贫贷款对象参与扶贫开发考核办法》，规定贷款主体根据带动脱贫致富效果，可申请不同额度的金融扶贫贷款，由县财政局、扶贫办、借款平台成立审查委员会对金融扶贫贷款对象进行识别、确定和考核。

二、搭建平台，推动资金有效下沉

沂源县扶贫办作为组织平台，负责与开发银行对接，组织、协调政府其他部门完善机制建设及扶贫贷款性质认定；淄博市安信融资担保有限公司为担保平台，发挥民营担保企业的属地优势和运营经验，通过实地走访审查确定金融扶贫对象；沂源宏鼎资产经营有限公司为融资主体，负责批量承接开发银行贷款在政府网站开辟社会公示板块，作为社会公示平台，调动社会力量共同监督扶贫贷款公开、公正、公平实施并共同防控风险。

三、信用建设，防范信贷资金风险

由担保平台提供连带责任保证担保，并按贷款项目全部担保余额的10%提供保证金，开立存单后质押给开发银行。由用款人向担保平台提供抵、质押担保或者其他担保平台认可的反担保方式。沂源县政府按照贷款金额的10%设立金融扶贫风险补偿金，发生信贷风险时启动风险分担及补偿机制，由统贷平台、担保平台归集资金还款。沂源县监察局、审计局联合对该模式进行持续监督、检查。

该项目通过专业合作社模式、扶贫互助社模式和龙头企业模式等多种方式"因户施策"开展精准扶贫。截至2017年6月末，已累计发放贷款1.02亿元，累计支持2个农业专业合作社、10家农业产业化龙头企业、9个扶贫互助社，惠及贫困户1000余户。

（四）重视教育发展，倾力支持教育扶贫

与山东省各级教育部门密切合作，大力开展助学贷款业务。截至 2017 年 6 月末，累计发放生源地信用助学贷款 70.28 亿元，惠及全省 16 个地市 144 个县（市、区）56.31 万名家庭经济困难学生，占比 95% 以上，实现了"应贷尽贷、全面覆盖"的目标。

（五）推进产业扶贫，全力支持地方发展

开发银行山东省分行会同省发展改革委、省扶贫办、农发行山东省分行联合下发《关于加快推动全省光伏扶贫工作的通知》（鲁发改能源〔2016〕638 号），大力推动光伏扶贫工作。同时与地方政府积极对接，开发鄄城县光伏、微山县光伏、郓城光伏、安丘光伏、邹城市旅游和山东航天绿园现代农业科技园等一批特色产业扶贫项目，项目总投资合计 30.03 亿元，拟申请贷款 20.4 亿元。向山东凤祥股份有限公司发放扶贫流动资金贷款 2 亿元，用于支持产业精准扶贫，吸纳近 300 户贫困人口劳动就业。

开发银行将以高度的政治责任感，担当有为，攻坚克难，持续加大对山东省 20 个脱贫任务较重的县（市、区）和 48 个重点革命老区县（市、区）的扶贫资金投入力度，切实把金融精准扶贫、精准脱贫落到实处。重点抓好以下几方面工作：

一是不断加强与省扶贫办、省发展改革委、省财政厅、省金融办、人行济南分行等省扶贫开发领导小组成员单位的联系配合，及时掌握脱贫攻坚政策信息，合力推动扶贫工作。深化省、市、县各级扶贫银政合作基础，大力推动开发性金融脱贫攻坚合作办公室建设，因地制宜，扶智建制，将政府部门的统筹协调优势和开发性金融的长期大额融资优势有效结合，不断深化地方脱贫攻坚等民生领域融资合作。

二是积极推动黄河滩区脱贫迁建项目融资，争取总行相关部门政策支持，为推动山东省新旧动能转换，解决 60 万滩区居民防洪安全和安居问题提供充足的融资保障。

三是大力推动易地扶贫搬迁项目实施，加强与地方政府沟通，研究提出

有效方案,科学有效安排贷款发放,加快资金支用进度,做好资金监管,确保专款专用。

四是研究推广"四台一会"贷款模式,加强与产业龙头合作,加大对光伏、旅游、现代农业等特色产业扶贫项目支持力度,带动贫困人口劳动致富。

五是稳步开展教育扶贫工作,加大对省内重点贫困地区和革命老区助学贷款投放力度,落实风险补偿金奖励返还和特困学生救助政策,有效阻断贫困代际传递。

六是积极探索融资模式创新,推动 PPP 模式在基础设施建设类扶贫项目的推广和应用,合理使用专项建设基金,引导社会资本投入,有效解决贫困地区基础设施建设融资难题。

开发性金融支持河南省
脱贫攻坚发展报告

◇•◇

河南省贫困人口总量较大,深度贫困地区和群众脱贫挑战较大。2016 年年底,河南省仍有 52 个贫困县,其中国家级贫困县 37 个,4397 个贫困村,320 万农村贫困人口。全省贫困人口总量占全国的 7.4%,居第 3 位,是扶贫开发任务最为艰巨的省份之一。党的十八大以来,河南省委、省政府高度重视脱贫攻坚工作,多次召开脱贫攻坚推进会议,要求全面贯彻落实习近平总书记扶贫开发战略思想,牢固树立"四个意识",切实履行好脱贫攻坚的政治责任,不折不扣落实中央决策部署,坚决打赢脱贫攻坚战。开发银行高度重视河南省脱贫攻坚工作,加强规划引领、模式创新、贷款发放,以实际行动支持河南省脱贫攻坚发展。截至 2017 年 6 月末,开发银行累计向河南省发放精准扶贫贷款 178 亿元,其中 2017 年上半年发放精准扶贫贷款 94 亿元,惠及建档立卡人口近 113 万人。

一、积极贯彻扶贫政策,加强银政扶贫合作

一是与省级部门加强合作,形成银政扶贫合力。开发银行河南省分行加

强与河南省省级各部门的对接与合作,向人民银行郑州中心支行、省金融办等相关部门定期报送开发银行脱贫攻坚工作进展,与省农业厅、省扶贫办就产业扶贫联合发文建立融资推动机制;与省发展改革委联合推进特色小(城)镇建设扶贫,与省委政研室联合开展扶贫调研和开发性金融扶贫案例总结,与省畜牧局围绕"双百万千亿工程"开展业务对接,与省教育厅围绕教育扶贫签订合作协议,各项工作有序开展,为下一阶段自上而下推动相关工作提供政策支持。二是推动成立省、市、县开发性金融脱贫攻坚办公室。着力将合作办建设成为组织、推动、协调开发性金融扶贫开发业务的合作平台,2017 年年初,开发银行河南省分行与河南省扶贫办联合成立开发性金融支持脱贫攻坚合作办公室,并与 23 个贫困县合作建立了县级脱贫攻坚合作办公室。

二、建立扶贫业务推动机制,下沉金融扶贫服务

一是建立脱贫攻坚工作领导小组、派驻扶贫专员。开发银行河南省分行 2016 年即成立脱贫攻坚领导小组和办公室,并克服人员少、任务重、无市县分支机构的困难,联合省委组织部选派分行 12 名副处级业务骨干作为市县扶贫金融专员,同时抽调专人成立 18 个地市工作组,构建"工作组 + 扶贫专员"双重工作梯队。扶贫工作组常驻当地每年不少于 200 天,确保市县政府的融资需求能够第一时间得到支持。二是成立脱贫攻坚专项工作小组。针对年度脱帽的贫困县,成立兰考、滑县、光山、卢氏等专项小组,形成分行支持脱贫攻坚突击队,围绕国家重点贫困县的重点和瓶颈问题专项攻坚、专题突破,实现扶贫项目早投入、早见效。

三、积极发挥规划先行融智优势,助力贫困地区科学发展

一是积极发挥开发性金融融智优势。开发银行河南省分行作为当地政府的金融规划专家,帮助地方政府谋划、规划重大项目,推进信用建设、市场

建设和制度建设。先后参与编制《河南省"十三五"扶贫开发系统性融资规划》《河南省"十三五"特色产业扶贫融资规划》《大别山革命老区振兴发展融资规划》《光山县"十三五"扶贫开发融资规划》《卢氏县"十三五"扶贫开发融资规划》等多部规划,服务于贫困地区科学发展。二是用足用活分行特有的规划合作贷款业务品种。针对贫困县政府在项目前期规划、可研编制、初步设计等方面遇到的资金难题,主动给予贫困地区规划合作贷款支持,例如分别给予兰考 4600 万元、卢氏 2000 万元、光山 3100 万元规划贷款,大大加快了各地的项目进度并提高了融资便利度。

四、围绕扶贫重点领域,加强扶贫资金精准投放

一是争取规模、重点支持贫困县城区基础设施建设提质。向兰考、卢氏等 25 个贫困县百城提质项目发放贷款 52.45 亿元,重点支持了城区生态水系、道路交通、医疗教育等项目,有力地提升了贫困县市政基础设施、公共服务水平和市容城貌。二是加快推进易地扶贫搬迁工作。在 2016 年发放 12.3 亿元专项贷款、投放 3.74 亿元专项建设基金的基础上,2017 年继续发放专项贷款 2.1 亿元,并向省国土中心发放土地复垦券收储贷款 4.86 亿元,积极推动 2017 年 35 亿元年度贷款合同签订工作。三是加大贫困县农村基础设施建设资金投放力度。按照"基础设施建设到县"的思路,紧抓涉农资金整合机遇,强力支持贫困县农村基础设施建设。截至 2017 年 6 月末,累计承诺农村基础设施贷款 111 亿元,实现贷款发放 71.65 亿元。助力河南省乡村旅游扶贫行动计划,向栾川县乡村游精准扶贫项目承诺贷款 6 亿元,发放贷款 0.5 亿元。支持精准扶贫就业基地项目,助力贫困群众村头就业,在桐柏县支持 15 个乡镇 64 个建档立卡村建设就业基地 41 个,可使 10920 个贫困人口短期内脱贫,预计可直接吸纳 3119 个贫困人口就业,目前已经实现发放贷款 1 亿元。四是创新模式支持产业扶贫。在产业扶贫领域,按照"产业发展到村(户)"的思路,创新模式支持贫困人口增收脱贫。2016 年以来,累计发放产业扶贫贷款 60.78 亿元,其中 2017 年发放贷款 23.08 亿元。创新实施"政府 + 开发银行

＋省级担保公司＋省级保险公司＋省级协会"产业扶贫五位一体省级统贷模式。截至2017年6月末，已完成首批10亿元贷款承诺，并向潢川、光山等地新型农业经营主体发放贷款近3亿元。实施龙头企业带动扶贫模式。向永达集团上游肉鸡养殖合作社项目发放贷款3.5亿元，带动滑县728名贫困人口、鹤壁淇县625名贫困人口增收；向牧原股份上游生猪养殖合作社授信15亿元，发放贷款9.7亿元，带动3296名贫困人口脱贫；并与中鹤集团、雏鹰农牧签订扶贫合作协议。支持光伏扶贫初具规模。发放光伏扶贫贷款6.15亿元，惠及建档立卡贫困人口5.6万人。落地产业扶贫县级统贷模式。在固始、内黄、周口等县市开展试点合作，并拟向全省53个贫困县推广。五是全力推进教育扶贫。加大助学贷款推广力度，争取实现对全省建档立卡贫困户全覆盖，确保没有一个贫困学子因贫失学，坚决阻断贫困代际传递。2016年发放助学贷款36亿元。

专栏：河南省产业扶贫五位一体省级统贷模式

支持贫困地区产业发展是服务供给侧结构性改革的重要内容，也是贫困地区脱贫"摘帽"的根本。开发银行针对产业发展"融资难、融资贵"等问题，坚持规划先行和机制建设理念，经过不懈努力，在河南省创新实施以"省统贷平台＋政策性担保＋政策性保险＋风险补偿（准备）金＋新型经营主体"为要点的开发性金融产业扶贫五位一体省级统贷模式，以批发化、标准化方式成功支持了贫困地区法人产业发展和贫困户脱贫增收，实现了政府、开发银行、企业及建档立卡贫困户各方多赢。截至2017年6月末，开发银行已完成该模式项下机制评审工作，授信额度10亿元；推动河南省级财政设立了1亿元风险补偿金；协助全省10多个贫困县建立了县级扶贫协会或现代农业发展促进会及县扶贫领导小组，并出资1.3亿元设立风险补偿金。已实现贷款发放3亿元，可带动近百万建档立卡贫困户增收脱贫。

该模式通过发挥政府的组织协调和政策资金优势、省级平台的统贷统还优势、开发银行的规划先行和机制创新优势，为贫困地区产业发展提供了一套完整的制度办法和可复制、可推广的标准化业务模式，有效解决了开发银行机构网点和人员不足、贫困地区产业发展融资难和融资贵、项目风险高以及贫困户可持续增收能力差等难题,为开发银行产业扶贫探索了新思路、新方法,是开发性金融支持产业扶贫的典型案例。

专栏:开发银行与中原银行合作扶贫转贷款案例

为进一步加大脱贫攻坚支持力度,开发银行加大与中小金融机构的沟通,合作开展扶贫转贷款业务。2016 年年初,开发银行与中原银行、洛阳银行等地方中小金融机构就扶贫转贷款合作事项达成一致意见,由开发银行向地方中小金融机构批发资金,中小金融机构再将资金转贷至建档立卡贫困村上的农民专业合作社等经济主体,用以发展扶贫产业,促进贫困户脱贫致富。2016 年年底,开发银行率先在全国创新落地中原银行扶贫转贷款模式,10 月 8 日,开发银行河南省分行与中原银行签订《扶贫转贷款合作协议》,协议额度 8 亿元,截至 2017 年 6 月末,已实现贷款发放 2000 万元。

扶贫转贷款业务合作机制发挥了开发银行的资金优势、综合金融协调人优势以及商业银行的人员网点优势,实现了互利互惠、合作共赢。该模式探索了开发性金融扶贫的新思路、新方式,也构建了金融机构间协调配合、共同参与、各司其职、优势互补的金融扶贫新格局。

开发银行结合河南省脱贫攻坚实际,主动与各级地方政府对接融资需求,充分发挥开发性金融融制、融资、融智功能和作用,为河南省脱贫攻坚各个重点领域提供针对性的金融服务。一是用好涉农资金整合政策,拓宽贫困县基础设施建设支持领域,切实提升贫困地区通村通组道路、饮水安全、环境整治等基础设施水平。进一步拓宽扶贫思路,将河南省农村垃圾处理、医疗卫生、养老等领域纳入扶贫开发重点领域给予融资支持。推动符合精准扶贫标准的"三山"地区医疗、基层教育设施、交通、水利、旅游、能源等重大基础设施工程建设。二是发挥产业扶贫带动作用,推进项目落地。加强与央企、国企、上市公司等龙头企业的合作,引导各企业参与河南省产业扶贫工作,推动"龙头企业 + 建档立卡贫困户"形成可持续的造血式产业扶贫带动模式。加快产业扶贫统贷模式在周口、内黄落地,加快"两牛"和中药材全产业链带动的精准扶贫模式落地。积极支持适合当地的"种养加"、储备林、油茶等产业发展,通过土地流转、入股分红、务工投劳等方式带动贫困户增收脱贫。三是以教育扶贫激发贫困群众脱贫的内生动力。按照"应贷尽贷"原则,力争将助学贷款覆盖至全部贫困学生。

开发性金融支持湖北省
脱贫攻坚发展报告

湖北省脱贫攻坚面临区域广、人口多、时间紧等形势,涉及秦巴山区、武陵山区、大别山区3个国家集中连片特困地区和幕阜山区1个省定集中连片特困地区,共有37个贫困县(国家级贫困县25个、省级贫困县4个、享受片区政策贫困县8个)4613个贫困村582万建档立卡贫困人口。开发银行坚持以高度的政治自觉主动服务国家脱贫攻坚战略,积极创新扶贫贷款模式和机制支持湖北脱贫攻坚。中央扶贫开发工作会议召开以来,开发银行累计向湖北省脱贫攻坚领域投放信贷资金214亿元,实现扶贫贷款评审承诺326亿元,贷款余额达636亿元,有力地支持了湖北省易地扶贫搬迁、贫困地区基础设施、特色产业、教育医疗卫生等脱贫攻坚重点领域发展,取得了积极成效。

一、高度重视,全力推进,筑牢组织保障

2016年12月7日,开发银行与湖北省政府签署了《开发性金融支持湖北省脱贫攻坚战略合作协议》,开发银行湖北省分行与省扶贫办签署了《"十三五"时期开发性金融扶贫合作协议》。双方高层达成共识,为开发银行支持湖

北脱贫攻坚提供了坚实的组织保障。结合湖北省脱贫攻坚实际，开发银行湖北省分行制定了关于支持脱贫攻坚工作的实施意见，成立了由分行行长任组长、全体班子成员参加的脱贫攻坚领导小组。同时，组建了跨处室的脱贫攻坚工作创新小组和工作专班，举全行之力支持湖北脱贫攻坚。

二、深入调研，因地施策，全面对接银政合作

为详细了解贫困地区及贫困群众需求，切实发挥开发性金融优势真扶贫、扶真贫，开发银行定期深入集连片特困地区和贫困村开展实地调研和集中宣介。重点了解贫困地区易地扶贫搬迁、基础设施建设、产业发展等方面融资需求和存在的问题，介绍开发性金融支持脱贫攻坚有关信贷政策。同时，抽调处级干部和业务骨干，向湖北省 37 个贫困县所在市（州）派驻了 8 名扶贫金融专员，着重发挥宣传员、规划员和联络员作用，深入贫困地区推动扶贫工作，从深化银政扶贫合作、推动脱贫攻坚业务发展、抓党建促脱贫等方面积极推动脱贫攻坚各项工作。

三、"四到"覆盖，大额融资，助力脱贫攻坚

中央扶贫工作会议召开以来，开发银行按照"四到"工作思路，发挥大额融资优势支持湖北省贫困地区发展，向湖北省脱贫攻坚领域投放信贷资金 214 亿元，其中，易地扶贫搬迁投放资金 104.7 亿元，产业扶贫贷款发放 17 亿元，重大基础设施扶贫贷款发放 74.8 亿元，农村基础设施扶贫贷款发放 10.6 亿元，生源地助学贷款发放 6.8 亿元。

（一）易地扶贫搬迁"到省"，融资融智融制促搬迁

易地扶贫搬迁作为打赢脱贫攻坚战的"头号工程"，湖北省委、省政府高度重视，坚定决心，要求首战必胜。开发银行主动作为，积极提供融资融智融

制支持,切实助力湖北解决居住在"一方水土养不起一方人"地方建档立卡贫困户的生存与发展问题。

1. 融智融制,完善体制机制。开发银行湖北省分行多次向省委、省政府建言献策,建议搭建省级扶贫投融资主体,并积极推动落实国家有关要求,坚持按"省负总责"和省级"统贷统采统还"方式推进易地扶贫搬迁贷款。湖北省政府明确按照政府购买服务模式开展易地扶贫搬迁融资,易地扶贫搬迁贷款和专项建设基金的有关协议分别于 2016 年 8 月 26 日和 12 月 9 日完成签订。同时,开发银行充分发挥融智优势,安排专人交流至省易迁办,全面参与湖北易地扶贫搬迁各类制度文件拟定和项目现场调研。开发银行湖北省分行会同相关部门草拟了《易地扶贫搬迁贷款资金管理办法》、政府购买服务协议书等文件,研究制定了《国家开发银行湖北省分行易地扶贫搬迁贷款资金支付管理指导意见》,为开展易地扶贫搬迁融资和信贷管理夯实制度基础。

2. 大额融资,保障搬迁需要。湖北省"十三五"期间计划搬迁建档立卡贫困人口 33.93 万户 95.4 万人。按照省政府关于易地扶贫搬迁划片分工的意见,开发银行支持易地扶贫搬迁业务的地域范围为十堰市全域 9 个县(市、区)和阳新县、崇阳县共 11 个县(市、区),"十三五"期间搬迁计划为 13.9 万户 41.12 万人。为保障搬迁资金所需,助力建档立卡贫困户及时得到搬迁安置,开发银行积极行动,高效组织授信评审和签约发放,2016 年即实现"十三五"易地扶贫搬迁 146.2 亿元表内贷款和 20 亿元专项建设基金评审承诺。截至 2017 年 6 月末,已向湖北省累计发放易地扶贫搬迁贷款 84.7 亿元,投放专项建设基金 20 亿元,可支持 24.2 万建档立卡贫困人口实施搬迁。

专栏:开发银行助力易地扶贫搬迁"十堰模式"

十堰市地处全国 14 个集中连片特困地区之一的秦巴山区,全域 9 个县(市、区)共有 13.2 万户 39 万建档立卡贫困人口需要搬迁,占全省搬迁人口的 40% 以上。开发银行将十堰市作为推进湖北易地扶贫搬迁的主战场。

一是以规划为引领,共同编制地区扶贫规划,努力提升脱贫攻坚的精准度,切实做到因人因地施策,因贫因类型施策。开发银行全程参与了贫困户档案的审核工作，推动十堰市在湖北省率先完成易地搬迁对象精准识别工作。同时，协助十堰市完成了"十三五"易地扶贫搬迁总体规划、2016 年实施计划等规划编制工作。

二是以宣介培训为桥梁，开发银行扶贫专员足迹覆盖全域，着力培育并改善贫困地区金融生态，推动脱贫攻坚实现永续发展。开发银行组织十堰市各贫困区县政府"一把手"参加开发性金融支持秦巴山区脱贫攻坚地方干部培训班，将金融扶贫的理念深入传导到地方政府；与十堰市政府联合成立易地搬迁工作领导小组，积极参与多次现场会和研讨会。

三是以机制建设为抓手，发挥开发性金融的融智优势和综合服务功能优势，全力配合十堰市政府构建"坚持领导上阵、坚持对象精准、坚持规划引领、坚持科学安置、坚持脱贫同步、坚持细化节点"的十堰模式。积极贯彻资金、项目、招投标、管理、责任"五到县"原则，在合规的前提下尽最大可能简化流程，推动贷款资金发挥实际效益。

在开发银行的大力支持和全面参与下，易地扶贫搬迁"十堰模式"得到了国务院领导的高度肯定。2016 年 10 月 11 日，国家发展改革委将《湖北十堰市以"六个坚持"创新打造易地扶贫搬迁"十堰模式"》全文印发全国各有关省、自治区、直辖市人民政府，要求各地认真学习借鉴。

（二）农村基础设施"到县"，探索创新"巴东模式"

为充分用好国务院关于统筹整合财政涉农资金支持扶贫的有关政策，开发银行积极探索，深入巴东县组织模式研究和现场评审，探索出按"县直贷"方式整合财政涉农资金支持农村基础设施建设的"巴东模式"。截至 2017 年 6 月末，开发银行累计向湖北省 13 个贫困县承诺农村基础设施贷款 78.55 亿元。针对贫困地区普遍地处偏远，交通不畅，制约着当地经济发展和脱贫进程的实际，开发银行还积极推进交通扶贫，大力支持扶贫高速公路等重大项目建设，新增发放交通扶贫贷款 74.8 亿元，推动贫困地区基础设施条件逐步改善。

专栏:统筹财政涉农资金支持巴东县农村基础设施建设

巴东县隶属湖北省恩施市土家族苗族自治州,位于武陵山集中连片特困地区,为国家级贫困县。全县仍有2100公里的农村公路属于晴通雨不通、夏通冬不通的"泥巴路"和"报废路"。多年以来,受自身"财力弱、融资难"等原因限制,巴东县农村道路设施始终未能改善。开发银行积极探索整合财政涉农资金,创新融资模式支持巴东县农村基础设施建设。

一是推动巴东县城市建设投资有限公司作为借款人向开发银行申请贷款,完善公司治理结构和制度建设;推动巴东县政府成立专班,出台有关政策,出具审批文件。

二是按照《国务院办公厅关于支持贫困县开展统筹整合使用财政涉农资金试点的意见》及开发银行相关政策,推动巴东县政府先后出台《县人民政府办公室关于印发巴东县统筹使用财政涉农资金管理办法的通知》和《巴东县农村公路建设项目资金管理办法》,明确部门分工、统筹范围、资金用途、操作程序、资金管理和监管措施等内容,并上报省级扶贫开发领导小组进行备案。

三是根据巴东县政府近四年21项中央财政涉农资金以及县财政安排的扶贫专项资金收入、支出和结余情况,对巴东县可支配涉农资金进行测算摸底,确定项目融资限额。同时联合政府有关部门、实施主体共同形成完善的项目用款机制,严格管理项目资金,确保贷款专款专用,把好事办好。

通过统筹整合巴东县21项中央和地方财政涉农资金,一方面有效破解了贫困县公共财政预算收入少、获得融资难的困境;另一方面通过支持全县12个乡镇、322个行政村、2577公里的乡村道路建设,打通巴东县城乡间"毛细血管",极大改善了当地百姓的出行环境,促进和带动了当地产业发展。

(三)产业发展"到村(户)",支持贫困户增收脱贫

一方面,开发银行发挥开发性金融资金优势,积极引导各类产业客户加大对贫困地区产业支持和援助力度,支持建档立卡贫困户增收脱贫。在黄冈

市罗田县、恩施州等地，通过支持央企、龙头企业建设罗田县贫困村绿色蔬菜基地、恩施大峡谷旅游景区等项目，构建大型企业与贫困人口之间的利益联结机制，推动其吸纳贫困人口就业、与贫困户签订帮扶协议等方式，带动罗田县、恩施州等地贫困人口增收脱贫。如在恩施大峡谷旅游景区建设中，多措并举加大产业带动脱贫的力度：一是景区、酒店、演出人员优先录用当地居民，直接增加居民就业653人，其中建档立卡贫困人口51人；二是在景区周边投资建设商铺，以低廉租金提供给当地居民经营，促进本地居民依托景区创业；三是在景区开发过程中结合实际对当地居民的荒山荒坡进行林地流转，共流转326户，平均每户补偿收入达20万元；四是充分发挥景区的带动效应，推动当地住宿、农家乐、餐饮等配套服务设施及特色农林产业基地建设，带动贫困户就业创业。

在随州市和十堰市，推动开展光伏扶贫。其中，结合随州市较好的光伏自然条件和具备光伏全产业链的发展优势，开发银行因地制宜，探索采用"项目收益＋政府采购"融资模式，支持了随州光伏发电扶贫项目。该项目对6.5万户贫困户按每户5KW装机容量建设，涉及261个建设地点。项目创造性地将产业发展优势与精准扶贫相结合，将光伏发电收益合理分配到贫困户，可使6.5万贫困户每年每户增收3000元以上，切实帮助贫困户走上稳定、持续脱贫的道路。在十堰市郧县，开发银行积极推动国内最大的新能源集团中广核投资建设40兆瓦高效农业光伏发电项目。项目借款人租赁农业大棚棚顶建设光伏发电，每年发电收入达到4000万元，通过土地流转、吸纳农户就业等方式带动周边贫困户增收。项目共流转使用周边贫困户土地1000余亩，按年租金1200元/亩计算，每年可带动农户增收120余万元。同时，利用光伏组架下土地种植喜阴花卉、蔬菜等经济作物，还可吸纳周边50多名农户实现季节性就业。

另一方面，开发银行不断深化银政合作，探索通过"四台一会"模式支持贫困县产业发展，带动贫困户增收。多次赴恩施州巴东县开展现场调研，深入县乡企业、走访贫困村，了解当地产业发展和扶贫需求，会同巴东县委、县政府探讨构建"四台一会"模式支持产业扶贫。在开发银行持续推动和帮助下，巴东县成立了开发性金融脱贫攻坚合作办公室，并确定其作为组织平台，选择巴东城投、巴东恒信担保公司分别作为统贷平台和担保平台。开发银行按照"四台一会"模式对巴东县域内中小微企业、农民合作社、农业专业大户提供贷款支持,通过吸纳贫困人口就业、与贫困人口签订帮扶协议等方式,带动贫困户增收。

(四)教育资助"到户(人)",阻断贫困代际传递。

开发银行充分发挥助学贷款主力军作用,不断加大对贫困学生支持力度,坚持按照"应贷尽贷"的原则,及时向贫困学生提供助学贷款,为阻断贫困代际传递贡献力量。截至 2017 年 6 月末,开发银行累计向湖北省发放生源地信用助学贷款 49.5 亿元,惠及湖北省家庭经济困难学生 80 万人。其中,向集中连片特困地区 37 个贫困县累计发放助学贷款 27.7 亿元,惠及家庭经济困难学生 44.5 万人次,占全省生源地信用助学贷款的 56%。开发银行贷款支持的贫困地区学生中,已有 25 万人顺利完成学业,实现就业创业。

(五)加大向贫困地区捐助力度,实现帮扶脱贫。

开发银行先后向竹溪县、房县、阳新县三个国家级贫困县各捐助扶贫专项资金 50 万元,并推动贫困县政府配套相应资金,引导贫困县本地银行、贷款企业等注资设立 1000 万元以上的"中小企业发展专项资金",专项用于贫困县与贷款银行开展产业扶贫合作的贷款贴息、风险补偿等用途。开发银行湖北省分行在随州市随县的东方村、梅子沟村等贫困村开展定点扶贫,通过捐赠 50 万元农村基础设施建设资金、捐建"爱心图书室"、开展"七彩课堂"等方式,支助贫困村改善环境,帮助贫困村留守儿童启蒙知识、拓宽视野等,实现帮扶脱贫。

开发银行结合湖北省委、省政府脱贫攻坚战略部署,按照"四到"工作思路,大力支持湖北省脱贫攻坚。重点抓好以下几方面工作:

一是做好易地扶贫搬迁贷款发放,即时保障各地搬迁资金需求,确保贷款资金精准用于脱贫搬迁。加强对贷款资金合规使用监管,继续推动完善易地扶贫搬迁省级"统贷统采统还"体制机制,积极担当作为,努力构建易地扶贫搬迁统贷资金"借、用、管、还"良性运作机制,确保好事办好。把后续产业发展作为重点，支持地方政府在搬迁规划中统筹考虑搬迁群众就业、社会保障等问题，与搬迁安置同步规划、同步推进。

二是加大对贫困地区重大基础设施建设，以及纳入长江经济带生态保护和绿色发展合作项下水利、林业等建设支持力度，带动贫困地区经济发展和贫困户增收。继续推动完善财政涉农资金使用机制，积极研究创新对基础设施、公共服务、贫困村提升工程等领域支持方式。结合农村基础设施建设贷款特点，探索差异化的信贷管理方式，助力打通脱贫攻坚政策落实"最后一公里"。

三是加大产业扶贫支持力度。继续引导大型产业企业加大在贫困地区的投资力度，构建大型企业与贫困人口之间的利益联结机制，带动贫困人口增收脱贫。完善"四台一会"模式，在具备条件的贫困地区推广，优先选择当地龙头企业以"公司＋基地＋农户"等方式带动贫困户脱贫。结合湖北省实际，探索开发光伏、旅游等能带动建档立卡贫困户实现可持续增收和就业的产业模式。

四是发挥助学贷款主力银行作用，坚持按照"应贷尽贷"原则发放助学贷款，为阻断贫困代际传递继续作出应有的贡献。同时，进一步加大对定点扶贫村的捐助和帮扶力度，履行社会责任，支持贫困户增收脱贫，帮助贫困村脱贫"摘帽"。

开发性金融支持湖南省
脱贫攻坚发展报告

◆·◆

    2011 年 11 月国务院启动武陵山片区区域发展与扶贫攻坚试点以来,开发银行就一直在湖南探索开发性金融支持贫困地区发展和贫困人口脱贫的路径和模式。从集中连片特困地区扶贫开发到支持精准扶贫,从规划融智、机制建设到搭建主体、设计项目,从交通、电力、城市道路等重大基础项目到农村基础设施、乡镇公共服务设施等公共设施"最后一公里",开发银行始终坚持从贫困地区和贫困人口的实际需求出发,围绕银政合作这一核心,充分发挥政府的组织优势、信用优势和开发银行的融资优势,最大化资金的扶贫效益和经济社会效益。2016 年至 2017 年 6 月末,开发银行在湖南省共承诺授信精准扶贫项目 893 亿元,发放扶贫贷款 215 亿元,是在湖南省投入扶贫资金最多的金融机构,有效服务了湖南省脱贫攻坚战略部署。

一、因地制宜、精准施策,推动扶贫工作"全覆盖"

    开发银行认真贯彻中央扶贫开发工作会议精神,将扶贫开发作为服务国家战略的重中之重,取得了较好效果,也产生了一定的社会影响。湖南省委、省政府主要领导多次肯定开发银行扶贫工作,开发银行湖南省分行先后荣获国务院授予的"全国民族团结进步模范集体""湖南省脱贫攻坚领导小组考核优秀""湖南省扶贫专项竞赛先进单位"等荣誉。

一是融资规划全覆盖。与湖南省有关部门联合编制了《湖南省"十三五"精准脱贫系统性融资规划》《武陵山片区区域发展与扶贫攻坚系统性融资规划》《大湘西文化旅游融合发展系统性融资规划》《大湘西中小企业发展系统性融资规划》等12部融资规划,形成了覆盖跨省连片特困区、省、市、县、行业的多层次融资规划架构,策划了易地扶贫搬迁、农村基础设施、乡镇公共服务设施、精品旅游线路、特色产业发展、特色小镇建设、教育扶贫等精准扶贫领域,协助各级政府厘清了扶贫思路、投融资模式和重点建设项目。

二是政策宣介全覆盖。2015年以来开发银行为湖南贫困县先后组织召开9次全省扶贫开发工作对接会、项目策划培训会、融资平台转型会,编制了《开发性金融支持湖南脱贫攻坚工作手册》《开发性金融支持精准扶贫的湖南模式》等一系列宣传材料和案例集,传达解释中央、开发银行的最新扶贫政策,总结各类脱贫攻坚案例和模式,帮助贫困地区了解开发性金融支持脱贫攻坚的理念和做法。同时,开发银行高度重视开发性金融扶贫的总结宣传,中央电视台、人民日报、金融时报等中央媒体和湖南日报等省内媒体多次对开发性金融扶贫工作进行正面报道,新华社《内参》、湖南省委《内参》等对开发银行扶贫工作进行了总结汇报。

三是金融扶贫专员全覆盖。开发银行湖南省分行成立"一把手"任组长的扶贫开发工作领导小组,统筹推进全行扶贫工作;与贫困地区各地市政府联合设立开发性金融合作办公室,完善银政合作扶贫工作机制;成立专门处室作为扶贫开发业务牵头抓总处室,选派13位扶贫金融专员,分赴湘西等多个市州对口扶贫,派驻时间1—3年;选派一名同志赴芷江县新庄村担任"第一书记",做好驻村帮扶,帮助新庄村建立了精准脱贫良性机制。

四是易地扶贫搬迁全覆盖。按照"易地扶贫搬迁到省"的思路,积极推动成立省扶贫投资公司,作为省级投融资主体,承担全省易地扶贫搬迁投融资任务,实现贷款统贷统还、业务独立运作、资金封闭运行,实现了全省贫困县易地扶贫搬迁资金全覆盖。截至2017年6月末,开发银行在湖南省实现易地扶贫搬迁贷款授信 141 亿元,已发放贷款 30 亿元,投放专项建设基金 20 亿元。

五是农村基础设施项目全覆盖。开发银行积极发挥农村基础设施项目贷款这一产品优势,全力支持湖南贫困县农村基础设施"最后一公里"建设,集中解决贫困县贫困村道路、饮水、居住环境及校安工程等薄弱环节。截至 2017 年 6 月末,开发银行通过整合涉农资金模式支持全省贫困县农村基础设施项目 273 亿元,已覆盖全省所有国贫县,惠及 4914 个建档立卡贫困村 210 万建档立卡贫困人口。

六是农村综合服务平台全覆盖。为了支持农村基层组织建设,开发银行与湖南省发展改革委、省委组织部联合提出了集"便民服务、文体活动、农业服务、医疗养老、党建服务"五项功能于一体的农村综合服务平台,组织编制了全省农村综合服务平台建设规划,明确了投资标准、建设内容、统一设计。2016 年 5 月,三方遵循"省级统筹、分县实施、自愿建设、市场化运作"的原则,采取"省预算内专项投资资金 + 开发银行中长期贷款"的投资模式,支持各地项目建设。截至 2017 年 6 月末,开发银行已完成授信 100 亿元,支持全省 80 多个县 1 万多个农村综合服务平台建设,大大改善了贫困农村的公共服务水平。武冈市等地基于农村综合服务平台试点的"新医改"受到老百姓的热烈欢迎,获人民日报、中央电视台等中央媒体多次报道。

七是旅游精品线路全覆盖。开发银行根据湖南省旅游资源的特点,联合湖南省发展改革委、省委宣传部、省旅游局等部门,提出了"以知名景点为支点,以旅游精品线路为经脉,构建全省精品旅游网"的思路并制定了系统性的融资方案,明确了支持沿线镇、村游客服务中心、交通标识牌、旅游氛围、旅游基础设施等项目建设内容,在通道、靖州、石门等地试点,推动"精品旅游网 + 互联网 + 民生服务 + 特色产业"集合发展,得到当地政府和群众的欢迎。截至 2017 年 6 月末,开发银行已完成对试点地区大湘西旅游精品线路项目授信 20 亿元,形成了良好的模式和效益。依托大湘西精品旅游网,开发银行正与沿线市县政府联合打造一批宜居、宜业、宜游的特色小镇,实现"产镇融合、以镇带村",带动周边乡村特色产业发展和脱贫致富,截至 2017 年 6 月末,已完成贷款授信 25 亿元。

专栏：支持湖南省湘西地区旅游精品线路扶贫模式

湖南湘西地区拥有悠久的历史、独特的苗侗文化以及大量的自然景观和丰富的文化旅游资源。针对湘西地区基础设施较差、产业基础薄弱、贫困群众收入来源缺乏的情况，2015 年，湖南省发展改革委、开发银行等多个部门联合编制了《大湘西文化旅游融合发展系统性融资规划》，充分利用湘西地区得天独厚的自然人文条件，并将周边怀化市、张家界市的旅游资源与湘西地区进行联动结合，以旅游精品线路建设带动沿线贫困群众脱贫增收。

为充分利用武陵山、罗霄山等连片特困地区山水、民俗等旅游资源，带动周边贫困群众脱贫致富，2015 年，湖南省发展改革委、省旅游局、省委宣传部等多个部门联合策划打造大湘西生态精品旅游线路，开发银行全程参与实施方案的设计，并编制了《大湘西文化旅游融合发展系统性融资规划》。根据湖南省旅游资源的特点，开发银行提出了"以知名景点为支点，以精品旅游线路为经脉，构建全省精品旅游网"的思路并制定了系统性的融资方案，明确了支持沿线镇、村游客服务中心、交通标识牌、旅游氛围、旅游基础设施等项目建设内容，在通道县、会同县、石门县等地试点，推动"精品旅游网＋互联网＋民生服务＋特色产业"集合发展，得到当地政府和群众的欢迎。如开发银行支持的会同县巫水河流域若水至高椅段旅游基础设施建设项目，位于精品旅游线路上的重要节点高椅，高椅是以古建筑群、非物质文化遗产、少数民族特色、民俗文化为核心资源的国家级传统村落。由于该村群山掩映，交通闭塞，发展受到限制，经济落后，整体发展相对滞后。村落原居民，生产经营发展模式单一，以传统农业为主，缺少对农业附加值的挖掘，旅游产业处于初级阶段，人均收入低于全县平均水平。高椅的交通及开发利用等各项基础设施仍较为匮乏和落后，与不断升级的景区地位越来越不相适应。精品旅游线以文化生态融合为核心，串点成线、连线成廊、延廊成环，将散落的旅游资源联结在一起。项目重点围绕核心节点(高椅古镇)，完善旅游公共服务设施，促进了会同地区民俗文化产业、特色农业、商贸等相关产业发展，加快旅游产业转型升级，推进本地区文化生态旅游特色化、规模化、品牌化、休闲化发展。

八是支持社会公共事业全覆盖。围绕贫困地区公共服务均等化要求,开发银行全力支持贫困县镇村三级公共服务体系建设。截至2017年6月末,开发银行贷款40.74亿元支持医疗卫生、健康养老、农贸市场、政务中心、文化中心、安全饮水等公共服务设施建设,项目建成后将极大完善全省农村公共服务体系。

九是教育扶贫贷款全覆盖。截至2017年6月末,开发银行累计向湖南省发放助学贷款21.8亿元,支持家庭经济困难学生8.1万人。其中,2016年发放生源地助学贷款6.4亿元,省内占比100%。同时,开发银行还积极支持贫困地区县基础教育和职业教育事业发展,2016年新增贷款授信24亿元,有效阻断贫困代际传递。

十是实现扶贫融资模式全覆盖。开发银行因地制宜、积极创新"省级统贷""市级统贷""县域直贷""产业贷款""农户贷款""助学贷款"等多层次融资模式,如融资18.5亿元的张家界"市统贷模式",融资12.5亿元的花垣"精准脱贫模式",融资14.59亿元的芷江"整村推进模式",融资21亿元的慈利"整县推进模式",融资12.75亿元的武冈"薄改扶贫模式"等,得到各级政府、社会各界的广泛认可和大力推广。

二、以人为本、整县推进,推广开发性金融扶贫模式

开发银行以人为本选项目、围绕"整"字做文章、"县"为基础建机制、项目"推"上下功夫、举起"进"字做标准,在花垣、武冈、芷江、平江等地探索形成"融资支持扶贫搬迁,搬下穷人;融资支持农村设施,方便农人;融资支持基础教育,培养后人;融资支持职业教育,培训工人;融资支持医疗卫生,服务病人;融资支持养老产业,照顾老人;融资支持集市建设,聚集商人;融资支持精品旅游,吸引游人;融资支持特色产业,招揽能人;融资支持基层党建,带动一群人"的"整县推进"扶贫模式,受到贫困地区干部群众广泛欢迎。

一是融资支持扶贫搬迁,搬下穷人。截至2017年6月末,已完成易地扶贫搬迁贷款授信141亿元,已发放贷款30亿元,投放专项基金20亿元。二是

融资支持农村基础设施,方便农人。集中解决道路、饮水、人居环境等农村"最后一公里"。三是融资支持基础教育,培养后人。重点支持了农村、乡镇薄弱学校改造,支持义务教育和高中教育设施新建、迁建和改扩建。四是融资支持职业教育,培训工人。支持职业教育和实训基地建设,提升贫困地区年轻人务工技能,接受职业教育后平均收入能实现翻番。五是融资支持医疗卫生,服务病人。支持贫困地区县、乡、村三级诊疗体系建设,实现"小病不出乡、大病不出县、长病就近养"。六是融资支持养老产业,照顾老人。发挥贫困地区良好的环境资源,支持养老床位建设,支持养老康复中心等医养结合项目建设。七是融资支持集市建设,聚集商人。支持中心镇、易地搬迁安置区农贸市场、电商中心、物流中心等建设,通过扶贫挂钩,安排一定摊位给扶贫对象,使老百姓生意就近做。八是融资支持精品旅游,吸引游人。与湖南省直部门签订《大湘西地区文化生态旅游融合发展精品线路建设战略合作协议》,"以大景点为支点,以精品线路为经脉,构建精品旅游网",截至2017年6月末,已实现授信20亿元。九是融资支持特色产业,招揽能人。按照"穷人跟着能人走,能人跟着项目走"的思路,探索支持农业龙头企业、种养大户、农村合作社带动贫困户增收致富的模式,目前通过"公司＋基地＋农户"模式支持油茶产业脱贫工程、万亩冰糖橙基地、万亩茶园标准化工程等。十是融资支持基层党建,带动一群人。与湖南省发展改革委、省委组织部合作,通过"财政奖补＋开发银行贷款"支持建设集基层党建、便民服务、文体设施、农业服务、医疗卫生等于一体的农村综合服务平台,充分发挥基层党建在脱贫攻坚中的战斗堡垒作用。

专栏:支持湖南省芷江侗族自治县新庄村"整村脱贫"情况

新庄村是芷江侗族自治县最偏远的村庄之一,建档立卡贫困户52户,贫困人口174人,2015年全村人均收入仅有2972元。2015年4月,开发银行湖南省分行成为新庄村的后盾单位,向新庄村派驻村帮扶工作队,以及业务骨干担任"第一书记"。开发银行驻村干部以村为家,急村民之所急,狠抓贫困薄弱环节建设。修建7200米村组道路,实现全村"道路入户";农村饮水安全覆盖全村,村民都喝上了"放心水";500平方米的农村综合服务平台投入使用;120KW的光伏电站开始发电,村集体收入每年增加12万元;传统葡萄产业升级改造,每亩增收5000余元。按照"五个一批"要求,对全村52户贫困户实行精准帮扶。

在党和政府的领导下,后盾单位的支持下,新庄村探索了一条"整村脱贫"与"精准脱贫"相结合的扶贫路径,概括起来有"十二个一"。第一个是"一条道路",帮助全村一共修建了12公里村组公路,实现户户通路。第二个是"一口清水",工作队帮村民建设了农村安全饮水工程。第三个是"一条灌渠",工作队帮助老百姓整改了小水库,修建4公里的防洪堤,2公里的灌溉水渠,灌溉面积达到400亩。第四个是"一盏明灯",完成了农村电网改造。第五个是"一座新房",工作队帮助全村160栋房屋进行了房屋风貌改造,旧房变新房。第六个是"一个支部",帮助新庄村修建新的基层公共服务中心,有便民服务、群众活动、医疗卫生、农业服务、基层党建五大功能。第七个是"一本图书",捐建了一座"开新图书馆",方便村民读书学习,并定期请老师过来给学生辅导功课。第八个是"一个医生",新建了一个村级卫生室,医生每周定期到村里来坐诊。第九个是"一个集体经济",捐建了一座190KW的光伏电站,每年发电收入达到18万元。第十个是"一个电商平台",通过电商平台帮助村民把自己的土特产卖到城里去,提高老百姓的收入。还有"一村一品",引进避雨栽培技术,对全村800亩葡萄进行培育,提升葡萄品质,提高村民收入。最后是"一个精神",为了更好地巩固扶贫成果,提出了"自立、绿色、感恩、传承"的"新庄精神",把精神扶贫作为扶贫攻坚的重要工作。

三、聚焦精准、加大力度,确保脱贫攻坚再上新台阶

开发银行将全面贯彻落实中央扶贫开发工作会议精神,坚持精准扶贫、精准脱贫基本方略,对标湖南精准脱贫实际需求,聚焦"十类人",为湖南打赢脱贫攻坚战作出新贡献。重点做好以下几个方面工作:

一是加快推进重点项目。以贫困地区交通、水利、能源等脱贫行动为重点,加快推进辐射贫困地区的重大基础设施建设。以贫困村提升工程为重点,支持村组道路、安全饮水、农村电网改造、人居环境整治等领域,加快贫困县、贫困村农村基础设施项目全覆盖。以精品旅游线路、乡村旅游、全域旅游为重点,加大文化旅游扶贫力度。以湘江保护与治理、洞庭湖水环境综合整治为重点,加强"一湖四水"的治理和保护,大力实施生态扶贫。

二是加快推进扶贫创新。把健康、教育扶贫作为新增长点、新突破口,加快模式创新和项目开发。将贫困村提升工程与"特色小镇""镇带村"工作相结合,增强贫困群众获得感和幸福感。将易地扶贫搬迁后续产业发展作为支持重点,使贫困人口搬得出、留得住、能致富。创新产业扶贫方式,研究以资产收益扶贫为主的产业发展方式,使贫困地区资金、资产、资源资本化、股权化。继续做好助学贷款工作,支持开展中职教育助学贷款试点,支持职业学校和农民工培训基地建设。

三是加快推进机制建设。坚持"扶贫建制",将规划编制、教育培训、人才交流相结合,发挥好扶贫专员作用,做强做实开发性金融扶贫办公室。围绕易地扶贫搬迁、教育扶贫、医疗救助等全省"七大扶贫行动",发挥政府和市场之间的桥梁作用,推动政府信用向扶贫领域倾斜,为湖南省政府扶贫措施落地创造有利条件。创新扶贫贷款支付监管机制,充分发挥政府组织优势和同业网点优势,做好扶贫资金借、用、管、还的节点控制,提升扶贫贷款评审承诺向发放支付的转化率,确保贷款取得最大的社会效益。

四是加快培育扶贫主体。推进省、市、县三级扶贫投融资主体建设,形成层层推进、分工协调的高效体系。与地方政府合作,整合实力较弱的扶贫主体,充实优质资产,提升扶贫主体信用等级。深化"四台一会"贷款模式,探索扶贫转贷款业务试点,支持农业龙头企业和新型农合组织。

开发性金融支持广西壮族自治区
脱贫攻坚发展报告

广西是集"老、少、边、山、穷"为一体的少数民族自治区,属于全国 14 个特困连片区之一(滇桂黔石漠化区),是全国脱贫攻坚的主战场之一。截至 2015 年年末,广西壮族自治区有贫困人口 452 万人,28 个国家扶贫开发重点县,33 个滇黔桂石漠化片区县。

开发银行按照"四到"工作思路,发挥开发性金融"融资、融制、融智"的"三融"优势,快速推动精准扶贫工作。截至 2017 年 6 月末,累计向广西壮族自治区贫困地区发放贷款 938 亿元,撬动社会融资 342 亿元,扶贫贷款余额超过 706 亿元,全区占比约 39%,位居同业第一,业务遍及广西 54 个脱贫攻坚重点县,惠及超过 333 万建档立卡贫困人口。

一、积极作为,坚决贯彻中央脱贫攻坚部署

开发银行认真学习落实习近平总书记关于脱贫攻坚的系列重要讲话精神,按照党中央、国务院战略部署和"四个全面"战略布局要求,积极推动金融支持广西壮族自治区脱贫攻坚。一是加强组织保障,成立由开发银行广西壮

族自治区分行行长任组长、副行长任副组长的扶贫攻坚领导小组，成员包括所有前中台处室负责人，并指定统筹扶贫工作的专门处室，加强对分行扶贫攻坚工作的组织领导；二是坚持党建统领业务，分行行长各处室负责人分别签订脱贫攻坚责任书，层层严格落实负责人责任制，落实"一岗双责"，不断加强领导干部积极投身扶贫的责任意识、担当意识；三是推动扶贫服务下基层，累计选派 15 名政治素质好、业务能力强的扶贫金融专员赴百色、河池、桂林、崇左等八个重点艰苦贫困地区驻点工作 1—3 年，先后选派 3 名业务骨干赴定点贫困村担任"第一书记"，实现全区国家扶贫工作重点县全面覆盖，充分引导党员发挥先锋模范作用，积极宣传金融知识、协助规划编制、设计融资方案、组织项目开发，用机制把金融扶贫政策快速传导到地方。

二、主动作为，对接地方扶贫融资需求

2015 年 11 月中央扶贫开发工作会议召开后，开发银行主动与自治区党委、政府沟通扶贫工作思路和重要工作进展，赴全区重点市县开展宣介交流学习，对接落实中央会议精神。一是开发银行胡怀邦董事长与自治区党委书记会谈，共商"十三五"开发性金融支持广西脱贫攻坚战略计划，明确广西壮族自治区分行"十三五"扶贫工作具体目标；二是在自治区政府主席和胡怀邦董事长见证下签订省级扶贫合作协议，进一步把握精准扶贫方向，加大开发性金融融资支持力度；三是深入全区 80 多个县区开展扶贫调研与服务工作，实地了解地方扶贫资金需求和具体困难，建立畅通的扶贫金融服务沟通机制。

三、科学作为，构建开发性金融支持脱贫攻坚机制

开发银行以"四到"工作思路谋全局，建立了横向到边、纵向到底的责任体系，在扶贫多个领域取得了突破性的进展。

（一）创新模式，统筹推动易地扶贫搬迁工作

易地扶贫搬迁是打赢脱贫攻坚战的"头号工程"，也是"五个一批"精准扶贫工程中最难啃的"硬骨头"，按照国务院扶贫办下达的计划，"十三五"时期，广西搬迁建档立卡贫困人口 100 万人，其中 2016 年搬迁 30 万人，2017 年搬迁 48.4 万人，2018 年搬迁 21.6 万人，2019 年、2020 年进行搬迁扫尾、巩固工作。

在时间紧、任务重、压力大的情况下，开发银行打通易地扶贫搬迁项目融资的道路，形成了"能复制、可推广"的运作模式。一是发挥银政合作的丰富经验，积极对接自治区扶贫办、自治区发展改革委、自治区国资委等部门，全程协助自治区政府成立了省级脱贫攻坚投融资主体——广西农村投资集团有限公司；二是发挥总分行联动协同效应，依托现场办公，快速实现 580 亿元贷款授信评审承诺，其中承诺为广西"十三五"期间易地扶贫搬迁提供省级统贷融资资金 533.08 亿元；三是协助广西壮族自治区政府起草出台《广西易地扶贫搬迁工程建设专项融资资金管理办法》《广西易地扶贫搬迁工程建设项目专项融资资金使用六方协议》和《易地扶贫搬迁项目专项融资资金监管协议》，使资金承接、资金转借、资金使用、资金偿还、购买服务、监督管理有章可循；四是发挥首创精神迎难而上，于 2016 年 5 月 30 日实现全国首笔省级精准易地扶贫搬迁贷款（南宁市隆安县）2 亿元发放，得到国家发展改革委、中央财办、中央农办、财政部、国务院扶贫办等多个部委领导的高度评价。截至 2017 年 6 月 30 日，开发银行向广西累计发放易地扶贫搬迁贷款 44.54 亿元，投放专项建设基金 19.62 亿元。

（二）深入乡村，大力支持基础设施建设

根据《国务院办公厅关于支持贫困县开展统筹整合使用财政涉农资金试点的意见》和自治区政府办公厅《支持贫困县开展统筹整合使用财政涉农资金试点实施方案》相关要求，为促进形成"多个渠道引水、一个龙头放水"的扶贫投入新格局，解决贫困地区急迫的基础设施建设难题，开发银行会同广西组织开展实地调研，选择扶贫任务较重的百色市凌云县作为试点，派驻业务骨

干组成工作组驻凌云现场办公,协助县扶贫办、县发展改革委、县财政局、县交通局、县水利局、县教育局等各部门梳理项目清单,起草相关政策文件,快速完成了广西首个采用"整合财政涉农资金＋县级政府购买服务"融资模式的项目评审承诺3.57亿元,支持凌云县村组道路、农村环境整治、安全饮水及校安工程项目建设,涉及约15个乡镇40个建档立卡贫困村1.2万户4.83万人。

通过总结在凌云县的成功经验,开发银行在广西逐步建立了县域(区)、农村基础设施和扶贫产业项目开发的模式,于2016年8月出台了《开发银行广西壮族自治区分行关于县域(区)、农村基础设施和产业扶贫项目开发评审操作细则》,为政府和相关企业提供易地扶贫搬迁和农村基础设施项目贷款所需的全套扶贫融资材料的参考格式文本,实现了对扶贫项目的支持领域框架化、项目识别精准化、项目流程规范化、资料收集目录化、报告撰写格式化、进度安排节点化、工作机制联动化,为快速推进农村基础设施扶贫项目融资奠定了坚实基础。

(三)拓宽思路,积极探索特色产业扶贫

产业扶贫是贫困群众增收的基础和关键,是实施"五个一批"中排在首位的问题,是贫困群众最迫切的期盼。开发银行在立足广西贫困地区资源的基础上,积极开展新模式、新方法研究,引导和支持建档立卡贫困户通过就业或资产性收益实现增收脱贫。

一是支持"造血"式产业扶贫。开发银行创新思路,将广西新能源战略与脱贫攻坚战略相结合,设计和支持广西第一个"农光互补"光伏发电扶贫项目落地,打造出"农业种养＋清洁能源＋休闲旅游＋扶贫工程"的特色产业扶贫模式。在各方的共同努力下,项目于2017年6月成功并网发电,作为中国华南第一个大型"农光互补"跟踪系统光伏发电站,预计每年发电量达7000万千瓦时,相当于每年节省约21000吨标煤,相应可减少二氧化碳、二氧化硫及氮氧化物排放量约54000吨,减排效果显著。同时,预计项目可带动周边至少3个贫困村建档立卡贫困户人均收入增加5000—35000元/年。桂平光伏发电项目的成功运作,探索出了一条绿色高效可持续发展的产业发展道路,以"农光互补"扶贫模式,将企业主导的市场化运作与政府负责的脱贫攻坚相结合、将集中式光伏发电与大规模现代化农业旅游扶贫开发相结合,在返还地租租金的同时带动当地建档立卡贫困户通过参与农业开发和旅游开发稳步提高收入,由"输血"式扶贫转变为"造血"式扶贫,实现脱贫攻坚战略的可持续性,真正确保贫困人口不返贫。

二是支持林业生态扶贫。广西作为国家储备林项目首批试点省份之一,率先开展储备林建设。开发银行与林业主管部门共同研究林业产业与扶贫工作相结合的模式,积极推进林业扶贫工作,探索利用林地租用、林木养护等方式帮助贫困人口提高收入。通过采用"统一评级、统一授信、统贷统还"的"三统一"模式,于 2015 年推动全国首个储备林基地项目 100 亿元融资落地广西,并创新建立林业风险准备金、林业保险等风险补偿机制,最大化降低贷款风险。同时持续推动广西国家储备林二期项目评审,并于 2017 年 4 月完成200 亿元授信。储备林项目的顺利实施不仅带来了显著的经济、生态和社会效益,也支持了易地扶贫搬迁人口后续产业发展,更为广西脱贫攻坚提供了强有力的支撑保障。

+·

专栏:开发银行创新国家储备林精准扶贫贷款模式

广西林业资源丰富,是全国人工林面积最大和木材产量最高的省份,也是国家储备林基地建设任务最重的省份,规划建设国家储备林 2800 万亩,占全国总规模的 13.3% ;同时,广西林区多分布在贫困人口密集地区和易地扶贫搬迁地区。为此,开发银行创新储备林建设的投融资机制,成功开展广西国家储备林一期项目,为全国储备林建设探索了有益的路子和经验。

一、模式简介

该模式围绕当前林业扶贫重点,将支持林业产业与扶贫工作相结合,依托省级平台信用,支持广西国家储备林基地建设与林业扶贫工作,探索形成利用土地出租流转、投工投劳等方式帮助贫困人口提高收入,通过租金、薪金等方式实现贫困户收益最大化,助推广西"兴林富农"战略实施与贫困户增收脱贫。

二、模式亮点

项目采用"三统一"模式(即自治区政府指定广西林业集团作为融资主

体,开发银行对其进行统一评级、统一授信,统贷平台统借统还),对广西国家储备林建设一期项目承诺贷款 100 亿元,贷款期限 27 年,信用结构为林权抵押,同时建立风险准备金、林业保险等风险补偿机制。自治区直属国有林场作为用款人,负责储备林项目实施和资金使用。

贫困户增收途径:与林场签订林地租用合同,获得租金收入;作为造林员、护林员参与项目建设,获得薪金收入。

三、模式成效

开发银行储备林项目的开展受到了中央农办、国家发展改革委等有关部门的高度关注,它创新了林业建设投融资机制,改变了广西林业生态建设一直以公共财政投入为主的做法,解决了林业建设资金短缺的问题,为广西带来了显著的经济、生态和社会效益。截至 2017 年 6 月末,该项目已实现资金投放 46 亿元,累计提供就业岗位约 4 万个,实现林农劳务收入约 7.9 亿元、林地租金收入约1.3 亿元,支持范围遍及广西全部 14 个地市中 72 个县区,覆盖 25 个连片特困县区。

(四)扶贫扶智,全面推进教育扶贫

古人云:"地瘦栽松柏,家贫子读书。"要有效阻断贫困的代际传递,最重要的就是要在贫困地区大力发展教育事业,提升贫困地区人力资源水平。作为广西唯一一家办理生源地助学贷款的机构,开发银行有效落实中央治贫先治愚、扶贫先扶智的精神,建立保障农村和贫困地区学生上重点高校的长效机制,加强与自治区教育厅、扶贫办等部门合作,强化对建档立卡贫困学生的贷款支持,每年按时完成广西生源地助学贷款工作,承诺不让任何一个贫困学生因为贫困失去升学机会。截至 2017 年 6 月末,开发银行向广西累计发放助学贷款 110.6 亿元,贷款金额位居全国第一,惠及全区 77 万人,实现了广西生源地信用助学贷款 100% 全覆盖。

开发银行将继续坚持"政府主导、规划先行、财政支持、市场运作"的原则,结合广西地方特色,创新思路和方式,加大对易地扶贫搬迁、基础设施建设、特色产业发展、教育卫生改善等领域的支持力度:

一是以易地扶贫搬迁为切入点，统筹推进有关工作。易地扶贫搬迁作为脱贫攻坚的首战具有十分重要的意义，必须稳扎稳打，保持积极的工作势头。开发银行将继续准确把握易地扶贫搬迁的支持政策，坚持"省负总责"的要求，与广西壮族自治区发展改革委（移民局）、区财政厅、区扶贫办、农投公司通力配合，做好易地扶贫搬迁贷款和专项基金投放工作。

二是以基础设施为着力点，破解脱贫攻坚瓶颈制约。围绕村组道路、安全饮水、环境整治、校安工程等难点和"短板"，抓住2017年统筹整合涉农财政资金试点全面推开的契机，推动剩余县区农村基础设施贷款评审承诺，积极为贫困县农村基础设施建设提供贷款支持，加快改善建档立卡贫困村基础设施的落后面貌。

三是以产业发展为突破点，精准支持增收脱贫。牢固树立和切实贯彻创新、协调、绿色、开放、共享的新发展理念，坚持因地制宜、因困施策的原则，推广和完善"四台一会"等贷款模式，大力支持龙头企业、农村专业合作组织和农村集体经济发展特色优势产业，带动贫困农户全面融入产业发展，更多分享发展成果。

四是以教育扶贫为根本点，有效阻断贫困代际传递。继续发挥助学贷款主力银行的作用，加强与教育厅等部门合作，研究扩大生源地助学贷款支持范围，强化对建档立卡贫困学生的贷款支持，并且探索开展贫困"两后生"职业教育助学贷款，使贫困家庭学生掌握一技之长，实现稳定就业，促进增收脱贫。同时，加强对农民工培训基地和职业学校建设的支持，大力推进贫困农户就业技能培训，提高贫困农户专业知识和生产技能，促进贫困地区劳动力创业就业。

开发性金融支持海南省
脱贫攻坚发展报告

◇◇

　　为助力海南省打赢脱贫攻坚战、全面建成小康社会,开发银行紧紧围绕海南省委、省政府"三年脱贫攻坚,两年巩固提升"的工作部署,按照融制、融资、融智"三融"的扶贫策略和"四到"的工作思路,为全省脱贫攻坚工作提供全面金融支持。

一、以生态扶贫移民搬迁为切入点,
推动成立省级扶贫开发投融资主体

　　根据《海南省"十三五"生态扶贫移民搬迁规划》,全省有5个市县11个自然村547户2228人被纳入生态扶贫移民搬迁范畴,其中建档立卡贫困户194户823人,项目总投资3.2亿元。面对搬迁人口基数小,投资规模少,政府融资意愿不积极,且缺乏省级扶贫开发投融资主体的不利现状,开发银行克服困难,主动作为。一是夯实顶层设计。坚持"省负总责"原则,形成开发性金融支持海南省脱贫攻坚工作思路与方案,提出组建省级扶贫开发投融资主体,发挥"一台多用"的战略设想,获得省政府的大力支持和推动。二是强化融智融制。克服人员少、管理项目多等困难,根据省财政厅要求,派驻金融扶贫专员,协助完成省级扶贫开发投融资主体章程、内部规章制度及外部协议的制定,全程参与组建全省首个省级扶贫开发投融资主体——海南省扶贫开发投资有限公司。三是高效融资服务。开发银行主动配合有关部门赴市县策划包装项目,同时克服本省生态扶贫移民搬迁未能享受中央优惠政策支持的不利局面,积极沟通总行争取优惠利率,率先向全省首个生态扶贫移民搬迁项目授信2.4亿元,并在省扶贫开发投资有限公司正式揭牌的9天后即完成首笔900万元贷款发放,惠及3个自然村90户409人,其中建档立卡贫困户46户共213人。目前该项目累计签订借款合同6000万元,发放贷款1700万元,惠及4个自然村194户823人,其中建档立卡贫困户56户共251人。

专栏:助力海南省"十三五"易地扶贫搬迁

"十三五"期初,海南省共有2228名群众居住在中部深山区,交通不便、不通水电、物资匮乏、产业落后,且对当地生态环境、饮用水源造成较大破坏。中央扶贫开发工作会议召开以来,开发银行积极发挥开发性金融优势与作用,通过"融制、融资、融智",推动海南省"十三五"易地扶贫搬迁工作,助力贫困群众"搬得出、稳得住、能致富"。

一是发挥融智作用,积极建言献策,推动组建省级扶贫开发投融资主体。开发银行海南省分行向省政府报送《关于开发性金融支持海南打赢脱贫攻坚战全面实现小康有关建议的请示》,得到了省委、省政府充分肯定与支持,省政府要求省财政厅落实省级扶贫开发投融资主体组建事宜。2016年8月29日,海南省扶贫开发投资有限责任公司注册成立。

二是发挥融制作用,创新工作机制,推动完善公司规章制度。积极派驻挂职干部,协助海南省财政厅起草并印发《海南省易地扶贫搬迁工程建设项目专项融资资金管理办法》《资金监管六方协议》系列规章制度,明确了省直有关部门、省级平台、贫困市县与银行的权利、责任与义务,为后续业务开展提供了制度保障和运作规范。

三是发挥融资作用，主动策划项目，保障全省"十三五"易地扶贫搬迁项目融资需求。积极协助海南省省级平台、贫困市县策划推动易地扶贫搬迁项目，率先就全省"十三五"易地扶贫搬迁项目授信 2.4 亿元，率先发放全省首笔易地扶贫搬迁贷款，有效保障了白沙黎族自治县道银村、坡告村、高石老村、翁村三队等贫困村易地扶贫搬迁项目资金需求。

开发银行积极主动作为，助力海南省脱贫攻坚首战告捷，得到了海南省委省政府、社会各界以及新闻媒体的高度肯定。2016 年 10 月 27 日，《海南日报》报道了开发银行就全省"十三五"易地扶贫搬迁项目提供授信及首笔贷款发放事宜；2017 年 2 月 3 日，中央电视台《新闻联播》以"海南扶贫搬迁让百姓挪出穷窝"为题报道了开发银行支持的海南省易地扶贫搬迁工作情况。

二、以基础设施建设为发力点，破除贫困市县发展瓶颈制约

2006—2015 年，开发银行累计向海南省贫困地区发放中长期贷款 108 亿元，有效支持贫困地区基础设施建设，与有关市县建立起良好合作关系。自 2016 年实施脱贫攻坚以来，面对财政新规下市县政府融资平台受限的情况：一是加强高层沟通。开发银行多次深入贫困地区调研，因地制宜拟定融资方案。二是成立市县工作组。成立以开发银行海南省分行行领导为组长，主要处室骨干为成员的对口市县工作组，并在市县试点成立开发性金融扶贫领导小组及办公室，梳理项目储备，策划项目包装，加快项目开发。在省政府办公厅《关于支持贫困县开展统筹整合使用财政涉农资金工作的实施意见》出台后，开发银行工作组迅速跟进，仅用时 1 个月即完成了对保亭县整村推进基础设施扶贫一期项目授信审批。截至 2017 年 6 月末，开发银行累计对海南省贫困地区农村基础设施项目承诺授信 3.16 亿元，发放贷款 4000 万元，惠及 39248 人，其中建档立卡贫困人口 5118 人。

三、以产业发展为着力点，
打好特色产业扶贫攻坚战

一是支持热带特色现代农业。开发银行推广"四台一会"和"龙头企业＋合作社＋贫困农户"模式，扶持"乐东香蕉""琼中绿橙""澄迈福橙""屯昌黑猪""无核荔枝""富硒地瓜"等一批热带高效农业品牌，培育春蕾实业、高明农业、乐东大丰裕等一批农业龙头企业，把热带特色现代农业打造成海南富足农民、服务全国的王牌产业，直接或间接带动了 15 万贫困人口脱贫。二是试点资产收益扶贫。开发银行创新"大区小镇"旅游扶贫模式，支持北京春光集团对国家级贫困县保亭县三道湾什进村进行旅游综合化改造，引导农户以土地入股、提供劳务等形式与企业形成稳定的利益联结机制，把社会主义新农村建设和乡村休闲度假旅游相结合，带动全村 48 户 203 人脱贫致富。三是探索带动帮扶新模式。开发银行积极向海航、金海浆等大客户宣介扶贫政策与社会责任，引导大客户与贫困户签订帮扶协议，带动 59 户贫困户发展生产。

+·

专栏：打造"大区小镇新村"新农村模式助力打赢脱贫攻坚战

保亭县是国家级贫困县，三道镇什进村是保亭县较为贫困的黎族村庄之一，生活生产条件差、经济收入水平低下，是海南省委的"联村进企"重点扶贫联系对象。开发银行坚持规划先行，依托三道镇优越的地理位置及得天独厚的自然条件，创新"大区小镇新村"模式支持企业帮扶农户发展，截至 2017 年 6 月末，累计发放贷款 18 亿元，通过企业带动帮扶村内 48 户 203 人脱贫致富。

一、研究规划"大区小镇新村"新理念。"大区"是具有吸引力的较大规模的复合型的旅游景区和旅游度假区；"小镇"是延伸大景区主题文化，并将其扩展为多种消费形式的休闲性原居型旅游小镇，同时小镇还为周边旅游村提供旅游公共服务的基地；"新村"是政府支持、企业具体投资和组织运营，农民带土地参股并在本村就业和经营的旅游村庄。

二、探索土地流转制度及村民安置制度新模式，保障农户权益及收益。积极推动县政府完成村庄农村集体土地所有权、宅基地使用权、集体建设用地使用权的确权，在保证基本农田不变性、土地权属不变的情况下，盘活存量土地资源，采取农民土地入股方式，对村庄进行改造建设。由村小组提供旅游项目开发土地，企业提供开发建设资金按照规划进行开发建设经营，并向村小组及农户支付土地合作分红，提供安置房、商铺和就业机会，带动当地农民深度参与旅游开发，真正做到使农民不离乡、不失地、不失业、不失居，就地保增收，走上持续发展之路。

三、解决资金瓶颈，创新"大区小镇新村"融资模式。通过"银行＋公司＋村集体/村民"模式，由企业运用自有资金和分信贷资金，加上周边文化旅游景区的营运收入"反哺"小镇新村，开展旅游基础设施和酒店、客栈等经营性项目建设，同时什进村提供集体土地作价入股，避免了企业在征地拆迁环节需要付出的大量资金，大大减轻了企业的前期投资压力，将更多的资金用在项目开发及改善农户基本生活条件建设上，形成了企业与农户"双赢"局面。

四、以教育扶贫为根本点，
有效阻断贫困代际传递

开发银行作为海南省唯一开展助学贷款的银行，一是按照"政府主导、教育主办、金融支持"运作思路，不断理顺政府、教育部门和银行关系，逐步构建各方协同管理、权责分明、风险共担的助学贷款模式。二是本着"应贷尽贷、应帮尽帮"的原则，加大对贫困学生信贷支持力度，完善贫困学生信息录入，简化建档立卡贫困学生的办贷审批流程，确保建档立卡贫困学生上大学助学贷款满足率100%。三是联合有关部门举办助贷学生专场毕业招聘会，为毕业生搭建就业平台，提供多方位就业渠道，有效缓解就业压力。四是加强信用体系建设，举办诚信教育专题讲座，试点建立"市（县）政府—乡（镇）政府—村(居)委会"和"县教育局—中心学校"的本息回收工作机制,促进助学贷款业务可持续发展。截至 2017 年 6 月末,开发银行向海南省累计发放生源地助学贷款 16.56 亿元,帮助全省 11.36 万名家庭经济困难学生圆了大学梦,惠及 1.1 万名来自建档立卡贫困家庭的学子。

五、以定点扶贫为创新点,
助力屯昌县更丰村脱贫攻坚

更丰村是省级贫困村,全村共有贫困户 59 户共 281 人(其中巩固提升户 45 户 214 人),贫困发生率23%。开发银行海南省分行作为该村定点帮扶单位,一是坚持党建统领推动,成立以开发银行海南省分行党委书记为组长,全体班子成员为副组长,全体党支部参加的定点帮扶工作小组,研究制定定点帮扶工作实施方案,多次深入帮扶对象调研,构建"省—县—镇—村"帮扶合力。二是加强帮扶机制建设,成立 14 个结对帮扶小组,对口 14 户建档立卡贫困户和 45 户巩固提升户,并派驻驻村扶贫专员。三是提供资金保障支持,向屯昌县扶贫办捐赠历年政府奖励资金共 145.7 万元,拟用于支持更丰村的安全饮水、村巷修缮等基础设施建设和特色产业发展。四是开展教育帮扶,先后举办"七彩课堂""体验城市"等特色活动,既为贫困学子提供物质帮助,又丰富贫困学子精神生活,帮助他们拓宽眼界,激发青少年努力学习,改善生活的美好愿望。五是推动普惠金融,引导屯昌县长江村镇银行向更丰村 6 户农户(其中 5 户贫困户)提供贷款 15 万元,其中单户最低额度 2 万元,用于支持其完成危房改造。在开发银行大力支持下,2016 年该村实现脱贫 20 户共 99 人,随着 2017 年整村推进和危房改造的完成,剩余 39 户 182 人将于 2017 年年底实现脱贫。

六、以捐赠资金为撬动点，
践行开发性金融社会责任

开发银行将历年海南省政府奖励海南省分行的各类奖励资金共计3000万元全额无偿捐赠给海南省财政厅，由省财政厅参照财政资金管理，统筹安排用于支持贫困地区设立政府出资的融资担保机构、基础设施建设、教育资助、创业帮扶、医疗救助等扶贫事项支出，发挥捐赠资金与开发性、政策性和商业性贷款及其他社会资金的协同效应，为全省脱贫攻坚提供全面金融支持。

开发银行将聚焦易地扶贫搬迁、贫困村基础设施、公共服务改善、特色产业发展等重点领域，进一步加大工作推动力度，助力海南省早日实现脱贫攻坚目标。

一是推动全省生态扶贫移民搬迁项目。按照《海南省生态扶贫移民搬迁"十三五"规划》于2018年完成五个市县生态移民搬迁的目标，推动五指山市新春村生态扶贫移民搬迁项目、乐东县试验场村生态扶贫移民搬迁项目落地，为项目提供长期低息贷款，保障项目建设资金需求。重点关注未纳入规划但仍居住在南渡江、昌化江、万泉河源头等生态核心区、水源保护区的8000名农村贫困人口，推动政府借鉴生态扶贫移民搬迁项目的成功经验，对上述人口开展整体搬迁。

二是支持贫困地区基础设施建设。在政府融资渠道受限，融资积极性降低的形势下，创新研究"新常态"的政银合作方式，以全省美丽海南百镇千村工程为契机，以开发银行参与发起设立的总规模为200亿元的海南省特色产业小镇基金为发力点，以整合贫困地区资金和资源为突破口，围绕村组道路、安全饮水、环境整治、危旧房改造等难点和"短板"，探索政府与社会资本合作等方式，为贫困地区农村基础设施建设提供一揽子综合金融解决方案，加快改善贫困地区基础设施的落后面貌。

三是探索产业扶贫融资新模式。继续完善"四台一会"和"龙头企业＋合作社＋贫困农户"模式,深化与海南农垦合作,支持热带特色现代农业。以保亭县南梗村扶贫型"共享农庄"试点为契机,加强与省扶贫开发公司合作,发挥开发性金融优势与作用,因地制宜提供"投、贷、债、租、证"一揽子综合金融,支持试点项目的规划、建设、运营,探索旅游扶贫新路径。发挥省内主力银行地位,深化与信用社、村镇银行等农村金融机构合作,通过扶贫转贷款、银团贷款等形式开展产业扶贫。进一步深挖大客户潜力,引导大客户参与带动帮扶,构建稳定且可持续的贫困户与企业利益联结机制,研究资产收益扶贫新举措。

　　四是完善生源地助学贷款工作机制。继续优化生源地助学贷款办贷流程,提高市县资助中心工作效率,便利贫困学子申请贷款。进一步理顺政府、教育部门和银行关系,协调市县政府推动市县资助中心建立多级联动催收体系,推动市县资助管理中心向管理平台转变。运用报纸、电视等传统媒介和微信、微博等新媒体平台,加大对助学贷款和诚信教育的宣传普及,使广大贫困学子知晓助学贷款,用好助学贷款。充分发挥开发银行资源优势,为贫困学生搭建就业平台,降低学生就业成本,提高毕业生就业率,帮助贷款学子就业缓解还款压力。会同省教育厅开展助学贷款毕业学生还款救助,及时扶助符合条件的死亡、失踪、重病、建档立卡贫困户等学生。

开发性金融支持重庆市
脱贫攻坚发展报告

◇◆◇◆◇◆◇◆◇◆◇◆◇◆◇◆◇◆◇◆◇◆◇◆◇◆◇◆◇◆◇◆◇◆◇◆◇◆

为打赢重庆脱贫攻坚战,开发银行认真学习贯彻习近平总书记关于脱贫攻坚系列重要讲话精神和党中央、国务院关于打赢脱贫攻坚战的战略部署,发挥党建引领业务重要作用,加强银政合作体制机制建设,结合自身定位与业务特点,聚焦精准扶贫,加大融资投资力度,扶贫效果显著。

一、完善机制,合力助推脱贫攻坚

(一)深化银政扶贫合作机制

开发银行不断深化与重庆市扶贫开发办公室(以下简称"市扶贫办")的沟通联系与合作,一是 2015 年 12 月,开发银行重庆市分行与市扶贫办签署《开发性金融扶贫合作协议》,确立了"坚持政府主导与金融参与结合、坚持财政资金与信贷资金相结合、坚持区域发展与精准扶贫相结合"的开发性金融扶贫"三合作"原则,以及合作目标、合作内容、合作机制等要点。二是与市扶贫办合作开展《重庆市"十三五"金融精准扶贫规划》。三是巩固区县级银政合作机制,与黔江区、武隆县、丰都县、忠县、巫山县、城口6个区县签订了开发性金融支持脱贫攻坚工作合作备忘录,完成武隆、丰都、巫溪、城口的扶贫融资规划。四是开展培训,邀请国家部委和科研院所领导专家,在北京为秦巴山区县领导干部进行扶贫培训。

2017年4月,开发银行胡怀邦董事长来渝与市政府主要领导会谈,双方签署了《开发性金融支持重庆市脱贫攻坚合作备忘录》。根据重庆市脱贫攻坚目标要求,双方在高山生态扶贫搬迁、交通基础设施、重点水利项目、农村基础设施、特色产业、教育等脱贫攻坚重点领域加强合作。备忘录的签订,为开发银行助力重庆市脱贫攻坚奠定了更加坚实的基础。

(二)选派扶贫金融专员

2016年以来,开发银行每年选派4—5名优秀青年干部作为扶贫金融专员到重庆市贫困区县挂职,每名专员对口服务3—4个贫困区县。扶贫专员是开发银行的宣传员、规划员、联络员,及时向政府、向客户宣传开发银行的扶贫政策,配合政府谋划扶贫开发项目,帮助客户设计融资方案,及时解决项目融资遇到的问题,确保项目落地实施。扶贫金融专员有效弥补了开发银行的机构短板,为融资总量大幅提高发挥重要作用,2016年开发银行对重庆市贫困区县融资总量较2015年增长49%。

二、积极担当,融资支持发挥特色

在"扶贫专员+客户经理+中后台处室"的共同合作下,开发银行围绕中央"五个一批"要求,按照"易地扶贫搬迁到省、基础设施到县、产业发展到村、教育资助到人"的"四到"工作思路,聚焦精准,敢于担当,积极作为。截至2017年6月末,开发银行向重庆市14个国贫县和4个市贫县累计承诺精准扶贫贷款283亿元,累计发放114亿元,投放专项建设基金21亿元,总计实现融资135亿元,贷款余额86亿元,不仅实现精准扶贫贷款品种全落地,18个扶贫开发工作重点区县贷款全覆盖,并始终保持贫困区县贷款余额正增长。

（一）易地扶贫搬迁

开发银行积极跟踪重庆市易地扶贫搬迁工作安排,参与重庆市易地扶贫搬迁制度出台,每季度与市扶贫办、国家发展改革委、财政局、兴农资产公司召开协调会,研究工作难点,推动项目落实。开发银行已实现专项建设基金5.05亿元和贷款87.5亿元承诺,支持全市10万建卡贫困人口搬迁,2016年投放专项建设基金4.855亿元,发放易地扶贫搬迁贷款2.1亿元。

（二）基础设施

一是发挥传统优势,大力支持跨贫困区县的高速公路等重大基础设施项目建设,拉动地方经济社会发展。累计发放66亿元支持酉阳至贵州沿河高速公路、万州至利川高速公路、石柱到黔江高速公路等跨区县高速公路项目。二是以财政涉农资金整合为契机,围绕"两不愁、三保障"以及建档立卡贫困村村组道路、安全饮水、校安工程、农村环境等难点和"短板",为贫困区县农村基础设施建设提供贷款支持。累计发放40亿元支持秀山村组道路、秀山农村饮水、城口村组道路、乌江白马电航枢纽工程武隆县城段防护工程（南岸）、丰都县人民医院、忠县社会福利中心工程等建设,覆盖了380个建档立卡贫困村共19万建档立卡贫困人口。

（三）特色产业

一方面,充分发掘渝东南片区旅游资源丰富有特色等优势,集中连片开发,打造旅游走廊。累计发放5亿元支持酉阳桃花源、酉阳龙潭古镇、秀山川河盖、秀山西街民俗文化旅游等项目。另一方面,按照"管理平台、统贷平台、担保平台、公示平台、信用协会"的"四台一会"模式推动小额扶贫贷款、特色产业贷款,支持乡村旅游、特色效益农业和小微企业发展。开发银行已向武隆、黔江、秀山三个机制授信3.8亿元,其中与武隆县合作开展小额农贷,支持乡村旅游和特色产业;与秀山县合作,支持秀山土鸡产业链带动建卡贫困户增收;与黔江区合作,支持园区小微企业吸纳建卡贫困户就业。目前实现贷款秀山土鸡产业项目贷款发放0.1亿元和黔江物流公司发放0.15亿元。

专栏:搭建产业扶贫机制支持秀山土鸡养殖户脱贫及产业发展

秀山地处渝东南,是土家族、苗族聚居地。当地人民常年养鸡,自繁自育形成秀山土鸡品系。秀山土鸡,在自然环境中采食五谷杂粮,运动量大,肌肉纤维细长,肌肉间脂肪丰富,入口细腻耐嚼,风味独特。秀山土鸡因广泛养殖,市场前景好,已成为秀山特色优势产业。

秀山渝鲁禽业有限公司成立于2004年,是秀山土鸡种苗繁育、养殖、禽蛋销售龙头企业,年可孵化商品土鸡苗1200万羽以上,具有规模化种植养殖社8栋,配备国内一流养殖设备,可存栏种鸡8万套。鲁渝禽业公司采用"公司+合作社+农户"的模式,与广大养殖户建立起种苗供应、技术服务、培训、饲料生产配送、土鸡回收、加工销售等一整套完整产业链。

秀山县政府对与开发银行开展产业扶贫工作高度重视。连续3年派相关副县长带队前往遵义、古蔺、恩施等地参加开发银行主办的开发性金融扶贫讲座;于2015年从县金融办、重点国有企业抽派人员组成学习团队,前往成都双流县专题学习双流县聚源融资投资管理服务有限公司与四川分行的合作模式;并于2016年邀请双流县聚源融资投资管理服务有限公司高层到秀山现场教学。2016年8月,在开发银行与秀山县政府共同推动下,以秀山县华瑞实业有限公司为统贷平台、秀山华信国有资产经营有限公司为担保平台、秀山县金融办、扶贫办和农委为管理平台的"四台一会"产业扶贫机制搭建成功,并获得开发银行授信承诺5000万元。

2016年11月,通过该机制开发银行向渝鲁禽业公司发放1年期流动资金贷款1000万元。通过稳定可靠的利益联结机制,公司能带动1万多户养殖户致富增收,其中含300余户建档立卡贫困户,户均增收5000元左右。

(四)助学贷款

开发银行将生源地信用助学贷款作为教育扶贫的重要抓手,坚持应贷尽贷,强化精准,为实现"不让一个孩子因贫困而失学"的目标不懈努力,全年发放生源地助学贷款9.3亿元,惠及12.6万家庭经济困难学生。一是做好存量贷款的精准识别。开发银行将助学贷款数据与市教委、市扶贫办数据进行比对,精准识别助学贷款学生中的建卡贫困户5.1万人,占全部贷款学生的16.4%。二是新增受理全面覆盖。2016年年初,开发银行重庆市分行将全市建卡贫困户学生数据导入系统,预申请阶段对建档立卡贫困户学生全覆盖。贷款受理时,为建档立卡贫困户学生开辟绿色通道,免除出具家庭经济情况证明材料,直接认定贷款资格,直接为其办理贷款手续。2016年向建卡贫困户学生1.9万人发放生源地助学贷款1.5亿元。三是开办补充助学贷款。开发银行在重庆开办生源地补充助学贷款,针对部分学校、专业收费超过国家助学贷款限额,困难家庭依然压力巨大的问题,对建卡贫困户和城乡低保户家庭学生除生源地助学贷款以外,再给予1000—8000元贷款额度。从2016年7月14日收到有关通知,开发银行在一个月内完成了政策设计,出台了工作方案,做好政策宣传和准备工作,8月18日正式开办补充助学贷款,2016年发放补充助学贷款73人、金额44万元。

（五）扶贫增信捐赠

2017年年初开发银行向城口、巫溪、丰都、武隆四区县无偿捐赠400万元,用于区县政府设立风险补偿金,已累计撬动728万元产业扶贫贷款,惠及约130户建档立卡贫困户,有效支持了贫困户生产生活的改善。

三、发挥作用,进一步加大支持

（一）推动易地扶贫搬迁融资全面落地

根据重庆市发展改革委安排,开发银行负责17个有易地扶贫搬迁任务区县中的7个区县,占全市易地扶贫搬迁任务的40%。开发银行已完成易地扶贫搬迁总体授信,下一步将积极与市扶贫办、市发展改革委、市财政局、市农委、兴农资产及区县政府合作,做好制度建设和项目策划,实现贷款全面落地。

(二)全力支持贫困县基础设施建设

开发银行将围绕重庆市"十三五"规划,继续大力支持跨贫困区县的高速公路、铁路、棚改、健康养老等重大基础设施项目建设,拉动地方经济社会发展;创新投融资方式,积极支持贫困区县"十三五"规划重点项目建设,通过大额融资支持改变贫困区县落后面貌;以财政涉农资金整合为契机,全力支持贫困区县基础设施建设等贫困村提升工程。

(三)加大产业扶贫贷款力度

通过加大产业扶贫融资支持力度,进一步推动贫困地区企业和农村新型经营主体发展特色产业,加大对贫困人口的就业和帮扶带动作用。

(四)进一步发挥好助学贷款教育精准扶贫作用

继续加大对国家级贫困县、集中连片特困地区的支持,确保助学贷款对这些地域的全覆盖,强化在贷款各阶段对建档立卡贫困户学生细致服务,在全面助学贷款档案电子化试点基础上,在预申请确保建档立卡贫困户学生全覆盖,在贷款阶段,指定受理专人,开辟快速通道,主动宣传,积极帮助,有针对性地为其简化贷款办理手续,保障其助学贷款需求。

(五)继续发挥好扶贫金融专员作用

继续选派责任心强、素质高、业务能力过硬的干部作为扶贫金融专员到贫困区县,当好宣传员、规划员、联络员,密切与区县政府合作,推动项目。

开发性金融支持四川省
脱贫攻坚发展报告

◇◆

开发银行认真贯彻落实党中央、国务院关于打赢脱贫攻坚战的决策部署,充分发挥集中、大额、长期的融资优势,全力贯彻"易地扶贫搬迁到省、基础设施到县、产业扶贫到村(户)、教育资助到户(人)"的脱贫攻坚"四到"工作思路,全方位多层次推进四川省脱贫攻坚工作。

一、开发性金融支持四川省脱贫攻坚的意义

(一)四川省贫困情况

进入"十三五"时期,贫困问题仍然是四川省经济社会发展中的突出"短板",致贫因素多元叠加,发展制约因素多,主要体现在以下几个方面:一是贫困面广。全国14个集中连片特殊困难地区有3个(秦巴山区、乌蒙山区、高原藏区)涉及四川省,此外四川省还有1个大小凉山彝区也需要国家予以扶持。二是贫困县数量大、分布不均。全国国家级贫困县有832个,四川省有66个,居全国第三位,同时四川是全国第二大藏区和第一大彝区,贫困县分布

不均,少数民族地区国家级贫困县达45个,占全省国贫县总数的68%。此外,四川省还有22个省级贫困县。三是贫困人口多。四川省建档立卡贫困村11501个,是全国唯一的贫困村数量过万的省。截至2016年年底,全省建档立卡贫困人口272万人。四川省"十三五"建档立卡易地扶贫搬迁人口116万人,占全国1000万建档立卡易地搬迁的10%以上,搬迁任务量居全国第三位。

(二)开发性金融助推四川省脱贫攻坚

开发银行从健全机制、完善制度、创新模式等方面入手,设计出符合四川等西部地区特点的模式和方法,将开发性金融期限长、利率低、风控严的金融特点与脱贫攻坚有效结合。截至2017年6月末,开发银行已累计向四川省投放各类精准扶贫资金317亿元,覆盖了全省88个贫困县,80余万贫困人口直接受益。开发银行支持四川脱贫攻坚工作得到社会各界的充分肯定,开发银行四川省分行被省委、省政府评为四川省2016年脱贫攻坚"五个一"驻村帮扶先进集体,被省银监局评为"2016年度金融助力脱贫攻坚考核先进单位",荣获四川省银行业协会"2016年度最具社会责任金融机构奖",多名员工荣获"扶贫先进个人""坚守扶贫岗位典型人物"等荣誉称号。

二、开发性金融支持四川省脱贫攻坚具体措施

(一)完善顶层设计,争取支持政策落实到位

一是机制建设到位。开发银行四川省分行主动申请加入全省脱贫攻坚领导小组,全面参与全省脱贫攻坚工作;成立脱贫攻坚领导小组及工作推动小组,构建行领导统管、规划发展处牵头、各客户处抓落实、扶贫专员"打前锋"的专项工作机制。二是人员派驻到位。选派1名局级干部挂职省扶贫移民局副局长,加强金融资源统筹和省级部门联动;选派13名扶贫金融专员实挂有国贫县的市州"一线",发挥金融专长,做好政策宣传员、扶贫规划员、银

政联络员、信息收集员；开发银行支持脱贫攻坚实现"省—市—县—村"全覆盖，一竿子插到底。三是定点帮扶到位。开发银行是全省帮扶88个贫困县牵头单位中唯一的银行机构。开发银行按照需求优先满足、业务优先推动、创新优先试点的原则，为古蔺县、兴文县累计授信43.19亿元、发放贷款17.13亿元，近一年来开展帮扶活动20余次，努力打造金融扶贫样板县。四是措施支持到位。开发银行四川省分行专门印发《脱贫攻坚工作实施方案》《扶贫业务开发评审工作方案》《产业扶贫工作方案》《东西部扶贫协作工作方案》《支持易地扶贫搬迁后续产业工作方案》等系列脱贫攻坚制度，有序推进各专项领域扶贫工作。

（二）搭建四川模式，全力支持易地扶贫搬迁

一是坚持省负总责。与省级有关部门理思路建机制搭平台，出台省级易地扶贫搬迁资金支付管理办法，确保专项贷款在严格贯彻落实中央精神的前提下，放得到位、用得到位、管得到位。二是拓展融资渠道。牵头推动"基金+贷款+债券"三位一体的融资模式，授信485亿元，投放专项基金25亿元、累计发放贷款76亿元，惠及52个县58万建档立卡贫困人口。特别是在债券扶贫方面进行重点创新，开发银行与国开证券协同，为泸州市发行全国首只易地扶贫搬迁债——"2016泸州市易地扶贫搬迁项目收益债"，注册金额20亿元，期限10年，开创了以债券形式支持扶贫开发的先例。三是优化易地扶贫搬迁贷款模式。2017年全省计划搬迁人口33万人，总投资198亿元，对开发银行融资需求约50亿元。开发银行优化易地扶贫搬迁的授信核准方式，由"分县核准"调整为"统一核准"。合同签订方式由"分县签订"调整为"统一签订"。2017年5月，开发银行在四川发放第一批易地扶贫搬迁贷款35亿元，后续还将发放20亿元左右。易地扶贫搬迁资金支付等工作也在加快推进中。

开发银行支持四川省易地扶贫搬迁工作取得的成效获得省委、省政府高度肯定。省政府《关于表扬2016年落实有关重大政策措施、真抓实干成效明显地方和部门的通报》对开发银行支持全省易地扶贫搬迁工作积极主动、成效明显给予通报表彰。

（三）深入推进基础设施扶贫

一是夯实交通扶贫基础。与省交通厅、市州政府、贫困县建立三级合作机制，以四川省交通"双百"工程为重点，推动贫困地区的高速公路、铁路、机场项目贷款落地，以市级政府购买服务的模式推进国省干道、农村公路项目融资。2016 年以来累计投放交通扶贫资金 103 亿元，助力 16 个贫困县破解交通瓶颈。二是加大能源扶贫。在能源扶贫领域，加大对贫困地区水电项目的支持，抓住贫困地区水电矿产资源开发资产收益扶贫改革试点契机，争取融资优先权。向水电、风电、水利等能源领域发放贷款 71 亿元，助力贫困地区基础设施提档升级。三是创新涉农资金整合贷款。向古蔺县、马边县等承诺贷款 41 亿元，支持村组道路、校安工程、安全饮水、环境整治等基础设施建设，覆盖贫困村 896 个、贫困人口 39.8 万人。按照"因地制宜、因城施策"的工作思路，利用涉农资金整合政策范围拓宽的契机，扩大支持贫困地区的通村及村组道路、安全饮水、环境整理、校安工程、医疗卫生项目。

（四）多措并举，举全行之力推进产业扶贫

一是易地扶贫搬迁后续产业扶贫试点成功落地。在达州市启动易地扶贫搬迁后续产业扶贫试点工作，运用多年运行较成熟的"四台一会"模式，贷款 1100 万元支持 3 家当地扶贫带动效果显著的特色产业企业，用款企业通过签订帮扶协议、捐赠养殖种苗、提供饲料、培训技术等一系列方式精准帮扶 22 户建档立卡贫困户脱贫致富。二是开展施工企业产业扶贫试点。创造性地试点并大力推广施工企业贷款带动贫困户增收的产业扶贫贷款模式。通过合理搭建信用结构、设计资金封闭运行方案等有效措施，向成都华川集团等 3 家建筑施工企业发放产业扶贫贷款 12 亿元，有效带动贫困户增收致富。三是推进林业扶贫。与林业厅签署了林业"十三五"脱贫攻坚合作备忘录，研究通过省级统筹和市县直贷方式推进全省林业融资工作，通过林业扶贫带动实施产业扶贫。四是开展旅游扶贫。支持旅游扶贫重点村的基础设施和公共服务设施、景区及旅游特色小城镇建设。

专栏：运用"四台一会"模式探索开展"易地扶贫搬迁 + 产业扶贫"贷款

达州市位于秦巴山集中连片贫困地区，全域两区五县都是国家级或者省级贫困县，全市人口多、经济发展相对滞后。开发银行先后向达州市授信330亿元、贷款余额157亿元支持其开展基础设施建设、发展支柱产业、提升区域发展水平。近年来，开发银行在支持达州市易地扶贫搬迁、农村公路建设等方面开展了大量的工作，通过改善贫困地区房屋、道路等硬件设施，为贫困户脱贫致富奔小康创造了条件。开发银行支持脱贫攻坚工作过程中深刻认识到，产业扶贫是帮助贫困户脱贫致富的根本手段，驻点推动易地扶贫搬迁后续产业扶贫工作。按照"易地扶贫搬迁 + 产业扶贫"的工作思路，依托"四台一会"模式，于2017年5月26日向达州市国家级贫困县万源市、宣汉县的3家企业发放产业扶贫贷款1100万元，成功探索出一条支持易地扶贫搬迁后续产业扶贫的新路径。

2017年3月，开发银行在四川省达州市启动易地扶贫搬迁后续产业扶贫试点工作，在短短3个月的时间完成了现场调研、项目筛选、评审授信和贷款发放全部工作。运用多年运行较成熟的"四台一会"模式，经过政府推荐、机制审查、分行评审，最终从达州市15家企业中筛选出万源市二郎坪旧院黑鸡生态养殖专业合作社等3家当地扶贫带动效果显著的特色产业企业。5月26日，开发银行向3家企业发放产业扶贫贷款1100万元，用款企业通过签订帮扶协议、捐赠养殖种苗、提供饲料、培训技术等一系列方式精准帮扶22户建档立卡贫困户脱贫致富。

（五）突出教育扶贫特色

开发银行着力构建覆盖自学前教育入口至高等教育出口"全学龄"阶段的融资工作机制，实现学前教育、义务教育、中职教育、高等教育"四箭齐发"。一是学前教育阶段，向凉山彝区授信23.5亿元贷款，建设450所幼儿园及幼师学院，解决9万多名学龄前儿童学前教育及师资来源问题。二是义务教育阶段,在广安市前锋区等贫困县开展中小学校安工程,新增授信 2.9 亿元。三是职业教育阶段,2016 年在古蔺县首创中职教育助学贷款试点,首批支持学生 150 人,着力解决"两后生"入学难题,推动受惠学生掌握一技之长,实现稳定就业。2017 年将继续在古蔺县推进中职助学贷款工作,同时努力进一步扩大中职助学贷款覆盖面,正与阿坝州沟通在市级层面开展中职助学贷款的相关工作。四是高等教育阶段,与教育厅联合建立"到省、到市、到县、到校、到班、到人"的生源地助学贷款六级宣传发动机制,连续两年实现申贷人数金额双翻番,2016 年分别达到 15 万人次、11 亿元。2017 年上半年,开发银行先后组织 123 人次赴四川省 21 个市(州)举办现场推进会,实现宣介全覆盖。联合省学生资助中心为 164 个区县、110 所高校及各市(州)、县(区)开展 62 场业务专题培训,受训人数逾 6000 人。力争在 2017 年为全省 30 万家庭经济困难学生提供助学贷款 22 亿元。

四川省委、省政府对开发银行教育扶贫工作给予充分肯定,主要领导给予高度评价,并希望开发银行进一步加大金融扶贫支持力度。中央人民广播电台、人民日报、四川日报、金融时报、中国金融家杂志、中国新闻网等媒体多次对开发银行深度参与四川省脱贫攻坚情况、易地扶贫搬迁项目收益债、教育扶贫等事迹进行报道,充分展示开发性金融在脱贫攻坚中的重要作用。省脱贫领导小组办公室《脱贫攻坚简报》等刊物刊发开发银行支持脱贫攻坚、支持教育脱贫的案例。人民银行成都分行、省银监局等 5 家单位对开发银行四川省分行金融扶贫工作进行专题介绍。

开发银行将坚持精准扶贫、精准脱贫基本方略,发挥开发性金融功能和作用,聚焦精准,突出脱贫,注重实效,进一步加大对四川省脱贫攻坚的支持力度。重点做好以下几方面工作:

一是大力推进易地扶贫搬迁。围绕全省 33 万建档立卡人口的易地扶贫搬迁任务和提前实施批次任务,开发银行将继续做好筹资和贷款支持工作。进一步优化贷款模式,简化手续流程,提高资金使用效率。不断完善搬迁后续支持政策,在搬迁安置、产业发展、城镇建设、生态改善等各个方面,为实施易地扶贫搬迁提供全方位金融服务。

二是全力支持扶贫重大基础设施建设。支持贫困地区公路、铁路、机场、水利、能源等重大基础设施建设,积极开展金融扶贫模式创新试点,确定多品种支持方案,着力破解"难在路上、困在水上、缺在电上"的难题。大力推动交通扶贫"双百"工程,支持贫困地区水电项目,探索光伏扶贫和水电矿产资源开发资产收益扶贫试点,推动172项重大水利项目使用PSL优惠政策。

三是重点推动农村基础设施项目。围绕贫困地区发展的突出短板,通过整合财政涉农资金,支持村组道路、安全饮水、农村环境治理、校安工程等农村基础设施项目,支持公共服务改善,加快改善贫困地区落后面貌,全面提升贫困地区生产生活条件,进一步扩大扶贫工作的覆盖面。继续推进古蔺县、兴文县定点扶贫工作,用好、用活、用足政策,打造扶贫样板县。

四是突出教育扶贫特色。完善"全学龄"教育扶贫融资机制,实现学前教育、义务教育、高等教育融资全覆盖。以推动凉山州"一村一幼"项目实施为抓手,加大教育基础设施项目支持力度,加快贫困人口教育保障。发挥生源地助学贷款主力军作用,按照"应贷尽贷"原则,力争每一位学生都不会因家庭经济困难而失学,复制推广古蔺中职教育助学贷款模式。

五是积极支持医疗卫生扶贫。加强与卫生部门合作,共同做好开发性金融支持贫困地区医疗卫生事业发展的机制设计,创新融资模式,支持贫困地区县级医院、乡镇卫生院、村卫生室等基层医疗卫生机构建设,医疗设备更新配置以及远程医疗建设,加快实现贫困人口基本医疗有保障。

六是精准支持贫困地区产业发展。以供给侧结构性改革为指导,积极为贫困地区在培育项目、选准市场、打通销路等方面提供规划和咨询服务,确保产业项目选得准、有实效。加强与地方政府合作,深化"四台一会"贷款模式,整合各方资源,因地制宜探索建立产业扶贫融资机制和模式。加大与龙头企业和新型农村合作组织的合作力度,支持规模化特色种养业、农产品精深加工业、农村服务业、乡村生态旅游业等发展,着力培育壮大贫困村集体经济,带动贫困群众实现永续脱贫致富。

开发性金融支持贵州省脱贫攻坚发展报告

◆·◆

　　贵州省是我国贫困人口最多、贫困面积最大、脱贫攻坚任务最重的省份。近年来,开发银行始终把贵州省脱贫攻坚摆在突出重要位置予以支持。截至2017年6月末,对贵州省66个贫困县实现了贷款全覆盖,累计发放精准扶贫贷款810亿元,贷款余额756亿元,专项建设基金投放154亿元。自2016年以来,完成扶贫项目新增授信近1000亿元,累计发放各类扶贫贷款311亿元,取得"十三五"支持贵州脱贫攻坚良好开局。

一、融智推动,强化银政合作

　　2016年6月,在开发银行胡怀邦董事长和贵州省委、省政府主要负责同志的见证下,开发银行与贵州省人民政府签署《"十三五"深化开发性金融合作备忘录》,将脱贫攻坚确立为"十三五"期间双方银政合作重点内容,为银政双方合力推进脱贫攻坚奠定了坚实基础。开发银行贵州省分行与有扶贫任务的8个市州签订了"十三五"开发性金融合作备忘录,将党建扶贫、脱贫攻坚重点领域作为合作重点内容;通过编制《贵州省"十三五"脱贫攻坚融资规划》《黔西南州山地旅游扶贫发展研究》《剑河县"十三五"生态脱贫融资规划》等规划以及参与各县脱贫攻坚规划编制,帮助当地做好扶贫融资机制设计,引导地方政府聚焦合力,快速发展。开发银行协助编制《剑河县"十三五"生态脱贫融资规划》获省委政研室简报头条及《中央财办定点帮扶剑河县联络联系工作简报》(第9期)刊登,并呈报中央财办和省委主要领导。

二、党委抓总,分片推进

开发银行贵州省分行研究制定了《开发银行贵州省分行党委关于支持脱贫攻坚的工作意见》和《开发银行贵州省分行2016年支持脱贫攻坚工作实施方案》,实现党建与脱贫攻坚工作相互促进、相互推动。通过党委会、中心组学习会、行长专题办公会等形式,研究解决各地金融扶贫工作重点难点问题,对照时间和任务要求,一级抓一级,层层抓落实;分行党委班子成员分别对口贵州省8个市(州),与各市(州)主要领导工作会谈均以推进脱贫攻坚为主要议题,先后赴贫困县开展扶贫实地调研30余次;对口贫困地区客户处与中后台处室党支部联动,分片对口66个贫困县所在的8个市(州),开展以脱贫攻坚为主题的党建活动40余次,共同研究金融扶贫工作措施,并结合"两学一做"学习研讨,强化党员干部责任担当意识。

三、规范职责,做好"五员"

开发银行向贵州省贫困县所在各市(州)统一派驻8名金融扶贫专员,并在派驻地区选择一个县作为金融扶贫对口县。同时另行选拔58名开发银行金融扶贫专员,派驻到省内其他贫困县,实现对贵州省66个贫困县的金融扶贫专员全覆盖。制定了《扶贫金融服务专员工作规则》,对金融扶贫专员的工作性质、选派要求、工作职责、联系沟通机制和工作纪律等方面加以规范,为金融扶贫专员在基层发挥好"党建工作员、宣传员、联络员、规划员和信贷员"

作用,踏实有效地开展工作提供了全面的制度保障。

以黔东南州榕江县为例,扶贫金融专员到县工作后,一是做好"党建工作员"。协助与地方党组织的党建交流,推动与该县党委开展以脱贫攻坚为主题的党建活动,共同探索基层党组织在脱贫攻坚工作中充分发挥战斗堡垒作用的方法途径。二是做好"宣传员"。对该县党政干部开展金融讲座,介绍开发性金融理论知识与扶贫开发案例。三是做好"联络员"。作为榕江县与开发银行之间的沟通纽带,及时反馈协调解决贫困县脱贫攻坚中存在问题和需求。四是做好"规划员"。参与榕江县"十三五"脱贫攻坚规划编制,推动将农村基础设施及旅游扶贫项目纳入开发银行项目开发储备。五是做好"信贷员"。指导地方策划项目,帮助解决项目申报、贷款发放和支付过程中遇到的具体问题。2016年9月,榕江县2016年农村基础设施项目获得开发银行授信10亿元。短短几个月时间,榕江县与开发银行合作从无到有、迈上了一个新的台阶。

四、易地搬迁到省,助力率先打响脱贫攻坚"当头炮"

易地扶贫搬迁是脱贫攻坚战的"首仗",贵州省"十三五"时期五年拟实施搬迁人口162.5万人,是过去十余年的4倍,总投资近1000亿元,资金缺口大。在开发银行的大力推动下,按照国家《"十三五"易地扶贫搬迁工作方案》明确的"中央统筹、省负总责、县抓落实"的原则,贵州省组建了省级易地扶贫搬迁投融资主体——贵州扶贫开发投资公司。开发银行主动帮助贵州扶贫开发投资公司完善融资各项机制建设,并积极推动省政府授权财政厅与省扶贫开发投资公司签订政府购买服务协议,为贵州省易地扶贫搬迁资金落地提供保障。截至2017年6月末,实现"十三五"易地扶贫搬迁专项建设基金34亿元全部投放,惠及32个贫困县17万建档立卡贫困人口;累计承诺贷款556亿元,签订合同63亿元,发放贷款18.8亿元,惠及20个贫困县7万建档立卡贫困人口。

五、创新方式方法，全力推进农村基础设施脱贫

近年来，随着国家财政支农资金的投入逐年加大，资金多头下达、使用分散、效益不显著的矛盾凸显，整合各条线资金，发挥拳头效应日益成为共识。2016 年 4 月，国务院办公厅印发《关于支持贫困县开展统筹整合使用财政涉农资金试点的意见》，开发银行随即落实文件精神，明确通过该方式重点支持"农村公路、农村综合环境整治、农村饮水安全、校园安全工程"四类贫困地区发展"短板"领域，有效解决了各贫困县因财力薄弱、信用等级低造成的农村基础设施融资困难问题。截至 2017 年 6 月末，开发银行整合涉农资金支持农村基础设施项目政策覆盖贵州省 65 个贫困县，新增贷款承诺 457 亿元，发放 105.5 亿元。项目惠及建档立卡贫困人口 269 万人，4700 余个建档立卡贫困村，拟建 5.6 万公里通村通组公路，改善 540 个建档立卡贫困村综合环境，建设 6 个校安工程和新增 4 万立方农村安全饮水工程。

六、围绕地方特色，积极推进产业脱贫

创新机制，打造产业扶贫"贵州模式"。2012 年至今，开发银行与贵州省扶贫办合作，创新推出"四台一会"机制下"开发银行小额农贷"融资模式，形成了由地方政府确定扶贫重点农产化项目，搭建或选择管理平台、统贷平台、担保平台、公示平台和信用协会。开发银行作为贷款人向融资主体授信，融资主体再以委托贷款方式，向农户、合作社或农业产业链上的中小企业、龙头企业（用款人）提供资金；省扶贫办则为贷款项目提供贴息支持的融资机制。该模式得到国务院扶贫办的高度评价，称其为金融扶贫的"贵州模式"。截至 2017 年 6 月末，"开发银行小额农贷"累计授信 43.50 亿元，累计发放 20.13 亿元，金融产品覆盖 22 个贫困县，重点支持了茶叶、生态畜牧、中药材、果蔬等扶贫产业，惠及 1.2 万农户、165 家合作社和 138 家中小企业，带动超过 30 万

农民走上增收脱贫道路。

产融结合,探索"基础设施+产业+贫困户"融资模式。坚持因地制宜、因困施策,以龙里县乡村旅游基础设施建设项目为试点,通过统筹景区内及周边配套休闲设施,将贫困户现有房屋和农用地改造为商铺、农家乐和观光农业园等经营性休闲设施,提高资产附加值,为贫困户脱贫创造了多样化的脱贫方式。该项目的实施,可直接解决莲花村51户贫困户就业问题,每人实现月收入2500元,年收入约30000元,仅一人的工资就能超过原整个家庭的经济收入;村庄风貌改造后大方整洁,与自然景色相得益彰,村民可将房屋改造成特色休闲娱乐设施,可为游客提供下地耕种、砍柴做饭、采摘、酿酒和学唱布依族歌曲等乡村生活体验,可间接带动景区周边村寨85户贫困户259人从事旅游相关的服务,促进贫困户脱贫增收;农户可将家中空置房屋交由政府统一包装、管理、出租,获得的租金收入扣除相关成本和费用后全额返还房屋所有者,预计房屋租金可达6万元/年。此外,还可利用乡村独特的自然生态条件和山水景观,发展休闲农业特色生态旅游,将原有的传统果蔬农田逐步改造为农业观光、农事体验、特色农庄、农情民舍等附加值高的乡村旅游项目,带动当地贫困户持续增收脱贫。截至2017年6月末,开发银行在贵州承诺"旅游扶贫+"项目贷款12.2亿元,发放贷款9.4亿元,项目惠及建档立卡贫困人口1万余人。

专栏:开发性金融支持龙里县乡村旅游基础设施项目带动产业扶贫案例

龙里县位于贵州省黔南州布依族苗族自治州。龙里县区位交通、生态资源、民族文化、乡村旅游等优势明显。开发银行贵州省分行充分发挥开发性金融的融资融智优势,与贵州省旅游资源优势相结合,以完善贫困地区乡村旅游基础设施为切入点,以贫困户增收脱贫为落脚点,主动服务地方政府支持脱贫攻坚。

一是坚持规划引领,建立"造血"式扶贫机制。2016年4月15日,开发银行贵州省分行与黔南州政府签订"十三五脱贫攻坚合作备忘录",并与州属各县开展扶贫规划合作。积极参与龙里县扶贫规划编制,提出的融资、旅游、基础设施扶贫等方面意见被县政府采纳。

二是依托政府采购模式，探索创新了"基础设施＋产业＋贫困户"的扶贫模式。龙里县莲花村乡村旅游基础设施建设项目总投资2.8亿元，开发银行贷款2亿元，主要用于景区内基础设施的建设与整治。项目采用政府购买服务模式，龙里县文化和旅游局作为采购主体、贵州腾龙实业集团有限公司作为服务提供方(项目借款人)组织实施。该项目的实施，可直接解决约51户贫困户脱贫问题，间接带动景区周边村寨85户贫困户259人从事旅游相关的服务，促进贫困户增收脱贫。此外，农户可将家中空置房屋交由政府统一包装、管理、出租，通过开展观光农业园经营、出租增收。

2016年，龙里县旅游接待人数381.05万人次，同比增长93.62%，实现旅游总收入24.07亿元，同比增长128.91%。实现了"造血"式扶贫。

七、坚持应贷尽贷，持续推进生源地助学贷款工作

多年来，开发银行与贵州省教育厅合作，推动建立省级高校学贷中心、县级资助中心，联合开展考核监督和诚信宣传，财政等部门建立风险补偿金和财政贴息制度，实现财政的资助政策、教育的组织体系、银行融资模式的协调统一，切实做到了"全覆盖"和"应贷尽贷"。2016年开发银行向贵州省发放生源地助学贷款19亿元，同比增长35%，创历史新高，惠及30万家庭经济困难学生。截至2017年6月末，累计发放生源地助学贷款77亿元，帮助贵州省60余万贫困学子平等接受高等教育，同时将违约率控制在较低水平，得到了全国学生资助中心的充分肯定。

八、多措并举，助推定点扶贫县脱贫攻坚

国务院确定的中央国家机关和单位定点扶贫县中，开发银行4个定点扶

贫县有 3 个在贵州,分别是位于武陵山连片特困地区的务川、正安和道真县。开发银行秉承开发性金融理念,为三县提供发展顾问咨询和扶贫项目融资规划报告;并将支持三县发展生产与改善民生相结合,加大信贷投放,构建形成"融资融智并举、大小项目搭配、中长短期资金配合"的金融扶贫格局。截至2017 年 6 月末,累计向三县承诺贷款 72 亿元,发放 57 亿元,落实捐赠扶贫资金 2677 万元,为正安、务川、道真实现省级减贫"摘帽"发挥了积极作用。

开发银行将紧密结合贵州省脱贫实际和发展需要,抓重点、抓关键、抓落实、抓成效,积极做好金融扶贫工作,支持贵州加快经济社会发展、如期实现脱贫攻坚目标。

一是坚持"四到"和"三融",完善体制机制。以易地搬迁资金专项基金和长期贷款的投放为契机,帮助各级部门进一步完善资金使用管理各项制度,确保各类资金合规高效使用。同时,积极配合国家和省有关部门做好对各地易地扶贫搬迁资金的监督检查和考核评价工作,防止一搬了之、一放了之。协助各地完善整合财政涉农资金方案和资金使用办法,确保资金及时投入项目建设;尽早将开发银行政策惠及 16 个连片特困地区贫困县,实现 66 个贫困县农村基础设施项目全覆盖;大力支持交通扶贫"双百"工程以及水利、能源等基础设施建设,破解贫困地区"难在路上、困在水上、缺在电上"的难题;继续推进"开发银行小额农贷"模式,在完善"四台一会"机制基础上,将贷款惠及更多贫困县;按照"应贷尽贷"原则,继续做好生源地助学贷款工作。

二是不断创新融资模式,扩大支持范围。探索"省带县、市带县"模式支持教育、医疗脱贫。教育扶贫方面重点探索支持中等职业学校建设,医疗扶贫重点支持贫困地区县级医院、乡镇卫生院、村卫生室等基层卫生机构及医疗卫生设备更新;以"旅游扶贫 +"模式,将"四在农家、美丽乡村"等贫困村提升工程、旅游基础设施与特色小镇建设等项目结合起来大力推进;结合贵州"三变"经验,探索转贷款模式支持农业产业化扶贫;以易地扶贫搬迁后续产业发展和资产收益扶贫为重点,支持搬迁贫困群众发展产业脱贫。

三是加强组织保障,继续完善融资融智模式。继续探索通过党建合作促进和推动扶贫工作的工作方法。扶贫金融专员继续深入基层,发挥好"五员"作用,特别是要发挥好"融智"作用,积极为贫困县融资发展出谋划策;定点扶贫县挂职干部做好地方和开发银行联络工作,继续加大定点扶贫力度;完善相关考核制度和服务保障机制,确保扶贫金融专员能够深入基层专心开展扶贫工作;积极反映和交流工作中的新思路、新做法、新亮点。

四是强化风险管控,确保将好事办好。进一步加强各类扶贫贷款的自查和监管,坚持合规操作,坚决防止信贷资金滞留和被挪用等现象发生;把好项目准入关,完善融资方案,搭建好信用结构,加强扶贫业务全流程风险防控;积极做好与监管部门的沟通协调,保障扶贫业务可持续发展。

开发性金融支持云南省
脱贫攻坚发展报告

◇◆◇◆◇◆◇◆◇◆◇◆◇◆◇◆◇◆◇◆◇◆◇◆◇◆◇◆◇◆◇◆◇◆◇◆◇◆◇

云南省作为全国脱贫攻坚的主战场之一,贫困面大、贫困人口多、贫困程度深,打赢脱贫攻坚战事关全面建成小康社会,事关人民福祉,事关边疆繁荣稳定和民族团结进步。开发银行一直以来将支持云南省脱贫攻坚作为重点,充分发挥开发性金融在服务云南脱贫攻坚的重要作用,坚持大情怀大思路全力支持脱贫攻坚,因地制宜、开拓思路、创新方法、精准发力,为云南省脱贫攻坚作出积极贡献。截至2017年6月末,开发银行在云南省中长期人民币贷款余额、外汇贷款余额、本外币贷款余额新增等十项指标位居全省金融机构第一,累计已发放精准扶贫贷款907亿元,贷款余额758亿元。

一、加强银政合作,形成脱贫攻坚合力

2016年5月,开发银行与云南省委、省政府主要领导举行高层会谈,双方签署了《开发性金融支持云南省脱贫攻坚合作备忘录》(以下简称《备忘录》)。根据《备忘录》,未来五年,开发银行将切实加大对云南省贫困地区和脱贫攻坚领域的融资规模力度,在规划发展、重大基础设施建设、易地扶贫搬

迁、整村整乡推进、产业扶贫、生态保护脱贫、教育扶贫、民族团结进步示范区、兴边富民、"直过民族"聚居区、人口较少民族聚居区建设等方面,提供全面融资、融智支持。同时,开发银行云南省分行分别与省内有关厅局签订了交通建设、水利建设、职教、医疗扶贫补短板四个专项合作协议,支持云南省综合交通、水利、职教、医疗事业发展。进一步深化了双方银政战略合作关系,尤其是从顶层设计上进一步加大了开发银行对云南脱贫攻坚工作的支持力度。

二、稳打稳扎支持云南交通建设,
破解云南脱贫攻坚瓶颈制约

云南省山区面积占全省国土面积的 94%,行路难、出行难是阻碍贫困地区发展的最主要制约因素。开发银行始终将解决云南省交通问题作为工作的重点,开拓思路、勇于创新,研究金融支持交通扶贫的工作方案,解决项目融资中存在的难题,不断加大对交通建设,尤其是贫困地区交通建设的投入力度。截至 2017 年 6 月末,对全省交通基础设施建设累计投放资金近 2000 亿元,同业占比超过 1/3,解决了 92 个区县对外交通难题,帮助 52 个贫困区县完善对外通达,支持建成了全省 65% 以上的高速公路、25% 以上的二级公路以及 80% 以上的铁路。

三、真抓实干破解云南缺水难题,
深入推进"兴水强滇"战略实施

长期以来,云南省工程性缺水问题一直比较严重,群众因水受困、因水致贫现象突出。开发银行积极参与重点水源建设规划编制,提早介入设计筹资方案及融资模式,并按照统筹规划、政府指导、整合资源的原则,建议省政府遴选对解决缺水问题见效快、意义重大、短期内具备开工条件的水源工程统

一规划、统一审批、统一授信、统一设计还款来源以及信用结构,加快工作进程,实现水利项目的尽快落地。截至 2017 年 6 月末,开发银行向云南省贫困地区发放水利贷款 83.05 亿元,惠及贫困地区建档立卡贫困人口 308 万人。

四、积极提供农村危房改造基础设施贷款,改善贫困村民居住环境

农危改项目有利于推进贫困村庄基础设施、公共服务和乡村环境的全面提升,实现农村生产生活方式的根本转变,是与贫困农民自身利益密切相关的扶贫之举。开发银行结合地方实际,按照"省级统贷、整体承诺、分县核准、分笔签约"模式,先期对云南省 2015—2019 年农村危房改造和抗震安居工程省级统贷项目(基础设施部分)承诺贷款 50 亿元,分 5 年实施,每年 10 亿元贷款支持全省 500 个省级示范村的污水处理、生活垃圾收运及处理、公厕建设、道路硬化、供水及农村道路照明 6 项基础设施建设。截至 2017 年 6 月末,共实现贷款发放 19.63 亿元,支持了全省 16 个州(市)126 个县(区)974 个示范村的基础设施建设,使惠及的 55.82 万群众有了实实在在的获得感,受到广大贫困地区农户的高度好评。

五、只争朝夕率先完成易地扶贫搬迁专项建设基金及贷款双投放,为打赢脱贫攻坚首仗提供坚实保障

2016 年 4 月,开发银行按照"省负总责"要求,采用"省级统贷、整体承诺、分县核准、分笔签约"的模式,向云南省扶贫开发投资公司承诺贷款 227.5 亿元(中央贴息贷款),惠及云南所有涉及易地扶贫搬迁的 122 个县(市、区),支持全省 65 万建档立卡贫困人口易地扶贫搬迁,有力支持了云南省做好易地扶贫搬迁工作。

六、真抓实干推进农村基础设施建设，
改变贫困地区基础设施落后面貌

农村基础设施是贫困地区经济社会发展的重要基础，是扶贫开发中最迫切需要解决的问题。为积极支持和响应国家有关支持贫困县开展统筹整合使用财政涉农资金试点的精神，进一步提高资金使用效益，形成"多个渠道引水、一个龙头放水"的扶贫投入新格局，保障云南省贫困县集中资源打赢脱贫攻坚战，开发银行围绕贫困县农村基础设施等难点和"短板"，创新融资方式，积极为贫困县贫困户集中连片乡村道路、安全饮水、校安工程、农村环境整治等精准扶贫项目建设提供贷款支持，彻底破解当地脱贫攻坚的关键瓶颈，加快改善建档立卡贫困村基础设施的落后面貌。截至2017年6月末，开发银行已通过整合财政涉农资金贷款模式，对云南省9个州市58个国家级贫困县2669个贫困村的乡村道路、安全饮水、校安工程、农村环境整治等农村基础设施项目，共计承诺贷款367亿元，实现发放85亿元。

+·+

专栏：补齐深层致贫的云南省职业教育、医疗卫生短板

为深入贯彻落实中央坚决打赢脱贫攻坚战的精神，提高云南省贫困人口的职业技能和就业能力，改善对云南省贫困人口的医疗服务能力和提升贫困人口健康水平，开发银行将此项工作作为重中之重抓紧推进，创新融资模式，按照"省级统贷、整体承诺、分项核准、分笔签约"的原则，为全省职教扶贫和医疗卫生扶贫领域积极争取522亿元授信支持，用于全省104个职教学校（园区）及107个县级公立医院和妇女儿童医院的建设。

职教、医疗扶贫专项贷款是对云南省脱贫攻坚补短板采取的针对性措施，是省委、省政府确定的全省脱贫攻坚重点和特色工作。该专项贷款符合中央有关精神，金额大、期限长、利率低，对云南这样的欠发达省份是十分宝贵的优质金融资源。2016年年底实现了第一期项目202亿元的整体授信承

诺,截至 2017 年 6 月末,已实现贷款发放 16.02 亿元。开发银行攻坚克难,补齐职教、医疗卫生短板的工作取得了实在成效,切实改善了贫困群众教育、医疗等公共服务质量,得到了云南省委、省政府的高度认可。

七、坚持不懈独家开展生源地助学贷款,助力贫困学子圆大学梦,阻断贫困代际传递

治贫先治愚,扶贫先扶智。教育特别是高等教育是阻断贫困代际传递的治本之策。多年来,开发银行作为开展生源地助学贷款的主力金融机构,按照"应贷尽贷"的要求,与各级教育部门共同努力,助力贫困学子圆梦求学。截至 2017 年 6 月末,开发银行已向云南省累计发放助学贷款 49.47 亿元,年均增长近 30%。支持贫困大学生 80.95 万人次,实现 100% 覆盖全省 16 个州(市)129 个县区及 71 所高校。特别是 2015 年以来,每年助学贷款发放量均在 10 亿元以上。其中 85% 的资金支持云南藏区、乌蒙山区、滇桂黔石漠化区和滇西边境山区等连片特困地区,重点满足少数民族、少小民族、建档立卡贫困户家庭学生用款需求,精确瞄准教育最薄弱领域和最贫困群体。开发银行助学贷款已全面惠及云南每年高校录取学生中的贫困生源。

八、因地制宜依托龙头企业支持产业扶贫,推动"造血"型扶贫

贫困地区没有产业,扶贫开发就缺少支撑。开发银行努力创新服务"三农"融资模式,并采取"产业扶贫到村(户)"的方式,对祥云飞龙、遮放贡米、保山石斛等扶贫龙头企业给予中长期信贷投放 11 亿元,充分发挥现代农业在贫困群众增收中的基础作用。通过龙头企业带动农户种植、产品深加工和销

售等从第一产业到第三产业的全面融合发展,引入电商推动"互联网＋"与特色农业深度融合发展,打通云南地方特色农产品的销售渠道。切实实现"五个一批"工程中"发展生产脱贫一批"在脱贫攻坚工作中的关键作用。旅游是云南省确定的特色重点产业,旅游扶贫是脱贫攻坚的重要方向,开发银行对华侨城(云南)投资有限公司发放7亿元贷款,支持特色小镇、旅游景区升级改造等项目建设,帮助相关贫困地区改善就业,发展经济,特别是直接帮助了建档立卡贫困户增加收入,稳定脱贫。

九、满怀深情做好"挂包帮""转走访"工作,举全行之力派驻扶贫金融服务专员为贫困地区提供融智服务

开发银行云南省分行与昭通市彝良县柳溪乡白虾村挂钩结对,会同地方政府集中人力、财力、物力为所驻村办实事、办好事,全力扶助白虾村年内脱贫出列:一是深入白虾村调研扶贫工作,为该村贫困户捐款6.9万元,为65户贫困户每户送上了1000—2000元的产业发展资金;二是协调300万元资金为该村修建进村道路,提供200万元贷款完善村内基础设施;三是驻村工作队自发在行内筹集捐款2万余元,为特困户献上开发银行员工的大爱真情;四是积极探索产业扶贫融资机制及模式,支持该村规模化特色养殖、种植。目前,白虾村已有62户建档立卡贫困户顺利脱贫,近三分之二的村民实现易地扶贫搬迁,昔日贫困落后的村庄如今换了新颜。同时,注重加强对贫困村基层党支部的帮扶,从党费中安排55万元用于昭通市彝良县柳溪乡、镇雄县芒部镇基层党组织活动场所修缮及设施更新,筑牢扶贫攻坚的微观基础,激发贫困地区群众脱贫致富的主体意识。开发银行还累计优选近40名处级干部、业务骨干分赴各州市交流挂职,担任金融扶贫服务专员,直接帮助基层单位申请和精准使用扶贫贷款、专项建设基金,发挥金融的力量,有效推动扶贫工作开展。

开发银行将围绕云南省脱贫攻坚实际,发挥开发性金融优势和作用,进

一步加大融资融智支持力度,为云南如期全面完成脱贫攻坚任务、与全国同步全面建成小康社会作出积极努力和更大贡献。重点抓好以下几方面工作:一是创新融资模式,着力加强对贫困地区基础设施项目的支持。围绕《云南省五大基础设施网络建设规划(2016—2020)》,继续将改善贫困地区基础设施作为扶贫工作重点,加强与地方政府合作,充分发挥投、贷、债、租、证等多种方式,创新金融产品,丰富融资模式,促进云南路网、水网、能源保障网、航空网、互联网五大基础设施网络建设,着力破解"难在路上、困在水上、缺在电上"的难题,改善贫困地区生产生活条件,为实现云南省全面脱贫打下基础。二是优化资金使用程序,提高脱贫攻坚项目资金使用效率。配合省级相关部门、各级地方政府加快落实农村危房改造、易地扶贫搬迁、职业教育扶贫、医疗卫生扶贫、贫困村基础设施等已承诺扶贫项目贷款发放、支付条件,理顺工作机制,简化、优化资金使用程序,加快信贷供给速度,提高资金使用效率,减少资金沉淀,降低资金使用成本,最大化发挥贷款资金的扶贫杠杆作用,为项目建设提供资金支持,保障项目建设进度。三是突出地方特色,积极推动贫困地区产业扶贫项目开发。加强与地方政府合作,强化"四台一会"建设,形成"政府主导、机制建设、统一借款、社会共建、农户受益"的批发式扶贫融资模式。加大与龙头企业和新型农村合作组织合作力度,结合各地资源禀赋,以供给侧结构性改革为指导,积极协助有关部门做好项目策划和融资方案设计,为贫困地区在培育项目、选准市场、打通销路等方面提供规划咨询服务,确保产业项目选得准、有实效,着力培育壮大贫困村集体经济,带动贫困农户脱贫致富。

开发性金融支持陕西省
脱贫攻坚发展报告

陕西省属于贫困人口较多的省份。截至 2015 年年底,全省有国家级贫困县 56 个,建档立卡贫困人口为 105.7 万户 316.7 万人。贫困人口规模在全国排第 9 位,贫困发生率排第 7 位。2016 年以来,开发银行充分发挥开发性金融扶贫主力军作用,按照"易地扶贫搬迁到省、基础设施到县、产业发展到村(户)、教育资助到户(人)"的工作思路,积极支持全省打赢脱贫攻坚战。截至 2017 年 6 月末,累计投放精准扶贫资金 284 亿元,其中 2017 年发放 124 亿元。在产业扶贫、基础设施扶贫等方面积极创新,形成开发性金融扶贫"商洛模式""开发银行 + 政府 + 省供销集团 + 农业龙头企业 + 贫困户"产业扶贫模式,并取得积极成效。陕西省委书记和省长都对开发银行支持陕西省脱贫攻坚工作作出批示。省委书记批示:"开发银行一直大力支持和保障我省的发展和民生工作,一定要坚持良好的合作。"省长批示:"开发银行对我省脱贫工作支持力度很大,我们要做好相关工作,使资金尽早到位、尽快发挥效益。"开发银行的工作同时也得到各级政府部门的认可和广大贫困群众的拥护。

一、统一思想认识，凝聚发展共识

一是顶层设计，开发银行陕西省分行成立脱贫攻坚专项工作小组，组建了脱贫攻坚强有力的战斗团队，发挥统筹推动作用。二是组织领导，开发银行陕西省分行及时召开扶贫开发工作会议，统一思想认识、强化责任担当、明确"四到"的工作思路、确定阶段性目标任务。三是落实考核，开发银行陕西省分行党委与各客户处签订目标考核责任书，强化扶贫工作考核管理。四是党建统领，把脱贫攻坚作为开展"两学一做"学习教育的重要实践，为脱贫攻坚提供坚强政治保障。

二、加强银政合作，夯实工作机制

一是构建合作框架。开发银行陕西省分行在全省率先与省发展改革委、省扶贫办签订了《易地扶贫搬迁合作协议》，与省供销集团签订了《产业扶贫开发合作协议》，与省移民集团签订了《易地扶贫搬迁贷款合作协议》和《易地扶贫搬迁专项建设基金合作协议》，与咸阳、宝鸡、商洛、安康、汉中、铜川、榆林、渭南等地市政府签署扶贫开发合作协议或"十三五"合作备忘录，构建省、市、县基本合作框架。二是加强内外部制度建设。首先理顺外部机制，与省移民办、移民集团、省农发行建立联席会议制度，推动全省易地扶贫搬迁工作建章立制，配合省级投融资主体组建，帮助集团完善治理结构，理顺融资机制；其次建设内部制度，建立易地扶贫搬迁项目开发、评审、授信审议绿通道，对扶贫项目随开发、随评审、随审议。起草编制易地扶贫搬迁规划、融资方案、项目管理办法、资金管理办法。三是探索新模式，在商洛市率先创建开发性金融支持脱贫攻坚新模式，将开发银行的资金优势、地方党委和政府的组织协调优势以及财政部门的就近监管优势紧密结合，为打开全省扶贫工作局面蹚出了新路。利用"四台一会"模式推进产业扶贫，搭建省级"四台一会"省供销集团扶贫模式,引入省再担保公司,以洛南县为试点搭建县级"四台一会"扶贫模式取得了积极成效。

三、坚持"四到"思路,创新模式精准施策

（一）易地扶贫搬迁"到省",打好脱贫攻坚揭幕战

一是领导干部身先士卒,打开工作局面。开发银行陕西省分行领导先后20余次向省委、省政府领导汇报宣介开发银行信贷政策,灵活做好融资模式与陕西实际情况的衔接,取得了省政府和相关部门对开发银行工作的认可。二是积极参与顶层制度设计。协助全省易地扶贫搬迁工作建章立制,参与搬迁规划、实施方案、融资方案、项目资金管理办法、《政府购买服务协议》等文件的起草工作。配合省级投融资主体组建,帮助公司完善治理结构,理顺融资机制。推动省移民办、移民集团、省农发行与开发银行建立了四方联席会议制度,搭建工作平台。三是实现大额资金投放。按照省级投融资主体"统一贷款、统一采购、统一还款"的融资模式,向全省"十三五"易地扶贫搬迁授信437.5亿元,实现资金投放77.9亿元。

（二）基础设施"到县",多措并举改善贫困地区人居环境

一是整合财政涉农资金,支持贫困村基础设施建设。不到半年时间向全省51个贫困县承诺贫困村基础设施贷款195.39亿元,已发放83亿元,惠及4295个贫困村510万人,能够建设2.3万公里村组道路、1537个校安工程项目,解决了251万人的安全饮水和3566个贫困村的环境整治问题。二是稳定支持重大基础设施建设。向省交建集团发放25亿元流动资金贷款,用于贫困地区高速公路维护改造;向省交通投资公司承诺农村公路项目贷款112.85亿元;积极开发交通"双百"工程项目,开展西银铁路等项目评审授信工作。

(三)产业"到户到村",探索贫困群众长效增收致富新路径

立足陕西资源产业优势,突出贫困人口直接受益,因地因产业因项目制宜创新模式,"抓住重点、建立条线、全面推开"点、线、面结合。2016 年以来累计向中小企业、农村合作社、旅游、煤化工等扶贫项目发放贷款 55 亿元。一是抓住重"点",推动多个行业的产业项目,向旅游、电力、化工等重点特色产业发放扶贫贷款 49 亿元。二是建立条"线",搭建以省供销集团为龙头的省级产业扶贫机制,充分发挥陕西省供销社体系机制作用,确定合作额度 30 亿元,已发放贷款 0.43 亿元,支持 8 个贫困县 9 家龙头企业带动建档立卡贫困户3000 户。该模式得到国务院领导的批示肯定。三是全"面"推开,运用"四台一会"机制促进产业扶贫,批量支持贫困地区对脱贫具有较大带动作用的中小企业,发放中小微企业贷款 4.43 亿元。

+·+

专栏:"政府+供销集团+金融+龙头企业(合作社)+贫困户"模式

陕西省充分发挥供销社体系机制作用推进产业精准扶贫,探索"政府+供销集团+金融+龙头企业(合作社)+贫困户"模式,开发银行与陕西省供销系统合作建设金融产业扶贫省级"四台一会"模式。向省供销集团投入 0.2亿元国家专项建设基金,截至 2017 年 6 月末,对省供销集团的首批 1 亿元流贷授信承诺已完成,贷款发放 0.43 亿元,该笔资金用于支持涉及 8 个贫困县的 9 家龙头企业,可直接或间接带动近 3000 户建档立卡贫困户脱贫。

该模式主要有以下几个特点:一是把开发银行的融资融智优势与省供销社的组织体系优势、农业行业资源优势相结合,把开发性金融信用资源嵌入供销社产供销体系,以组织化、社会化、批发化方式,系统性地解决千家万户的融资约束。二是以财政扶贫资金为杠杆,以金融为支撑,以契约形式建立"五位一体"利益共同体。贫困户融入企业全产业链条,得到多种收益,有效规避市场波动风险;供销集团扩大了资本,拓展了业务,与龙头企业形成了利益捆绑,可共同打造农产品品牌,共同建设销售渠道,共同承担市场风险;龙头企业(合作社)得到了土地、项目、资金等多方面支持,推动做大做强;政府

找到了精准扶贫新的载体，助推了地方特色主导产业发展。开发性金融"四台一会"模式打通了资金"借用管还"路径，保障了资产安全。三是可有效整合各项扶贫资金，提高资金投放的针对性，提升扶贫资源利用率。政府财政系统将扶贫资金由"撒胡椒面"转变为贫困户股金，集中投向龙头企业，企业带动发展产业，使财政扶贫资金变成资本，用于扩大再生产，扶贫更有针对性。通过"四台一会"机制将开发性金融扶贫资金与财政资金、企业资金相结合，有效放大财政资金使用效率，也增加了企业资本。四是提升了金融精准扶贫的可持续性。通过政府推动、市场运作、龙头带动，搭建平台聚集资源要素，加快发展当地优势特色产业，增强了"造血"能力；贫困户通过股份收益、土地流转、就地打工等方式，获得工资性、经营性、投资性等多种收入；带动一家一户与大市场有效对接，帮助贫困户规避市场风险。五是充分发挥政治和制度优势，政府强力推动，政策配套带动，各方联合行动，形成产业精准扶贫"组合拳"。统筹金融扶贫与财政扶贫、专项扶贫、行业扶贫、社会扶贫等资源，系统推动产业精准扶贫。

（四）教育扶贫"到户"，推动阻断贫困代际传递

截至 2017 年 6 月末，开发银行已向陕西省发放生源地助学贷款 75.09 亿元，支持 123.21 万人次的贫困家庭大学生，其中 2016 年发放贷款 7.77 亿元，惠及 11.85 万名贫困大学生。

四、发挥融智优势，提供智力支持和人才保障

一是规划先行。积极参与省"十三五"易地扶贫搬迁规划和省"十三五"脱贫攻坚系统性融资规划的编制工作；为安康市宁陕县、铜川市宜君县、印台区三个国家级贫困县编制《"十三五"脱贫攻坚融资规划》，帮助制定差异化脱贫路径。二是选派交流干部。向全省选派了 10 名金融服务专员，向南郑县选

派了 2 名驻村联户扶贫干部,向省委组织部推荐了 4 名挂职副县(区)长。三是与地方政府联合举办扶贫开发融资业务培训。联合省移民办、移民集团对 10 个地市 97 个县区 500 余名干部进行易地扶贫搬迁财务管理培训,在商洛、渭南等地市对扶贫资金使用、易地扶贫搬迁可研报告编制及四项审批手续办理进行专题培训,帮助贫困地区干部更好地掌握扶贫融资政策,了解开发性金融支持脱贫攻坚的理念和做法。四是加强政策宣传与典型推介。总结扶贫开发融资案例和模式,参加省金融团工委第一届双提升活动,"五位一体"产业精准扶贫等六个典型模式获"金点子"方案。在金融时报、陕西日报等媒体,宣传介绍开发银行支持脱贫攻坚的方法和经验,总结脱贫攻坚的好做法好思路。

开发银行将以习近平总书记关于脱贫攻坚的系列重要讲话精神为指引,全面贯彻落实中央经济工作会议、全国扶贫开发工作会议和全行年度工作会议精神,坚持精准扶贫、精准脱贫基本方略,坚持发挥开发性金融的功能和作用,坚持"四到"的工作思路和方法,以服务供给侧结构性改革为着力点,聚焦精准,突出脱贫,注重实效,为陕西省决胜脱贫攻坚战提供全力支持和服务。

开发性金融支持甘肃省
脱贫攻坚发展报告

2016 年以来,开发银行围绕甘肃省"1 + 17"精准扶贫工作方案,着力构建到省到市到县扶贫工作机制,保障信贷资金到村到户到人,在易地扶贫搬迁、村社基础设施、特色富民产业、助学贷款等重点领域统筹发力、积极试点,探索通过区域经济发展带动农户脱贫增收的路子,发挥好金融扶贫排头兵作用,累计发放各项扶贫贷款 360 亿元。

一、助力"易地扶贫搬迁脱贫一批"

牢牢把握"省负总责"原则,按照国家有关政策要求,密切财政、发改等主要部门常态化沟通,参与全省方案编制,建立省级平台和政策框架,理顺全省"借、用、管、还"机制。2016 年 2 月 19 日,开发银行甘肃省分行与甘肃省财政厅签订《易地扶贫搬迁贷款合作协议》,约定向甘肃省"十三五"易地扶贫搬迁提供全额融资支持。根据国家确定的全省"十三五"搬迁任务,落实 285 亿元正式贷款承诺。截至 2017 年 6 月末,已按各县(区)项目审批进度完成核准 93 亿元,其中 2016 年项目已核准 53 亿元,2017 年计划项目核准 40 亿元,累计投放贷款56亿元,覆盖全部有搬迁任务的县(区)。后续还将全面考虑"稳得住、能致富"问题,在做好建档立卡户搬迁全额融资保障的同时,努力破解同步搬迁融资模式和后续产业扶持两大课题,支持甘肃省完成好"十三五"易地扶贫搬迁任务。

二、支持"发展生产脱贫一批"

经过近几年的探索,开发银行在甘肃省已经形成分层施策的产业扶贫思路和模式,坚持普惠金融与特惠金融相结合,针对不同类型用款人,分别建立批发统贷机制,分层次解决资金需求。对普通农户,主要通过村级互助资金解决贷款难题;对小微加工企业、农业合作组织,推动建立政府增信措施,通过"四台一会"模式予以支持;对农业龙头企业,实施产业扶贫专项贷款工程或开展扶贫转贷款业务。2016年年底以来,试点向两当、徽县、积石山、临洮、通渭5个县区2000多户农户承诺互助资金小额信用贷款7400万元、发放2768万元,并在18个贫困县继续推广;2016年向天水市一次性承诺互助资金贷款20亿元、发放10亿元,实现全市1034个建档立卡贫困村全覆盖。与甘肃银行合作,在陇南完成省内首笔5000万元扶贫转贷款落地,支持电商扶贫带动农户发展。在通渭实现省内首个光伏扶贫村级电站项目贷款承诺。未来将进一步发挥批发业务优势,创新产业扶贫融资机制,与省财政厅共同探索推进产业扶贫专项贷款工程,促进特色产业培育和县域经济提升,充分发挥龙头企业、农业合作组织脱贫带动作用。

三、推进"生态补偿脱贫一批"

2016年一季度,结合内外部各项支持政策,针对甘南州生态文明小康村项目提出"统一规划,分年实施"的思路,协助甘南州就成熟度较高的2015—2016年实施部分统一编制实施方案,整合项目,克服长期以来项目"小而散"

的问题,同时探索整合财政资金,保障项目资本金和还款资金来源,为大额融资创造条件。2016 年 4 月,实现 18 亿元贷款承诺、12.5 亿元贷款发放,成为甘南州建州以来一次性获得的最大额度贷款支持,将惠及建档立卡贫困人口约 5800 户 25000 人。

四、落实"发展教育脱贫一批"的要求

截至 2017 年 6 月末,累计向甘肃省发放生源地信用助学贷款 79 亿元,资助 86 个县区 57 万贫困学生,其中对建档立卡贫困家庭实现全覆盖,2016 年建档立卡贫困家庭学生贷款占比 50% 以上,2017 年预计发放贷款 14 亿元以上。同时,在全国打赢教育脱贫攻坚战现场会上与省教育厅、教育部中国教学仪器设备有限公司签署《助力教育脱贫协议》。后续三方将按照省级统筹、地市承接、县区实施的模式,通过 PPP 方式,在未来 5 年分 3 批滚动实施甘肃省贫困地区教育扶贫项目,融资总额 100 亿—120 亿元,用于贫困县(区)教育教学仪器购买及相关配套基础设施建设,其中 2017—2020 年项目一期融资 30 亿元,力争 2017 年选择 1—2 个积极性高的地区实现项目落地。

专栏:开发银行支持甘肃省生源地助学贷款情况

2007 年,开发银行探索建立以学生资助中心建设为基础、以政府统筹协调为手段、以推动信用建设为保障的运行机制,在甘肃会宁县成功启动全国生源地信用助学贷款,助力破解民生瓶颈、发展普惠金融。会宁试点以来,开发银行坚持走社会化、组织化、具有开发性金融特色的助学贷款发展之路,以省学生资助中心为管理平台,以各县区学生资助中心和基层政府为操作平台,不断巩固完善业务机制。

目前,开发银行在甘肃省累计发放贷款 79 亿元,实现了 86 个县区全覆盖,累计资助 57 万贫困学生、144 万人次,累计本息回收率 98.6%。以此为基础,开发银行也逐步确立民生业务"用批发的方式解决零售的问题,用统一的

标准模式解决千家万户的共性问题"的核心理念。

贷款政策：利率执行基准（目前 4.9%），额度研究生每年不超过 12000 元，其他学生（本科、大专高职等）每年不超过 8000 元，期限一般不超过 20 年（3 年宽限期），主要用于学生学费、住宿费，学生在校期间由财政全额贴息，毕业后自付本息。

五、融资保障贫困地区基础设施改善提升，夯实脱贫发展基础

在省级合作层面，与省财政厅、省交通厅、省水利厅做好对接，继续全额落实通村道路、安全饮水项目资金保障。2017 年发放通村道路贷款 28 亿元，累计向全省通村道路、农村饮水安全工程提供 54 亿元贷款，支持建设通村路近 3 万公里，解决了 145 万人口饮水安全问题。在市县合作层面，紧抓整合财政涉农资金政策机遇，因地制宜、因县施策，采取市带县、直对县两种模式加快推进贫困村基础设施项目落地。2015 年年末以来，即先后在革命老区、藏区等扶贫重点区域先行探索县级、州级财政资金整合，支持贫困村基础设施建设，以甘肃省"整村推进"扶贫机制为基础，通过整合县级财政资金，向革命老区华池县提供资金 5500 万元，解决 6 个核心村基础设施建设资金难题。2016 年国办 22 号文发布后，开发银行以陇南市为试点，力争实现重点突破，形成示范效应，两个月就完成整合财政涉农资金支持贫困村基础设施项目 60 亿元贷款承诺、34.4 亿元贷款发放。创新融资模式，在张掖、武威统筹推进祁连山自然保护区农村基础设施和生态环境综合整治，完成 11 亿元贷款承诺；在甘州实现整区（县）高标准农田项目合作，发放贷款 2 亿元。

开发银行对甘肃脱贫攻坚的金融支持，不仅体现在大额资金的及时到位，更体现在其聚焦战略方向、瞄准政府热点、创新模式、建设机制的主动担当。从省级统筹通村道路、安全饮水、易地扶贫搬迁，到贫困村基础设施到县，从产业扶贫互助资金到村、到户，到助学贷款资助到人，无不体现开发性

金融规划先行、雪中送炭的作用。这当中，开发银行通过干部挂职、业务培训等方式，向市县政府提供融智支持。连续2年派出10名扶贫开发金融服务专员，赴集中连片贫困地区所在10市（州）挂职交流，专职从事开发性金融扶贫工作。先后在北京举办3次开发性金融支持秦巴山区、六盘山区、四省藏区脱贫攻坚干部培训班，累计参训干部65人。

开发银行将全面贯彻落实中央经济工作会议、全国扶贫开发工作会议和全行年度工作会议、扶贫开发工作会议精神，深刻理解习近平总书记有关脱贫攻坚重要指示精神，坚持开发性金融功能作用，按照"三融"脱贫策略、"四到"工作思路和方法，进一步深化完善开发性金融支持甘肃脱贫攻坚的框架和体系，在打赢脱贫攻坚战和全面建成小康社会进程中展现新担当、实现新作为。

易地扶贫搬迁方面。围绕"搬得出、稳得住、能致富"目标，构建"产业与搬迁同步谋划"的支持体系，做好建档立卡户、同步搬迁户融资保障，实施搬迁人口稳定脱贫，利用各类产业扶贫业务，重点在发展产业、解决就业、壮大集体经济上下功夫。一是足额保障建档立卡户专项贷款需求。充分利用额定范围和开发银行各类产业配套扶持政策，有效对接各县区易地扶贫搬迁实施方案，方案中充分考虑搬迁后产业发展事宜，特别是谋划好剩余资金的产业安排，摸清各地组织方式，强化各地政府和发改部门协调沟通，做好长期贴息贷款发放，全力加快资金支付，提高资金使用效率，用足用好3.5万元/人长期贴息贷款政策。二是全力支持搬迁后产业发展。区分实施方案内、外两部分，分类施策。方案内，即3.5万元/人的专项贷款方案内，在满足建房、基础设施及公共服务等硬件的基础上，与各地实时推进产业发展谋划，优先结合开发银行熟悉的领域或正在推进的领域，将剩余专项贷款资金用于后续产业发展，如注入村集体光伏电站、形成分红收入，或建设厂房、物流园或商铺、形成租赁收入，保障搬迁群众有稳定增收来源。同时，与互助资金小额信贷相结合，将剩余资金注入集中安置区村级互助资金协会，作为搬迁群众生产启动资金。此外，各地可结合实际，多渠道增加群众经济收入，全面探索"易地扶贫搬迁＋"的新模式。方案外，即3.5万元/人的易地扶贫搬迁专项贷款无剩余资金，对此类搬迁群众的后续产业发展，可以按照开发银行产业扶贫的多种方式给予支持。三是针对同步搬迁户,按照"省级统贷+分县自愿采购"的模式,破解同步搬迁户融资瓶颈。

农村基础设施方面。构建"贫困县涉农基础设施+非贫困县农村基础设施+重大专项基础设施"的分领域支持体系。一是以贫困村脱贫退出为首要目标,统筹支持路、水、电、房、网、幼儿园、卫生室、文化中心、村容村貌等基础设施建设达到贫困村退出验收标准。二是以美丽乡村、现代农业提升工程为载体,按照脱贫退出、政策不变的要求,统筹推进贫困村基础设施提升和非贫困村基础设施建设,在防控风险的前提下,协助财政部门做好政府负债限额管理,合理测算需求。三是探索政府付费 PPP 模式。考虑到甘肃省脱贫攻坚农村基础设施建设任务重与短期财政投入不足的实际,会同省财政厅集中研究攻坚,计划通过"政府全额付费 PPP 模式"实施农村人居环境综合整治项目。这一模式符合政府债务管理规定,也符合政府类项目投融资体制改革方向。具体实施中,由县(区)政府指定一家平台公司代表政府出资,通过公开方式优先选择市级平台公司或县(区)其他国有公司作为社会资本方,共同组建项目公司,承担项目建设、运营、维护等责任,并承接开发银行信贷资金。选择地方政府积极性较高、前期已经完成项目摸底的县(区),先行开展现场调研,了解建设内容、建设标准、资金需求、实施方式等情况,先行启动试点。

产业扶贫方面。以产业发展为着力点,构建"全产业链扶持+分层授信"的支持体系,充分利用特色产品开展特定产业扶贫,努力推动贫困地区形成市场稳定、带动作用明显、长期可持续发展的产业体系,促进有劳动能力和劳动意愿的建档立卡贫困户增强自我发展能力和意愿,通过生产、经营或资本收益等多种形式参与产业发展,形成较为稳定、持续的收入。一是重点支持千万级及以上需求的龙头企业。结合农业供给侧结构性改革,以产业扶贫专项贷款工程为重点,以扶贫转贷款、省级农业信贷担保等手段为补充,发挥企业引导作用,建立贷款企业带动农户致富的机制,构建农村富民产业体系,保障农民持续稳定增收,切实增强县域经济实力。灵活运用"四台一会"模式,解决好几十万至百万级的小微企业和农业合作组织融资难题。二是继续做好村级互助资金小额信贷。有效解决 1—3 万元需求的贫困户、与贫困户条件相近的非贫困户融资难题和贫困户脱贫后发展产业资金需求。三是充分探索特色产业支持。积极探索光伏扶贫等资产收益扶贫。在张掖、酒泉等河西地区积极探索高标准农田产业扶贫方式。在完善乡村旅游基础设施基础上，在旅游资源较为丰富的地区，积极开展乡村旅游相关产业扶贫。

教育资助方面。按照"应贷尽贷"要求，继续加大生源地助学贷款支持力度；在此基础上，寻求"两后生"职业培训模式在甘肃新突破，积极探索职教基础设施、中教仪集团教育扶贫等试点，寻求更多资源支持教育扶贫。

健康扶贫领域。探索县域健康扶贫融资模式，支持基层医疗卫生机构建设。利用好现有涉农基础设施评审政策，支持好贫困县基层医疗；支持贫困地区县级医院、乡镇卫生院、村卫生室等基层医疗卫生机构建设以及医疗设备更新配置、远程医疗建设等。

此外，主动做好政策、资源整合，全力支持甘肃省内深度贫困地区脱贫发展。以甘肃省"两州两市"4个深度贫困市州23个深度贫困县为金融扶贫主战场，坚持以区域发展为基础，以发展促脱贫，通过易地扶贫搬迁、农村基础设施、产业扶贫专项贷款、生源地助学贷款及交通、水利等各领域、全产品的结合，集中发力打好"组合拳"，提高深度贫困地区贫困人口受益水平，增强贫困地区、贫困群众的自我发展能力。

开发性金融支持新疆维吾尔自治区脱贫攻坚发展报告

党的十八大以来,以习近平同志为核心的党中央将脱贫攻坚纳入"四个全面"战略布局,把贫困人口脱贫作为全面建成小康社会的底线任务和标志性指标,在全国全面打响了脱贫攻坚战。2017 年 3 月,习近平总书记在参加十二届全国人大五次会议新疆代表团会议时强调,新疆要全面落实精准扶贫、精准脱贫,把南疆贫困地区作为脱贫攻坚主战场。2017 年 6 月,自治区党委书记要求,要深入贯彻落实习近平总书记系列重要讲话精神特别是关于扶贫开发的重要指示精神,"啃硬骨头""打攻坚战",确保如期完成脱贫目标,与全国一道全面建成小康社会。一直以来,开发银行坚持以开发性金融落实中央治疆方略、服务国家战略重点,以中长期投融资为手段,以南疆四地州和贫困县特别是深度贫困地区为重点,全力以赴、精准发力支持新疆打赢脱贫攻坚战,努力发挥金融支持新疆稳定发展的重要支撑作用。

一、深刻认识脱贫攻坚事关全面建成
小康社会的重大战略意义

（一）打赢脱贫攻坚战是党中央全面建成小康社会的重大战略布局

习近平总书记指出，要把扶贫攻坚抓紧抓准抓到位，坚持精准扶贫，决不让一个少数民族、一个地区掉队。到 2020 年实现农村贫困人口如期脱贫、贫困县全部"摘帽"、解决区域性贫困问题，打赢脱贫攻坚战，事关全面建成小康社会，是党对全国人民作出的庄严承诺。

（二）打赢脱贫攻坚战是新疆社会稳定和长治久安的重要基础

新疆作为特殊的边疆民族地区，贫困人口多、贫困程度深，脱贫攻坚任务繁重。特别是南疆四地州是新疆反恐维稳和脱贫攻坚的主战场，是全国 14 个集中连片特困地区之一，打赢南疆脱贫攻坚战，是新疆稳定发展的压舱石，事关新疆与全国同步建成小康。

（三）打赢脱贫攻坚战是开发性金融机构肩负的政治使命

《中共中央　国务院关于打赢脱贫攻坚战的决定》要求，开发银行成立扶贫金融事业部，发挥开发性金融的优势和作用。开发性金融以服务国家战略为宗旨，将政府的组织协调优势、市场的资源配置作用、开发性金融的中长期投融资紧密结合，探索构建市场化、可持续的扶贫开发融资机制，为打赢脱贫攻坚战提供持续的内生动力。

二、积极推进开发性金融支持新疆
脱贫攻坚的实践探索

一直以来,开发银行紧密围绕社会稳定和长治久安的总目标,将支持新疆稳定发展作为崇高使命和政治责任,精准发力支持新疆脱贫攻坚。截至2017年6月末,累计发放精准扶贫贷款439亿元,贷款余额322亿元,支持了易地扶贫搬迁、农村基础设施、重大基础设施、稳定基础设施、教育设施、新型城镇化建设以及产业扶贫等重点领域和薄弱环节,实现对全疆35个贫困县综合金融服务全覆盖,努力担当金融扶贫的先行者、生力军。

(一)以顶层设计为统领,引领金融扶贫工作

2014年,习近平总书记在第二次中央新疆工作座谈会上提出,要加大扶贫资金投入力度,对南疆发展,要从国家层面进行顶层设计,实行特殊政策。按照中央部署,开发银行立即行动,积极研究在喀什设立二级分行。2015年,喀什分行在南疆重镇喀什正式营业,业务覆盖南疆三地州,新疆分行至此成为开发银行系统内首家具有"1+2"管理架构(含伊犁分行)的省级分行。自成立以来,喀什分行已累计发放贷款144亿元,管理资产172亿元,并积极支持《喀什地区"十三五"易地扶贫搬迁融资规划》《喀什市"十三五"发展融资规划》《喀什市"十三五"扶贫攻坚融资规划》等编制工作,有力促进了南疆开发建设。

围绕自治区党委将南疆四地州作为脱贫攻坚主战场,加大资金、项目向南疆倾斜的战略部署,开发银行积极推动"十三五"南疆特色小城镇脱贫攻坚大额融资项目,深化扶贫开发与新型城镇化建设的紧密结合。2016年12月,在新疆维吾尔自治区党委和开发银行主要负责同志的见证下,自治区与开发银行签署脱贫攻坚融资合作协议并召开双方高层联席会。2017年4月,开发银行完成以脱贫攻坚为抓手的南疆特色小城镇整体授信工作,6月底向首批4个项目发放贷款8亿元,推进产城融合,促进农村人口向城市聚集,就近实现

贫困人口转移就业。

（二）以基层组织设施为抓手，助力新疆社会稳定和长治久安

稳定是扶贫的前提和基础，扶贫是稳定的途径和保障。开发银行坚决落实自治区党委战略部署，优先确保对有关项目的信贷投放，累计支持全疆33个基层组织设施项目建设，承诺贷款123亿元、发放贷款62亿元，支持双语幼儿园、便民警务站、一体化信息平台等建设，积极保障项目早日开工和顺利建设，全力促进自治区党委部署的基层基础设施项目早建成、早见效。

围绕推进边境地区贫困人口脱贫，开发银行创新模式，通过统筹整合财政涉农资金构建融资模式，向克州"一市三县"36个抵边村"九通九有"①农村基础设施扶贫项目承诺贷款6.7亿元，已发放贷款2.5亿元，覆盖建档立卡贫困村20个，受益人口近2万人，对促进边境扶贫、边防巩固、社会稳定起到了积极探索作用。

专栏：统筹整合财政涉农资金支持克州抵边村兴牧固边案例

克州位于全国14个集中连片特困地区——新疆南疆四地州之内，辖区内"1市3县"为边境县、国家级贫困县、扶贫开发重点县，贫困发生率居全疆第2位，贫困人口数量居全疆第3位，脱贫固边任务繁重，特别是20个建档立卡贫困村尤为突出。开发银行秉持"政府热点、雪中送炭、规划先行、信用建设、融资推动"的开发性金融理念，多次主动与克州政府对接，积极探索整合财政涉农资金，创新融资模式支持克州抵边村兴牧固边。

一是兴牧固边，紧扣政府战略重点发挥开发银行资金引领作用。克州边境村沿边境散布高山中，面临自然环境恶劣、灾害频发、基础设施落后的问题，自治区和克州党委政府深入研究后，提出边境村"九通九有"全覆盖的兴牧固边战略。开发银行紧扣地方需求，结合统筹整合财政涉农资金的有关政

---

① 注："九通"是指通路、通水、通电、通电话、通广播电视、通信息、通暖气、通邮、通客运班车。"九有"是指有办公议事场所、有强有力领导班子、有稳定增收产业、有垃圾投放点、有文化室、有卫生室、有双语学前教育场所、有文化体育活动场所、有惠农超市。

策,积极支持边境村"九通九有"等农村基础设施建设。

二是精准扶贫,系统性一体化补基建短板兴牧业乐安居。该项目建设内容为"九通九有",建设内容系统全面,既实现系统性全覆盖补齐抵边村短板,又实现精准发展产业兴牧固边。特别是项目建设内容涵盖农村棚圈建设、林果种植、草料基地等富民兴牧设施建设以及购买育肥子畜、生产母畜,处处精准发力,对于促进当地牧民提升生产能力、提高生产效率、精准脱贫、改善生产生活条件具有重要现实意义。

三是连片覆盖,政银企协力共助1市3县36村整体推进。该项目通过统筹整合财政涉农资金,将20个建档立卡贫困村和16个非建档立卡贫困村,分别按一期、二期项目同步授信,一次性解决了克州所辖1市3县全部36个抵边村的融资需求,实现对克州延绵1130公里边境线抵边村的全覆盖;充分发挥政府主导作用,实现银政企协力脱贫攻坚,创新和丰富克州投融资体系;将最新的财政新规与开发银行信贷政策结合,一次性大额授信4.2亿元,既解决项目资金缺口,又搭桥解决项目各专项资金时滞影响集中施工的问题,充分发挥了开发性金融的引领作用。

(三)以南疆喀什地区为重点,协同推进易地扶贫搬迁

易地扶贫搬迁是脱贫攻坚的"头号工程"。2016年以来,开发银行认真贯彻国家五部委《"十三五"易地扶贫搬迁工作方案》要求,协同配合自治区发展改革委、财政厅、扶贫办等有关部门,圆满完成自治区易地扶贫搬迁项目评审承诺,提供综合融资6.7亿元,支持喀什、哈密和巴州3个地州12个县市156个村易地扶贫搬迁项目建设,支持新建安置房19.2万平方米,预计将惠及建档立卡贫困人口1万人,目前分行正积极推动2017年易地扶贫搬迁16亿元贷款项目评审工作。

与此同时,注重推进搬迁与新型城镇化、新农村建设、旅游开发、产业发展、促进就业"五个结合",累计发放贷款233亿元,重点支持了富民安居、定居兴牧"两居"工程和棚户区改造等保障性安居工程,以及公共设施、教育、卫生、文化等城市基础设施项目,助力贫困地区加强公共服务能力建设,优化并

提升对贫困人口的公共服务。

（四）以基础设施建设为载体，促进贫困地区经济加快发展

新疆贫困地区基础设施欠账较多。开发银行充分发挥在"两基一支"领域的传统业务优势，强化基础设施"先行官"的扶贫效应，累计发放贷款272亿元，支持了以阿尔塔什水利枢纽、三岔口至莎车高速公路、库车机场、喀什热电厂等项目为代表的重大基础设施建设，助力贫困地区加快促投资稳增长。

围绕打通贫困地区基础设施建设"最后一公里"，通过统筹整合财政涉农资金等多种模式，积极探索促进贫困农村提升工程，发放贷款102亿元，重点支持了农村道路、安全饮水、人居环境整治、校安工程等农村基础设施项目建设，积极促进城乡公共服务一体化和协调发展。

（五）以产业及教育扶贫为长效机制，深入推进脱贫可持续

产业扶贫是脱贫成果可持续的重要手段。围绕自治区支持纺织产业发展的战略部署，开发银行向江苏金昇利泰丝路、富丽震纶等重大纺织项目发放贷款27亿元，带动南疆3500多名各族群众就业，并积极支持南疆农产品深加工、中小企业等劳动密集型产业发展，助力贫困地区群众就业增收。此外，积极推动南疆超大型"火烧云"铅锌矿资产收益扶贫项目前期工作，探索构建进一步助力南疆产业扶贫的重大项目。

教育是长效脱贫的基础。开发银行向新疆发放贷款27亿元，支持1837个双语幼儿园建设；发放助学贷款934万元，支持新疆高校家庭经济困难学生1926人次；举办"开发性金融支持南疆四地州脱贫攻坚地方干部研讨班"等培训50余次，向全疆35个贫困县所在的8个地州派遣扶贫金融服务专员，加强金融扶贫知识的宣介、培训，融资融智融制推进金融扶贫各项工作。

三、以第六次全国对口支援新疆工作会议召开为契机，继续深入推进金融扶贫重点工作

金融是有效配置资源的重要手段，金融扶贫对贫困地区的市场建设、信用建设以及贫困人口的信用意识培养具有十分重要的意义。作为服务国家战略的开发性金融机构，开发银行将继续为脱贫攻坚提供可持续的资金来源，通过市场建设、信用建设，聚集财政资金、信贷资金、社会资金的投入，有效增加扶贫资金总量和来源，扩大扶贫开发工作成效。同时，通过开发性金融的市场建设、信用建设，积极帮助贫困人口逐步增强金融意识、信用意识，激发贫困人群发展生产、脱贫增收的内生动力，用辛勤劳动创造财富和美好幸福生活，走上全面建成小康社会的康庄大道。

脱贫攻坚贵在坚持、难在可持续。开发银行将继续紧紧围绕社会稳定和长治久安总目标，以服务供给侧结构性改革为主线，以南疆四地州特别是深度贫困县为重点，展现促进新疆稳定发展的新担当、新作为。

开发性金融支持青海省
脱贫攻坚发展报告

◇◇◇

  青海省集高原地区、西部地区、贫困地区于一身,贫困覆盖面广,贫困发生率高,扶贫成本高,脱贫难度大。省内连片特困地区主要位于四省藏区和六盘山片区,全省43个市县中,除西宁市市辖区外,其余42个市县全部在全国832个国家级贫困县和集中连片特困地区县名单内,现有建档立卡贫困人口53万人,贫困发生率13.2%。2016年以来,开发银行按照"党建统领、高层推动、一线开发、二线跟进、三线保障"的思路,开展"脱贫攻坚百日大会战",开发性金融助力青海省脱贫攻坚取得了积极进展。

一、"投贷结合"给予易地扶贫搬迁大额融资

  根据《青海省"十三五"易地扶贫搬迁规划》,"十三五"期间,青海省易地扶贫搬迁任务为20万人,其中建档立卡户11.89万人,总投资为66.88亿元。2016年,开发银行给予该项目一次性承诺68亿元。同时,积极推动青海省扶贫局与省扶贫开发投资公司签订《政府购买服务协议》,按照协议条款,开发银行已完成25.4亿元授信核准工作,2016年实现发放300万元。另外,开发

银行积极与省扶贫局、省扶贫开发公司积极沟通,于2016年6月12日实现全国首笔"省负总责"易地扶贫搬迁项目5亿元专项建设基金的发放。

二、整合财政涉农资金,创新支持贫困县农村基础设施建设

紧抓国家支持贫困县开展统筹整合使用财政涉农资金试点的政策机遇,开发银行青海省分行抽调27名党员业务骨干,组成8个扶贫开发工作组,按照"党建统领、高层推动、一线开发、二线跟进、三线保障"的思路,全力开展"脱贫攻坚百日大会战"。各工作组努力克服高寒缺氧、路途艰险等多重困难,深入全省42个贫困县开展工作,现场谋划项目,现场推动开发,现场宣介金融扶贫,以贫困村基础设施建设为重点,提升地区经济发展能力,"脱贫攻坚百日大会战"取得丰硕战果:截至2017年6月末,共开发储备基础设施到县项目贷款需求394.7亿元,承诺贷款325.35亿元,签订合同264.42亿元,累计发放141.36亿元。

专栏:开展"脱贫攻坚百日大会战"

2016年,开发银行青海省分行开展"脱贫攻坚百日大会战",选拔党员业务骨干"上战场",发挥党建对脱贫攻坚工作的统领作用,把脱贫攻坚作为"大浪淘沙"的"试金石"和"淬炼场",锤炼了党性,砥砺了品格,增强了本领,也为下一步发展凝聚了宝贵的精神财富。各工作组努力克服高寒缺氧、路途艰险等多重困难,深入全省42个贫困县开展工作,现场谋划项目,现场推动开发,现场宣介金融扶贫,以贫困村基础设施建设为重点,提升地区经济发展能力,"脱贫攻坚百日大会战"取得丰硕战果。

"大会战"的重大意义体现在:通过"会战",有力落实了"基础设施到县"的总体布局,实现了助力青海打赢脱贫攻坚战的良好开局,同时也进一步密切了银政合作,为发挥开发性金融在青海的作用奠定了基础。

　　"大会战"的重大意义还体现在：通过此次"会战"，总结出了开发性金融扶贫的青海经验，即：坚持党的领导这"一个根本"，突出围绕中央、青海以及总行党委战略决策部署以及金融服务供给侧结构性改革的大局这"两点围绕"，创造性运用"机制创新、深入基层、统筹推进"这"三项方针"，践行"易地扶贫搬迁到省、基础设施到县、产业发展到村（户）、教育资助到户（人）"的"四到"工作思路，发挥"银政合作基础好、大额中长期资金足、规划先行融智强、综合金融服务优、人才队伍素质高"五种优势。这"12345"青海新经验，是我们进一步扩大战果，取得决定性胜利的"法宝"。

　　"大会战"的重大意义更体现在：通过"会战"，锤炼了队伍、凝聚了士气、增强了信心。大浪淘沙，留下的都是闪闪发光的金子；千锤百炼，炼出的都是熠熠生辉的精钢。我们可喜地看到，"脱贫攻坚百日大会战"中，一线处室员工努力克服高寒缺氧带来的身体不适，披星戴月、加班加点开发项目，深入前线、俯下身子足迹遍布全省贫困地区。二线处室积极跟进，主动对接一线工作组实际需求，认真做好政策研究、评审承诺、发放支付等后续工作。三线处室倾力保障工作组后勤需求，宣传鼓劲，为一线开发营造良好舆论氛围。

三、创新机制建设，放大产业扶贫到村（户）"批发式"效应

　　2016年发放产业扶贫贷款20亿元，2017年发放11亿元。一是加大龙头带动。对青海杞珍生物、三江一力、大宋农业等企业采用"公司＋合作社＋贫困户"模式的项目给予融资支持，助推农业专业合作社、龙头企业、特色优势产业发展，带动贫困户增收脱贫，以批发式模式放大精准扶贫效果，发放贷款3.9亿元。二是加强"四台一会"。在海南州搭建"四台一会"贷款模式，合作额度1亿元，主要支持海南州农牧业小微企业。与格尔木市政府合作打造"国开—格尔木精准扶贫贷"，首批合作额度5亿元，已发放1.37亿元。同时，加大"国开微贷""国开农贷"等产业扶贫贷款融资力度，2016年实现发放

3.7亿元。三是与青海银行、大通国开村镇银行等青海省地方金融机构互相发挥优势,共同开展产业扶贫工作,2017年开发银行向青海银行和大通国开村镇银行分别提供8亿元和3亿元的优惠贷款,共同支持各地产业扶贫项目。四是发放青海省首笔光伏扶贫贷款,创新模式为循化县光伏扶贫项目提供融资支持1.7亿元,帮助1000个建档立卡贫困户每年增收不少于3000元。

四、践行社会责任,实现教育资助到人"应贷尽贷"

作为青海省内唯一一家开展助学贷款业务的银行,开发银行继续加大助学贷款融资力度,累计发放助学贷款11.57亿元,惠及贫困学子19.13万人次,其中支持建档立卡户学生2.78万人次,涉及资金1.42亿元。2016年发放助学贷款1.99亿元,惠及贫困学子3.58万人次,其中建档立卡贫困学生1.41万人次,以教育扶贫有效阻断贫困的代际传递。

五、发挥融智优势,实现"造血"式扶贫

一是编制《青海省"十三五"脱贫攻坚系统性融资规划》,为青海省扶贫融资提供了重要参考。二是会同省委组织部,组织青海省18个县主管扶贫负责人和省扶贫开发局业务负责人,参加开发性金融支持六盘山片区脱贫攻坚地方干部研讨班,有效提升了基层扶贫干部的金融素养和精准扶贫能力。开发银行将进一步加大对青海省脱贫攻坚的工作力度。

（一）发挥融智优势,选择重点地区做好融资规划工作

重点积极支持并参与片区相关综合规划及产业、行业专项规划的编制工作,重点做好系统性融资规划和融资顾问工作,选择海东地区（六盘山地区）和青海青南地区（黄南州、果洛州、玉树州）等贫困人口集中地区的重点市县,推动相关规划的落实与实施。

（二）整合资源，全力开展扶贫农村基础设施项目贷款工作

一是对尚未实现贷款覆盖的海北州、玉树州、果洛州，由行领导带队，组成专门工作小组驻点推动，深入掌握各地扶贫基础设施现状及资金需求，协调政府各部门编制完成农村基础设施扶贫工作方案，制定四项审批及政府购买服务制式文本供政府参考使用。推动政府各部门与工作小组联合办公，力争 2017 年实现青海省全省县域农村基础设施贷款全覆盖。二是积极推动各级政府加快项目前期工作，尽快开工，是金融扶贫资金能够尽快发挥效益，为全面改善提升青海省农牧区基础设施条件创造条件。

（三）加大对其他扶贫重大基础设施的支持力度

加快对交通厅贫困地区公路项目的开发、评审和贷款发放进度，确保尽快有大额具备贷款发放条件的项目储备。继续支持贫困地区水利项目建设，结合新型城镇化建设和易地扶贫搬迁项目，各处室重点开发供水、污水、防洪工程等重大水利建设项目。

（四）创新金融产品和融资模式，支持特色优势产业发展

一是充分发挥政府组织协调力度，做好"四台一会"统贷模式的推广应用。在西宁市、海东市、海西州、海南州、黄南州等与开发银行合作基础较好的地区，利用已有平台或新搭建平台，根据各地实际情况，合理运用"四台一会"模式开展产业扶贫工作。二是对中小微企业发挥扶贫政策引导作用，继续扩大对扶贫政策落实较好的"国开农贷""国开微贷"成熟模式的支持规模。合理引导"国开农贷""国开微贷"机制小的中小微企业自觉落实扶贫帮扶政策。对于扶贫带动作用明显、辐射贫困人口较多的"国开农贷""国开微贷"项目，适度增加其合作空间，加大支持力度。三是探索州（或市县）平台统贷支持村级资金互助社模式。由政府授权州（或市县）平台作为统贷平台，村级资金互助社为用款人，按照"平台统贷、政府增信、农户偿还、财政贴息"的方式，对各建档立卡贫困村资金互助社给予贷款支持，将现有的每个村级资金互助社 20 万—50 万元不等的互助资金增加至 100 万—150 万元。青海省目前拥

有 4143 个行政村,其中建档立卡贫困村 1622 个,该项工作如能覆盖 1000 个行政村(含建档立卡贫困村),每村贷款 50 万元,总贷款金额将达到 5 亿元。四是产业扶贫专项贷款机制。依托省级(或州级)财政增信和地方政府组织协调优势,建立省(或州市)、县(市、区)两级管理机制和风险防控机制,采用县级平台"统贷统还"的模式支持产业扶贫。五是充分调动"龙头企业 +"的带动作用,择优选择龙头企业进行直贷。"一州一企",选择优势农牧业产业化龙头企业、扶贫产业化龙头企业等,采取"龙头企业 + 合作社 + 农户""龙头企业 + 协会 + 农户""龙头企业 + 农户"等多种方式,支持青海省特色产业链延伸发展,带动贫困户脱贫。六是加强与地方农村金融机构的同业合作,优势互补,试行扶贫转贷款模式。与村镇银行、各地农信社、农商行加强合作力度,选择经营水平较好、资产质量稳定的金融机构先行试点开展扶贫转贷款业务合作。

(五)发挥教育在扶贫开发中的重要作用,加强贫困地区人才培养和智力支持

一是继续加大生源地助学贷款的支持力度,做到应贷尽贷的同时,积极推广"助学贷款—创业贷款—中小企业贷款"系列化金融产品。二是加强与贫困地区的干部双向挂职交流力度,把扶贫开发作为培养锻炼干部的制度性平台,发挥挂职干部牵线搭桥,引智、引资的作用,缓解贫困地区缺人才、缺资金等突出问题。同时,组织重点扶贫区县的干部到开发银行挂职锻炼,以开阔眼界、转变观念、提升能力。

开发性金融支持宁夏回族
自治区脱贫攻坚发展报告

◇◇

宁夏回族自治区是中国五个少数民族自治区之一,目前有贫困人口41.8万人,占全区总人口的6.25%。中南部地区9个扶贫开发工作重点县(区)贫困人口占全区贫困人口的85%,大部分市县处于六盘山集中连片特殊困难地区,2016年以来,开发银行以六盘山集中连片特困地区(宁夏)为重点,以产业扶贫为突破口,以机制建设为先导,有效整合各类资金,发挥开发性金融的融制、融资、融智和资金集中、大额、长期、低息的优势,不断增强开发性金融扶贫供给能力,实现对宁夏全部贫困县金融服务全覆盖。按照人民银行统计口径,截至2017年6月末,开发银行在宁夏精准扶贫贷款余额307.66亿元,占全区精准扶贫贷款余额的55%。

一、扶贫先扶智,切实加大融智服务力度

(一)发挥专家银行规划优势

积极协助宁夏贫困地区政府编制扶贫发展规划和配套融资规划,明确发

展重点和发展规模,并根据地域特点设计金融产品和融资方案。完成《宁夏"十三五"易地扶贫搬迁系统性融资规划》《宁夏脱贫攻坚"十三五"系统性融资规划》,先后参与《宁夏内陆开放型经济试验区规划》《呼包银榆经济区发展规划》等规划的编制工作,并积极开展《宁夏肉牛饲养产业发展及融资研究》。

(二)为脱贫攻坚提供一线战力

每年选派 4 名综合素质好、责任意识强、业务能力过硬的业务骨干到六盘山集中连片特困地区专职开展扶贫工作,作为开发银行和贫困地区的桥梁纽带,在政策宣传、规划编制、扶贫项目策划、融资模式设计、理顺资金运行机制等方面发挥了重要作用,成为开发银行扶贫开发一线的"宣传员、规划员、联络员"。通过走村入户,与贫困群众交朋友、拉家常、谋发展,帮贫困地区摸情况、找思路、出主意。有的专员结合当地实际,创新产业扶贫融资模式,通过互助托管肉牛的融资方式,对建档立卡贫困户进行资产收益式分红;有的专员帮助农户建立特色产业合作社,引入龙头企业收购,帮助贫困农户解决了销路。他们运用开发性金融原理和方法,深入田间地头,积极探索开发性金融支持脱贫攻坚的新思路,为贫困地区打赢脱贫攻坚战提供融智支持。

(三)创新开展定点扶贫

在开发银行推动下,固原市南坪村被确定为中央国家机关青年教育实践基地,开展垄上行—开发银行青年农村金融服务行动二十几次,累计派出 35 岁以下员工 200 多人次在该村开展"三同"锻炼;2015 年起连续派驻干部担任该村第一书记,带领当地村民脱贫致富。指导该村建立肉牛养殖合作社和集中交易市场,走村串户的帮助贫困户申请开发银行贷款,打造"南坪肉牛"特色品牌,帮助其走上了以特色养殖带动整村脱贫之路,真正实现了变"输血"为"造血",发挥了良好的帮扶效果。

二、创新工作机制，开拓业务模式

（一）采取新举措，创新工作机制

2016年6月，开发银行宁夏回族自治区分行成立了"扶贫开发领导小组"，确定了"十三五"期间发放精准扶贫贷款200亿元以上的目标，建立了分行领导分片带队赴贫困县调研宣介、扶贫专班跟进、驻县现场办公的工作机制，举全行之力支持脱贫攻坚。与7个贫困县签订了开发性金融扶贫合作协议，与彭阳、同心、原州、盐池等县区建立扶贫开发合作机制，为下一步实现脱贫富民战略目标打下坚实基础。

（二）建立新机制，创新业务模式

瞄准宁夏脱贫攻坚的薄弱环节，加强组织产业扶贫的推动与调查研究，坚持因地制宜，精准施策，在宁夏地区探索创新开发性金融支持脱贫攻坚的思路和方法。新的业务模式、新的业务机制已形成规模，如在闽宁协作主要开展地——闽宁镇创新开展肉牛养殖托管扶贫模式，并在此基础上进一步完善业务模式，建立起互助托管并具备资产收益分红的扶贫机制，并在全区推广。

三、加大投入力度，破解融资瓶颈

（一）全力以赴，做好易地扶贫搬迁

按照国家对易地扶贫搬迁工作的统一安排，积极参与全区易地扶贫搬迁工作规划、实施、融资、制度建设。帮助区级扶贫投融资主体完善公司治理，推动与区扶贫办、区发展改革委、区财政厅、区审计厅、区农发行建立联合督查制度。同时,把搬迁群众就业、子女上学、社会保障和后续产业发展作为支持重点,与搬迁安置同步推进。截至 2017 年 6 月末,开发银行已向宁夏承诺易地扶贫搬迁贷款 14 亿元,专项建设基金 1 亿元,惠及 8.2 万建档立卡贫困人口;已发放贷款 5 亿元,投放专项建设基金 1 亿元。

(二)聚焦重点,做好基础设施到县

打通脱贫攻坚政策落实"最后一公里"。贫困地区特别是贫困村交通基础设施滞后是制约脱贫攻坚的重要因素。开发银行在发挥中长期信贷优势大力支持交通、水利、电力等大型基础设施建设的同时,紧密围绕村组道路、安全饮水、环境整治、校安工程等难点和"短板",以统筹整合贫困县扶贫涉农财政资金为契机,推动完善财政涉农资金使用机制,创新融资支持方式,在不增加财政负担的基础上,切实加大对贫困村基础设施建设和提升工程的金融支持力度。截至 2017 年 6 月末,已对彭阳、同心、原州等县区承诺基础设施贷款 9.53 亿元,发放 5.5 亿元,惠及 6 个贫困县 785 个贫困村、27.6 万贫困人口,极大改善了贫困地区的生产生活条件,增强了贫困群众的获得感,为产业发展奠定了基础,为持久脱贫创造了条件。

(三)精准定位、做好产业扶贫到村

把产业扶贫作为脱贫攻坚的根本途径,坚持扶贫模式创新,加大支持力度。紧密围绕宁夏区内特色优势产业,推动整合各类资源,创新产业扶贫融资机制,做好项目谋划的融智服务,加强银政合作、加强各类合作机构建设与管理,充分发挥了开发性金融支持区内产业扶贫示范引领作用。截至 2017 年 6 月末,开发银行向宁夏累计发放产业扶贫贷款 41.24 亿元,贷款余额 30.5 亿元,当年新增发放产业扶贫贷款 2.62 亿元,惠及建档立卡贫困户 6156 户,发挥了较好的示范引领作用。

专栏:宁夏盐池惠民微贷款模式

借鉴诺贝尔经济学奖获得者尤努斯在孟加拉国的贫困小额贷款模式,将开发银行批发优势和市场化小贷公司零售优势有机结合,以农村贫困妇女为贷款对象,依托宁夏惠民小额贷款公司,利用先进的小额贷款管理理念,开展单户 5 万元以内的产业扶贫微贷款,以批发贷款方式解决农户多、额度小、手续杂等问题,形成"开发银行—东方惠民公司—协调员—推广员—信贷村组—信贷小组—农户"高度社会化的组织链条。截至 2017 年 6 月末,开发银行已在全区 7 个贫困县(区)开展业务,累计发放 9.71 亿元,支持贫困农户 5.68 万户,其中建档立卡贫困户 1817 户,户均年增收近 6000 元,目前余额 2.38 亿元。2017 全年预计发放 3 亿元,支持贫困农户 12000 户。下一步,将推动东方惠民小贷公司改制重组,把该公司打造成具有一定实力、市场竞争较强的现代企业,扩大授信规模,到 2020 年,支持贫困农户将达 9.2 万户,其中,建档立卡贫困户不少于 10000 户 3.5 万人。

该模式除了帮助农民脱贫致富效果显著外,还通过技术培训、文化活动等多种形式促进了社会主义新农村文明建设。2015 年,国务院扶贫办将该模式确定为金融扶贫"盐池模式"之一,2016 年 1 月,国务院常务会议对金融扶贫"盐池模式"给予表扬;2016 年 11 月,自治区党委农办、财政厅、农牧厅、扶贫办、金融局、人行、银监局 7 部门联合发文在宁夏全区推广该模式。

专栏:宁夏互助托管模式

肉牛养殖是宁夏具有区域独特优势的产业,开发银行针对农户散养肉牛风险大收益低,龙头养殖企业资金短缺的问题,创新思路,充分发挥政府组织优势,按照"政府主导,开行融资、平台统贷、专业担保、市场运作"原则,构建政府、贫困户、龙头养殖企业、担保公司共同参与、互利共赢的"互助担保模式"。批量向建档立卡户成立的互助社发放贷款、购买肉牛,并集中托养至龙头养殖企业,通过定期分红,支持没有劳动能力、其他金融机构难以支持的贫困户批量脱贫的一种互助托管模式,这种模式既可以缓解"社会保障兜底一批"的压力,也可破解肉牛养殖龙头企业融资难的问题,助推农业特色产业发展。

截至 2017 年 6 月末,开发银行已在海原海兴、彭阳古城等地授信 6210 万元,发放 3400 万元,带动 1284 户建档立卡贫困户脱贫;2017 年预计发放 5600 万元,支持 1400 户建档立卡贫困户。下一步,将总结经验,完善流程,扩大覆盖,逐步向其他贫困县推广,未来三年计划再发放 3 亿元,惠及建档立卡贫困户不少于 2000 户 7000 人。

(四)立足学情,做好教育扶贫到人

开发银行是全区唯一一家开展生源地助学贷款的银行。按照"应贷尽贷"原则,开发银行累计向宁夏发放助学贷款 18.3 亿元,余额 13.2 亿元,使 14.4 万家庭经济困难学生圆了大学梦,其中,向 9 个贫困县区发放助学贷款 13.4 亿元,惠及贫困学生 10.44 万人,其中建档立卡贫困学生 1.01 万人。

开发银行将继续坚持政府主导、规划先行、机制建设、市场运作,以六盘山集中连片特困地区(宁夏)、易地扶贫搬迁、东西部扶贫协作、贫困村基础提升工程、重大扶贫基础设施、产业扶贫、教育扶贫等项目为重点,继续加大开发性金融支持力度,助力宁夏地区脱贫攻坚和如期全面建成小康社会。

开发性金融支持西藏自治区脱贫攻坚发展报告

西藏自治区位于祖国的西南边陲,是重要的国家安全和生态安全屏障,对祖国的长久稳定发展起着重要的作用。习近平同志一直心系西藏的稳定与发展,1998 年和 2011 年两次赴藏考察调研,在总结和继承我党建设和发展西藏思想理论的基础上,于 2013 年十二届全国人大会议上明确提出"治国必治边,治边先稳藏"的战略思想,并在 2015 年中央第六次西藏工作座谈会上更加系统全面地阐述了这一新的"治藏方略",要求加快推进西藏跨越式发展和长治久安,确保西藏到 2020 年与全国一道全面建成小康社会。开发银行服务国家"治边稳藏"战略、认真践行习近平总书记新时期扶贫开发战略思想,全面贯彻落实党中央、国务院决策部署,将支持西藏自治区脱贫攻坚作为重中之重,发挥开发性金融在重点领域、薄弱环节、关键时期的功能和作用,积极投身脱贫攻坚,克难奋进,苦干实干,取得了积极成效。

一、开发性金融精准扶贫，助力脱贫攻坚

（一）党建统领，明确发展思路和目标

思路决定出路，目标鼓舞斗志。开发银行始终坚持把抓党建作为最大的政绩，把金融助力脱贫作为主战场，着力建设一支忠于党、忠于"治边稳藏"、忠于开发性金融事业的高素质干部队伍。开发银行西藏自治区分行党委深入讨论，研究制定了"1458"发展战略："明确一个目标"即"争先进位，担当主力"；"紧抓四项任务"即"抓党建、带队伍、夯基础、促发展"；"发挥五个优势"即规划先行、银政合作、融资融智、差异化政策、综合金融服务；"推出八条措施"即业务发展坚持"四重四优"。这一发展战略统一了全行的思想认识，坚定了干部员工服务"治边稳藏"战略的信心和决心。

（二）倾斜支持，及时出台对藏差异化支持政策

开发银行对西藏地区业务给予高度政策倾斜，2010年以来先后出台了8个文件明确在藏业务差异化政策。2016年7月，开发银行与西藏自治区政府召开高层联席会。随后，开发银行专门研究提出了开发性金融支持西藏经济社会发展的思路和措施，并制定了《关于开发性金融支持西藏"十三五"发展的指导意见》，明确将西藏地区作为开发银行支持的战略重点，予以倾斜支持。

（三）深入调研，因地制宜开展脱贫攻坚工作

西藏地处边疆，高寒缺氧、地广人稀，尽管近年来经济发展较快，但与内地相比整体发展水平差距较大。面对这一现状，开发银行西藏自治区分行一方面深入调研，广泛听取意见，同时先后向自治区党委书记、主席等当面或书面汇报工作20余次，与自治区各地市、各部门主动对接，主动上门服务，共同

研究开发银行如何更好地服务西藏脱贫攻坚工作。开发银行不仅提供融资支持,还免费提供规划合作、咨询顾问、人才交流等融智服务,如围绕金融助力西藏供给侧结构性改革、完善投融资体制机制、创新产业扶贫模式、推行PPP、产业基金等提出政策建议,最终都转化为政府实实在在的政策安排。

（四）多措并举,全力支持精准脱贫

开发银行积极落实中央及自治区扶贫工作要求,真正将脱贫攻坚放在心上、扛在肩上、抓在手上。一是西藏自治区分行成立脱贫攻坚领导小组,与自治区扶贫办签订500亿元战略合作协议,建立双方扶贫合作机制,选派骨干直接参与自治区脱贫攻坚指挥部政策、规划、资金、易地扶贫搬迁等工作组,选派扶贫金融专员到全区各地市挂职工作,宣传和推进扶贫政策。二是扶贫先扶智,在拉萨组织"西藏金融扶贫干部培训班",邀请国务院扶贫办等单位专家对全区74个县101名县处级干部进行培训,宣讲扶贫政策、融资模式等。三是思路精准,积极探索贷款模式。形成了支持西藏自治区扶贫工作基本思路:以建档立卡贫困村和贫困人口为重点,坚持精准扶贫、精准脱贫,"三融",即将融制、融资、融智相结合,立体、全面支持扶贫工作;"四到",即易地扶贫搬迁到区、基础设施扶贫到县、产业扶贫到村(户)、教育扶贫到人;"五模式",即针对产业扶贫提出五种主要模式:"公司＋农户"传统模式、"龙头企业＋基地＋产业工人"援藏资金搭桥模式、"地市统贷＋农户"投贷组合模式、"地市统贷＋政府购买服务"模式、"省级统贷＋专业公司"模式。

（五）无私奉献,坚持奋战高寒缺氧

开发银行员工们克服身体不适深入海拔4700米的阿里等边远地区调研和慰问困难群众,与当地县乡政府深入探讨帮扶困难群众脱贫致富的路径和方法。自2011年以来先后选派30人次骨干党员常年驻守在高海拔阿里地区革吉县雄巴乡加吾村,宣传党的政策,配合村官及村"两委"班子推动精准扶贫工作。累计捐款200余万元助力该村39户111人精准脱贫,得到了自治区党委、政府高度认可。开发银行驻村工作队多次获得全区"强基惠民工作优秀组织单位"称号,5名同志先后获得全区"优秀驻村工作队员"称号。

（六）成绩斐然，金融深度扶贫志更坚

开发银行以"规划先行融智、改革创新融制、市场运作融资"方式积极主动开展工作，与自治区以及拉萨、日喀则、山南、林芝各级政府签订"十三五"战略合作协议，协议合作额度5100亿元。自2016年6月至今，开发银行向西藏自治区发放贷款320亿元，是过去5年的总和，主要是投向了易地扶贫搬迁、交通扶贫、产业扶贫、教育扶贫、旅游扶贫、医疗卫生扶贫等多个领域。贷款份额在自治区金融同业中的排名由一年前的第7位上升至第4位。

开发银行服务全区脱贫攻坚工作得到了自治区党委、政府及地市政府的充分肯定。自治区党委书记批示，感谢开发银行对西藏工作的大力支持。自治区主席批示，感谢开发银行全体员工的努力及奉献。林芝、日喀则等地市专门致信感谢开发银行为地方脱贫攻坚所作出的成绩。开发银行西藏自治区分行荣获2016年"西藏金融五一劳动奖状"，荣获2015年"西藏金融先锋号"称号。

二、脱贫攻坚支持重点领域

（一）易地扶贫搬迁

西藏是全国最大和唯一的省级集中连片特困区。2016年4月13日，开发银行对国家已经认定中的拉萨市0.5万人易地扶贫搬迁项目发放了区内首笔贷款1.75亿元，随后发放了专项建设基金0.5亿元。在此基础上，积极对接同步搬迁和高海拔地区搬迁工作，主动参与自治区同步搬迁规划编制工作。

（二）产业扶贫

开发银行积极推动产业扶贫，保障脱贫不返贫、永续脱贫。结合西藏区

情,研究提出多种产业扶贫模式,主要有:"龙头企业 + 基地 + 产业工人"援藏资金搭桥模式、"地市统贷 + 农户"投贷组合模式、"地市统贷 + 政府购买服务"模式、"省级统贷 + 专业公司"模式等,先后向拉萨市曲水农业产业示范基地、日喀则市首批精准扶贫重点产业项目等产业扶贫领域贷款 60 余亿元,确保贫困人口搬得出、稳得住、能致富。其中日喀则市首批精准扶贫重点产业项目包括文化旅游、农产品加工、中草药种植、畜禽养殖、商贸物流等 12 个子项目,能够通过发展生产、技能培训、带动就业等方式,促进当地重点龙头企业增强其自我造血功能,并解决 2269 个就业岗位,帮助约 406 户 1922 名建档立卡贫困人口实现稳定脱贫,对支持藏区农牧民脱贫致富、服务国家"治边稳藏"的战略发挥了积极作用。

（三）交通扶贫

开发银行坚信"交通是脱贫攻坚的生命线",主动按照西藏自治区人民政府与开发银行签订的新一轮开发性金融合作备忘录,以及交通运输部和开发银行发布的《发挥开发性金融作用推进交通扶贫脱贫攻坚的意见》(交规划发〔2016〕158 号)等文件精神,积极对接自治区交通运输"十三五"发展目标,全力支持西藏列入自治区"十三五"与"十四五"公路交通发展规划内的九大类项目。一年来,共承诺交通项目贷款 277.8 亿元,发放贷款 29.8 亿元。其中G109 那曲至拉萨段公路改建工程项目,总投资超 300 亿元,开发银行承诺贷款 248 亿元,发放贷款 9.8 亿元。涉及建档立卡贫困户 37953 户 146564 人。项目途经的那曲县、当雄县、堆龙德庆县均为国家级贫困县,那曲县还是西藏 36 个国家级深度贫困县之一。开发银行向交通运输厅建议:项目建设期,主动吸纳当地居民参与,将常规性的土建施工承包给当地的乡村施工队、砂石料的运输工作聘请当地有运输车辆的居民等。项目建成后,吸纳贫困群众对其进行技能培训,作为护路员参与公路养护管理。预计本项目可直接为当地贫困户创收 5000 万元左右,帮助贫苦户脱贫人数约 4200 人。

（四）医疗扶贫

藏区医疗基础薄弱,开发银行主动上门,承诺和发放贷款 2 亿元,支持日喀则市人民医院等医疗设施建设,满足广大人民群众的医疗需求,保障健康。

（五）基础设施扶贫

为保障农村贫困人口享受均等的公共服务,提升脱贫攻坚的外部条件,开发银行先后发放贷款50余亿元支持农村"水电路讯网"等基础设施建设,提升农村通行条件和生活便利性。

（六）生态扶贫

为支持全区国土绿化、"两江四河"生态环境综合治理,开发银行先后承诺和发放贷款39亿元,有力地支持了中央确定的"西藏是国家重要的生态安全屏障"战略定位。

（七）教育扶贫

作为全区唯一一个助学贷款银行,开发银行在西藏自治区发放助学贷款2250万元,保证不让任何大学生因贫辍学,受益学生4900人次。

（八）旅游扶贫

开发银行贷款4.1亿元支持西藏旅游、昌都特色小城镇等,农户通过"农家乐""家庭旅馆"等方式增收致富。

（九）驻村扶贫

2011年,开发银行西藏自治区分行积极响应自治区深入开展"创先争优强基础惠民生"活动号召,以高度的政治责任感和历史使命感,派驻优秀员工30余人次,赴阿里革吉县雄巴乡加吾村全面开展驻村工作,全面推进强基富民工作,2015年以来更全力推进脱贫攻坚工作,成效显著,村民人均收入大幅提升。

专栏：开发银行西藏自治区驻村六年强基惠民谱新篇

加吾村位于阿里地区中部，平均海拔 4800 米以上，面积 2460 平方公里，全村共 298 户（1202 人），气候干燥、寒冷，自然条件差，属于灾害多发村。六年来，全体队员围绕驻村工作"五项任务"，克服高寒缺氧、交通不便、物资缺乏、身体不适等困难，以缺氧不缺精神、艰苦不降标准的作风，深入基层，扎实工作，积极推进强基惠民和开发性金融服务基层进村到户。

1. 注重党性教育，引导农牧民知党恩、跟党走。集中宣讲党的重要会议精神和重大决策，受教育群众近千人次。

2. 注重增收致富，推动落实政策，带领群众通过创业增收真脱贫、脱真贫。在各项政策和援助的合力推动下，村民人均年收入从不到 3000 元增长到 2016 年的 10400 元。

3. 注重教育支持，改善乡小学办学条件。六年来，累计向乡小学捐款捐物 50 余万元，切实改善了办学条件。

4. 注重维护稳定，健全社会管理机制。确保了全村维护稳定工作"三不出"，群众自觉维护祖国统一和民族团结的意识不断增强。

由于驻村工作成效显著，开发银行西藏自治区分行获评 2013—2016 年度"强基惠民活动自治区优秀组织单位"称号，分行工作队获评 2012 年度、2015 年度"自治区优秀工作队"称号，5 名队员先后获评"自治区优秀工作队员"称号。

三、开发性金融支持西藏发展永远在路上

（一）发挥集中、大额、长期的融资优势，加大对贫困地区重点领域和薄弱环节的支持力度

一是以易地扶贫搬迁为切入点，打好脱贫攻坚战的第一仗。主动加强与

自治区发展改革委、区扶贫办等部门对接,按照"省负总责"的原则,帮助自治区政府建立和完善省级投融资主体,积极配合和支持自治区各级政府"十三五"易地扶贫搬迁规划,根据搬迁任务合理制定年度筹资方案和资金安排。二是以基础设施建设为着力点,加快破除发展瓶颈制约。发挥开发银行"两基一支"业务优势,加大对重大基础设施的支持力度。同时,研究探索以整村推进为重点,打通贫困地区基础设施建设的"最后一公里"。三是以产业发展为突破口,增强贫困地区发展内生动力。继续完善和推广开发银行支持地方产业发展的"四台一会"模式,促进贫困地区金融生态环境改善。融资支持各类产业园区建设、特色产业和文化旅游产业发展,建立产业发展与农民利益紧密结合的可持续增收脱贫机制。

(二)发挥融智优势,将规划编制、人才支持和教育培训相结合,助力贫困地区科学发展

一是以规划为引领,提升脱贫攻坚的精准度。围绕"五个一批"脱贫攻坚行动计划,积极配合、参与和支持自治区各级政府编制好脱贫攻坚规划,因人因地施策,精准滴灌、靶向治疗。二是加大教育扶贫力度。发挥开发银行助学贷款主力银行作用,按照"应贷尽贷"原则,确保每一位家庭经济困难学生都不失学。

(三)发挥创新优势,加强体制机制创新,以超常规的举措和市场化的方式推进脱贫攻坚

一是推动建立社会化脱贫攻坚合作机制。通过建立开发性金融扶贫开发合作机制,协调解决脱贫攻坚过程中遇到的困难和问题。二是将融资主体建设与模式创新相结合,积极推动完善脱贫攻坚的思路方法。按照自治区负总责的要求,协助自治区政府完善西藏扶贫投资开发公司的运行机制。三是探索形成多元化、可持续的扶贫开发体制机制。发挥政府和市场之间的桥梁作用,把政府信用与市场化、商业化运作相结合,推动贫困地区建立吸引社会资金持续进入、实现良性循环的市场、信用、规则和制度,弥补市场空白和制度缺损。

示　范　篇

根据习近平总书记关于脱贫攻坚要重视发挥典型引路作用的指示精神，为树立开发性金融精准扶贫的样板与典范，加强成功经验和模式的宣传推介，加快推进贫困地区脱贫攻坚工作，开发银行经过对一年来开发性金融精准扶贫实践的总结评定，确定了8个开发性金融精准扶贫示范点，分别为陕西省商洛市（含商州区、洛南县、丹凤县、山阳县、商南县、镇安县、柞水县）、甘肃省陇南市（含武都区、宕昌县、文县、康县、成县、徽县、礼县、西和县、两当县）和安徽省金寨县、江西省定南县、河南省卢氏县、四川省古蔺县、贵州省德江县、云南省武定县，共8个市县。本篇主要介绍8个开发性金融精准扶贫示范点有关情况。

陕西省商洛市开发性
金融精准扶贫示范点

商洛市位于陕西省东南部,全市辖 1 区 6 县 98 个镇办,总面积 1.93 万平方公里,人口 251 万人。全市 7 县(区)均属秦巴山区集中连片特困片区县、国家扶贫开发工作重点县和革命老区县,也是全国少有的所辖县区,全部是贫困县的地级市。截至 2016 年年底,全市仍有贫困人口 29.92 万人,占总人口的 11.9%,脱贫任务十分艰巨。农村基础设施条件差是商洛市各县(区)脱贫"摘帽"的最大制约。由于商洛市经济总量小,财政资金投入十分有限,有限的资金投入同巨大的农村基础设施需求是一对矛盾,多年来困扰着商洛,制约着农村工作的开展。村民有需求,政府有想法、有规划、有项目,但由于缺乏资金使需求得不到满足、想法不能实现、规划不能落地、项目无法实施。而社会资本、商业金融因得不到高额回报,没有进入农村支持脱贫的意愿和动力。为此,开发银行围绕农村基础设施这一难题,创新模式方法,创造开发性金融支持贫困村脱贫攻坚的"商洛模式",全力助推商洛打赢脱贫攻坚战。

一、聚焦脱贫攻坚,与商洛市合作取得新突破

2016 年 4 月,国务院办公厅《关于支持贫困县开展统筹整合使用财政涉

农资金试点的意见》下发后，开发银行积极探索，创新出整合财政涉农资金支持贷款的新模式，并出台专门信贷政策。积极和商洛市对接宣介政策、设计模式、包装项目，讲解操作要点。2016年6月，开发银行与商洛市政府密切协作，仅用了半个月的时间，通过财政涉农资金整合，以"市带县"模式向商洛7个县区701个建档立卡贫困村基础设施建设项目授信35亿元，主要用于贫困村道路、安全饮水、环境整治和校安工程等建设。为加强管理，开发银行和商洛市政府以项目、资金管理机制建设为重点，依托财政建立市、县两级"开发性金融脱贫攻坚合作办公室"，构建组织、推动、协调金融扶贫的工作机制和合作平台，将开发银行的资金优势、地方党委和政府的组织协调优势以及财政部门的就近监管优势紧密结合，创新出开发性金融支持脱贫攻坚的"商洛模式"，取得了良好的成效。

二、探索管理新方式，助力打赢脱贫攻坚战

开发银行与商洛市紧紧围绕项目资金"贷得出、用得准、管得好"的目标，不断探索管理新方式。

（一）合作模式

1. 贷得出——整合财政涉农资金。双方确定以整合财政涉农资金的20%为还款来源，以市、县区城投公司为承贷主体，用政府购买服务的方式，取得期限15年、总额度70亿元的贷款资金，第一批贷款35亿元，集中用于支持全市701个建档立卡贫困村的基础设施建设。截至2017年6月末，商洛市已筹措项目资本金9.68亿元，开发银行贷款到位20.25亿元，集中解决建档立卡贫困村群众最关心、最急迫、最基本的生产生活条件，从而解决了长期以来贫困地区群众翘首期盼已久、地方政府想解决而无力解决的问题。

2. 用得准——资金精准到村到项目。资金短缺是商洛市最大的瓶颈，开发银行的资金支持对商洛而言，无异于是雪中送炭。围绕精准脱贫，开发银行和商洛市先行试点，为用好资金、做好项目、造福百姓、摆脱贫困探索经验。

商洛市政府制定印发了《商洛市开发性金融支持脱贫攻坚试点工作方案》,在7县区选择34个村先行试点。结合试点经验,坚持规划先行、精准靶向的原则,聘请有资质的设计单位,对701个贫困村分类编制了《商洛市建档立卡贫困村国开发银行基础设施贷款项目建设规划》。对区位优势明显、有发展潜力的贫困村,加大项目投入力度,使其成为脱贫攻坚的领头羊;对位置相对偏远,可能自然消亡的村庄,则以整治和保护环境为主,重点抓好改水、改路、改厕、垃圾处理等,避免重复建设,切实提高资金使用效益。

3. 管得好——确保资金运行安全。农村基础设施建设是重要的民生工程、公益事业。为了把这一"功在当代、利在千秋"的好事办好,双方坚持利用制度管好资金的原则,制定了项目管理、资金管理、县级报账支付制度、资金整合和监督检查制度等15项制度办法,并坚持财政、银行、城投三方共同监管,形成了完整的资金管理体系,确保资金安全。

(二)合作特点

开发银行和商洛市在试点过程中,总结出了可复制、可操作的开发性金融支持脱贫攻坚工作"商洛模式",并将"商洛模式"简单概括为:共建"一个平台",破解"两个难题",发挥"三方优势",建立"四项机制",落实"五方职责",调动"六个积极性"。

——共建"一个平台":瞄准2019年商洛全市脱贫摘帽,实现精准扶贫新作为,与商洛市市委、市政府联合建立市县两级开发性金融支持脱贫攻坚合作办公室(简称合作办),合作办由市、县财政、发改、扶贫、城投公司及开发银行相关处室人员组成,办公室设立在财政局,设立综合协调、项目管理和资金管理三个组,分别负责业务协调、项目审查和资金报账管理三方面业务,80余人在市县两级合作办开展工作,做到了"人人能管事、事事有人管"。

——破解"两个难题":制定县级报账支付办法和项目管理办法,利用财政部门的管理体系,解决了资金监管和项目管理难题。

——发挥"三方优势":积极发挥开发银行金融政策和资金的优势;地方党委、政府综合组织协调的优势;财政部门就近监管的优势。

——建立"四项机制":建立了涉农资金整合机制、开发性金融支持脱贫攻坚投融资机制、项目管理机制和县级联合审核报账支付机制。

——落实"五方职责"：积极落实财政部门、项目主管部门、乡镇政府、项目实施单位和代理银行五方职责。

——调动"六个积极性"：充分调动了贫困群众、村组干部、行业部门、乡政政府、银监部门、社会力量共同参与的积极性。

三、瞄准脱贫摘帽，实现开发性金融 决战商洛脱贫攻坚新作为

2016 年以来，开发银行和商洛市共合作实施建档立卡贫困村基础设施大小项目 14000 多个，用于建档立卡贫困村摘帽考核指标，农村道路、桥涵建设、安全饮水、危旧房改造、校安工程、河堤、护坡等基础设施建设和环境整治项目。截至 2017 年 6 月末，已发放贷款 20.25 亿元，涉及建档立卡贫困户 3.5 万户 10.75 万人。其中包括通村通组道路 530 条，共计 7150 公里；便民桥 60 座；安全饮水及生态文明工程 4620 处；危旧房改造 3650 户；修建河提 315 公里、护坡 180 处；污水处理、垃圾池及配套 100 余处；美化亮化工程 40 处；便民广场 30 处。在开发银行的大力支持下，商洛市贫困地区基础设施得到有效改善，群众生产生活条件得到较大改观，赢得了社会广泛好评。

同时，创新产业扶贫机制，向全市 8 家产业扶贫龙头企业及 20 余家农业合作社提供近 2 亿元贷款，带动建档立卡贫困人口 4500 余人脱贫；落实易地扶贫搬迁贷款 25.4 亿元；向 1.3 万人次学生提供助学贷款 1.06 亿元。这些贷款的注入，带动和感动了当地干部群众，积极投身到项目建设中，激发了贫困地区贫困群众内生动力，掀起了脱贫攻坚工作热潮。双方的密切合作取得了以下成效。

（一）建好基础设施，催生集聚效应

"栽下梧桐树，引得金凤凰"，随着贫困村基础设施建设一次性到位，到贫困村兴业创业的人明显增多。例如商洛市商州区北宽坪镇沿线的 12 个贫困

村,随着开发银行贷款支持的蟒岭绿道建设完工,目前已发展农家乐和农家旅社120家,外地客商兴办农头企业17个,旅游人数明显增多,2016年带动1000多贫困户3500多人就业脱贫,既改善了贫困村生产生活条件,也助推了乡村产业发展,集聚效应凸显。

(二)板块整体推进,产生规模效应

贷款以贫困村为单位,集中资金、整体推进,避免了过去的零敲碎打、单打独斗。在开发性金融的支持下,商洛市柞水县下梁镇西川流域不断完善基础设施建设和环境综合治理,投入贷款资金2500万元,对流域内5个贫困村20个村民小组649户民居和建筑,统一标准进行改造提升,通村路、危旧桥梁改造,河堤、绿化、田园整治综合治理,"产业绿色化、乡村景区化、田园景观化"的美丽乡村面貌呈现,西川流域已成为了全县的亮点、全市的样板、全省的范例。

(三)坚持统筹思维,增强溢出效应

在用好用足开发银行贷款资金的同时,商洛市整合扶贫开发、美丽乡村、村级社会事业及"五个一批"等项目资金,增强开发银行贷款资金的正面溢出效应,积极提高贫困户人居环境、生活质量,为培育骨干增收产业创造条件。例如,商洛市丹凤县龙驹寨街办赵沟村,一年前在村民眼里还是一个"泥巴路通车难,河沟涨水就毁田,露天茅厕臭熏天"的穷村子,在开发银行资金支持后,道路通组入户、房舍粉刷一新、太阳能路灯沿路而立,生态河堤里碧水清澈,就连群众的旱厕也变成城里人才能享受的洁净厕所。基础设施好了,当地龙头企业也入驻该村,在核桃林下搞起了土鸡散养。老百姓逢人都露出笑脸说:"这样实实在在的扶贫,要不了几年就富起来了。"地处两省三县交界的商南县富水镇黄土凸村,引进开发银行项目后数月,村里就有了第一条通村连省的水泥路,黄土凸村群众苦守多年的传统产业香菇产业,开始销往外地,每斤湿香菇从2元钱升值到5元钱,仅此一项该村贫困群众每年可以多赚几十万元。

甘肃省陇南市开发性
金融精准扶贫示范点

◇◇

陇南市位于甘陕川三省交界之处,是甘肃省唯一的长江流域地区,整体属秦巴山集中连片特殊困难地区,辖8县1区,195个乡镇,3201个行政村,283万人。8县1区均为国家重点扶贫县,全市建档立卡贫困村1365个,2016年年底贫困人口41万人,贫困发生率16.5%,均居全省第一,一直是全省乃至全国扶贫开发的主战场之一。

陇南贫困程度深、脱贫成本高,全市1365个建档立卡贫困村中,仍有900个未实施整村推进;3100多个自然村不通公路,86万人未解决过河难问题,近4万户农村危旧房需要改造,36万农村人口存在饮水安全问题,7万群众需要实施易地搬迁,行路难、过河难、饮水难、用电难等问题还未彻底解决,基础设施建设成本高,脱贫难度非常大。

陇南致贫原因复杂、扶贫难度大。既有条件性贫困,60%以上的贫困人口分布在深山林缘、高寒阴湿、半山干旱、自然保护区等地区,自然条件严酷,生存环境恶劣,冰雹、干旱、霜冻等极端气候灾害较多,"5·12"地震后到陇南援助的国家部委领导曾说陇南的贫困大于灾情。也有资源性贫困,陇南七山二水一分田,土地瘠薄不平,70%以上为坡耕地,且人均只有1.2亩。还有素质性贫困,群众受教育程度不高,缺乏脱贫所需技能,部分群众身体素质较差。可以说,陇南条件性贫困与素质性贫困并存,整体性相对贫困与区域性绝对贫困交织,贫困成因具有多样性、复杂性、反复性特征,是全省整体脱贫和小康社会建设重点中的难点、短板中的短板。

精准扶贫、精准脱贫,是打赢脱贫攻坚战的基本方略——资金更是这场战役最需破解的瓶颈。陇南市委、市政府把脱贫攻坚作为"一号工程",提出了创建"全国扶贫开发示范区"的奋斗目标,探索出了精准扶贫精准脱贫的"陇南模式",特别是创立了金融扶贫、片区扶贫、电商扶贫等六大品牌。近两年来,开发银行按照"四到"的工作思路和方法,以"规划先行融智、改革创新融制、市场运作融资"的"三融"方式积极主动开展工作,充分发挥金融扶贫先锋和排头兵的作用,成为陇南金融扶贫的绝对主力。截至2017年6月末,累计向陇南投放精准扶贫贷款45亿元,取得了显著成效,在实践中创造了多项第一:

——全国首个整合财政涉农资金"基础设施到县"项目在陇南落地;

——甘肃省首笔电商产业扶贫转贷款在陇南落地;

——甘肃省首笔开发性金融支持村级互助资金小额信用贷款在陇南落地。

如今,开发性金融扶贫"三融""四到"在陇南深入人心,收效巨大,成为助力陇南扶贫攻坚的民心福祉工程。2017年,陇南市被开发银行确立为全国8个"开发性金融精准扶贫示范点"之一。

一、易地扶贫搬迁到省

围绕"搬得出、稳得住、能致富"目标,积极推进省级融资主体和机制建设,构建产业与搬迁同步谋划的支持体系,实施搬迁人口稳定脱贫。积极落实甘肃省"十三五"易地搬迁285亿元贷款承诺,累计向陇南9县(区)发放国家全额贴息易地扶贫搬迁贷款4.46亿元,期限20年,宽限期5年,为陇南市7万易地搬迁群众脱贫致富提供了强有力的资金保障,给贫困群众吃了"定心丸"。例如,开发银行支持武都区坪垭藏族乡8个行政村1165户5573人实施易地搬迁,其中:建档立卡户438户2054人,同自然村(同居住地)非建档立卡户727户3519人,安置方式为集中安置,建安置区1个。截至2017年6月末,开发银行已按照人均3.5万元给予建档立卡户低成本长期贷款7189万元支持,主要用于安置区建房、基础设施及公共服务建设。

二、基础设施到县

基础设施严重落后,是脱贫攻坚中最需弥补的"短板"。在开发银行支持下,陇南市以加快推进贫困村社基础设施建设为突破口,重点围绕1365个建档立卡贫困村,各县区统一开展贫困村社基础设施建设,力争用2—3年时间完成贫困村的农村道路、安全饮水、危旧房改造、环境整治、配套公共服务等与精准脱贫最为密切的相关指标,提前两年实现重点贫困村脱贫,补齐贫困村基础设施短板,彻底破解陇南市"十三五"脱贫攻坚的最大瓶颈。

2016年6—7月,在开发银行与陇南市的深度协作、共同努力下,实现了陇南贫困村社基础设施项目贷款承诺59.75亿元,现已完成34.4亿元贷款投放,武都区项目更成为开发银行在全国范围内首个整合财政涉农资金项目,创造了融资规模、融资速度、融资模式"三个第一",成为陇南历史上一次性获得的最大额度贷款支持,惠及贫困人口约38万人,被陇南人民称为"第二次灾后重建"。具体的做法如下:

一是超前谋划,抢抓政策机遇。在《关于支持贫困县开展统筹整合使用财政涉农资金试点的意见》出台前,早在2015年,开发银行就围绕陇南市武都区整村推进建设需求,先行先试,积极探索支持农村基础设施的有效方式,为后续顺畅推进整合财政涉农资金支持全市农村基础设施建设提供了较为扎实的项目基础。文件出台后,开发银行迅速形成了利用整合使用财政涉农资金支持贫困村基础设施建设的实施方案,得到陇南市主要领导的高度认可,方案提交三天后陇南市委常委会即审议通过,开发银行随即派驻工作组正式开展工作,实现了全行首例整合财政涉农资金支持贫困村基础设施项目贷款承诺,并在系统内实现了全国首个"基础设施到县"项目贷款投放——陇南市武都区首批农村基础设施建设贷款 3 亿元投放。

二是扶贫精准,针对贫困村突出补短板。在一期项目推进中,结合中央要求和当地财力状况,不盲目将支持领域扩大到非贫困村和奔小康的阶段,而是立足于解决贫困群众最迫切、最现实的需求问题,对照贫困县和贫困村退出指标,统筹规划水、电、路、网、房等基础设施和活动室、文化室、卫生室、幼儿园等公共服务设施,在保留村庄原有格局的基础上,最大限度地保留项目村原有风貌、乡土气息和历史文化。

三是强化管理,以机制建设保障项目顺畅实施。加大机制建设力度,超常规工作措施是保障。开发银行和陇南市政府成立开发性金融脱贫攻坚合作办公室,派驻金融扶贫专员,组建工作专业团队,建立微信群,每天通报各县区进展,在可研编制、项目审批和政府采购等多个环节积极配合衔接。在快速推进的同时,严格按照国家法定程序,制定融资操作手册和有关项目实施、资金管理等配套文件,先后制定出台《贫困村基础设施建设项目政府购买公共服务方案》《关于利用开发银行中长期贷款加快全市贫困村基础设施建设的实施意见》《贫困村基础设施建设项目资金管理办法》等文件,明确项目融资模式和实施方式。各县区政府先后出台《财政涉农资金整合使用试点实施方案》《关于政府向社会力量购买服务的实施意见》和《农村基础设施建设项目资金实施细则》等文件,进一步细化项目实施与资金监管责任。此外,建立项目资金公告公示制度,在政府门户网站和主要媒体公开统筹整合使用涉农资金来源、用途和项目建设等情况,提高资金使用透明度。

专栏:开发性金融支持陇南贫困村社基础设施建设项目成效

(一)成为整合财政涉农资金撬动金融支持农村基础设施的全国首例。创新农村基础设施投融资体制机制,破解贫困地区农村基础设施建设资金瓶颈,将农村基础设施作为公共产品,通过开发性金融"搭桥",使用统筹整合的财政涉农资金作为采购资金来源,既提高了财政涉农资金使用效果,又在不增加政府债务的前提下为脱贫攻坚提供了资金保障。截至 2017 年 6 月末,开发银行向陇南投放资金 34.4 亿元,完成投资约 23 亿元,涉及项目约 5300 个,惠及陇南市

1278 个建档立卡贫困村,受益总人口约 87.7 万人,其中贫困人口约 37.8 万人。

(二)改善贫困群众生产条件,夯实产业发展基础。农村基础设施项目的有效实施,将切实改善贫困群众生产条件,增强集体经济组织造血功能,为产业扶贫打下坚实基础。农村基础设施项目投资将形成供水、垃圾污水处理、乡村旅游等带有经营性的集体资产,对健全村级集体经济增收机制,提升村级组织服务能力都具有重要作用。特别是通村路、村组路及打通交通阻隔的旅游路、隧道等,将有效解决农产品卖出难的问题。

(三)改善贫困地区生活条件,增强贫困群众内生动力和能力。通过对 1209 个贫困村的农村环境进行整治,包括安全饮水、垃圾污水处理、护坡和谷坊、美化亮化等,将切实改善贫困地区整体生活环境,有效防治地质灾害隐患,解决农村"脏、乱、差"的问题,为构建美丽乡村奠定坚实基础。

以开发银行支持陇南市西和县贫困村社基础设施建设项目为例,该项目总投资 10.4 亿元,开发银行贷款授信承诺 8 亿元,目前贷款余额 6 亿元。项目涉及 177 个建档立卡贫困村,涉及 498 个自然村 2.9321 万户 14.9 万人,贫困发生率 56.2%。此次项目实施后,将直接惠及贫困户 1.9045 万户 8.3746 万人,分别占西和县总贫困户和贫困人口的 57%、54.5%。

三、产业扶贫到村(户)

将产业发展作为促进持久脱贫的主攻方向,开发银行以产业发展为着力点,努力构建"全产业链扶持 + 分层授信"的支持体系。

——对于千万级及以上需求的龙头企业,结合农业供给侧结构性改革,以产业扶贫专项贷款工程为重点,建立贷款企业带动农户致富的机制,构建农村富民产业体系,切实增强县域经济实力。

——对于百万级需求的合作社,以产业扶贫专项贷款工程、扶贫转贷款等为重点,有效结合开发银行资金成本优势、政府组织增信优势、商业银行网点风控优势,支持农村电商、农产品加工、乡村旅游等新产业新业态,着力改善贫困人口生产条件、促进增收致富。

——对于万元级的农户,以村级互助资金小额信用贷款为依托,有效解决 1 万—3 万元需求的贫困户、与贫困户条件相近的非贫困户的融资难题及后续产业资金需求。

目前,开发银行在陇南徽县、两当县累计承诺贷款 3900 万元,贷款期限 3—5 年,利率执行国家基准利率,不到过去的一半,已实现 1527 万元贷款发放,支持超过 500 户贫困农户发展产业,开发性金融支持互助资金小额信用贷款真正成了农户发展产业的"资金加油站"。

+-+

专栏:开发性金融支持陇南电商产业扶贫转贷款业务

开发银行通过电商产业扶贫转贷款方式支持陇南市礼县良源果业发展苹果电商。开发银行向良源公司投放了 500 万元开发银行扶贫转贷款,用于苹果等电商土特产收购,贷款投放后,企业以收购土特产形式为礼县盐官镇新合村带动当地建档立卡贫困户 123 户,合计 574 人,其中未脱贫 61 户 287 人,预脱贫 62 户 287 人。

+-+

四、教育资助到人

自 2007 年生源地助学贷款启动以来,开发银行累计向甘肃投放助学贷款 65 亿元,支持贫困学生超过 50 万人,真正落实"发展教育脱贫一批"的要求。在陇南,开发银行累计发放生源地助学贷款 5.88 亿元,覆盖了全市所有县区,惠及 4.12 万贫困家庭学生,已成为陇南涉及群众最多、力度最大的惠民政策之一,被群众形象地称为"圆梦工程"。

五、融资又融智

"四到"之外，开发银行充分发挥大额、批发、长期的资金优势，通过省市上下联动，支持了陇南辖内重大工程实施。向兰渝铁路陇南车站站前广场项目贷款5.1亿元，保障了重大铁路项目按时建成通车，结束了陇南不通火车的历史；全力做好渭武高速、成州机场、武九高速、徽两高速等重大项目资金保障，打通交通瓶颈。

融资的同时，更加注重融智工作。开发银行始终以"规划先行融智、改革创新融制、市场运作融资"的"三融"方式积极主动开展工作，对陇南脱贫攻坚的金融支持，不仅体现在大额资金的及时到位，更体现在聚焦战略方向、瞄准政府热点、创新模式、建设机制的主动担当。从统筹易地扶贫搬迁到省，到贫困村基础设施到县，从产业扶贫互助资金到村、到户，到助学贷款资助到人，无不体现开发性金融规划先行、雪中送炭的理念。2016年4月，开发银行又向陇南市派驻开发评审工作组和扶贫金融专员，帮助地方提升金融运用能力和意识。开发银行将融资与融智相结合，推进各地编制扶贫开发规划和系统性融资规划，创新财政扶贫资金的使用方式。

脱贫攻坚，党心所向，民心所依。决战贫困、决胜小康的主旋律已在陇南大地奏响，开发性金融正在以前所未有的力度助力陇南打赢精准扶贫、精准脱贫攻坚战，为实现与全省全国同步小康目标而努力奋斗！

安徽省金寨县开发性
金融精准扶贫示范点

一、金寨县基本情况

金寨是中国革命的重要策源地,人民军队的重要发源地。总面积3814平方公里,辖23个乡镇、1个现代产业园区,224个行政村,总人口68万人。金寨是红色奉献的土地。战争时期,是红四方面军的主要发源地、鄂豫皖革命根据地的核心区,10万儿女参军参战,走出了59位开国将军,被誉为"红军摇篮、将军故乡"。建设时期,修建了治淮骨干工程——梅山、响洪甸两大水库,总蓄水量50亿立方米,淹没10万亩良田、14万亩经济林和3大经济重镇,移民10万人。金寨是亟待发展的土地。是国家级首批重点贫困县,2011年被确定为大别山片区扶贫攻坚重点县,当时贫困人口19.3万人,贫困发生率33.3%。到2016年年底,全县贫困人口6.6万人,贫困发生率11.2%,发展任务十分繁重。金寨是充满希望的土地。党和国家领导人历来十分关怀、关注金寨。1990年,李克强同志到金寨考察并选址建设全国第一所希望小学;2003年以来,习近平、吴邦国、温家宝、曾庆红等领导同志先后视察,中央部委和省、市都对金寨发展给予大力支持。2012年6月19—20日，吴邦国同志亲临视察，为金寨量身定做了"5＋1"帮扶项目，并确定全国人大机关对口帮扶，安徽省委、省政府作出"抓金寨促全省"扶贫开发战略。尤其是2016年4月24—25日，习近平总书记亲临金寨考察，就传承红色基因、推进脱贫攻坚等作出一系列重要指示，让老区人民倍加振奋、备受鼓舞、倍感荣耀，金寨进入了最好的发展时期。金寨是开发性金融播种示范的土地。近年来，金寨县牢固树立创新、协调、绿色、开放、共享发展理念，在开发性金融的大力支持下，坚持以脱贫攻坚统揽工作全局，坚持"生态立县、工业强县、招商兴县、旅游富县、民生为要"的发展战略，大力推进人口向城镇、土地向大户、工业向园区"三集中"，探索出了一条具有大别山区特色的脱贫攻坚、绿色发展新路径。2013年以来，先后获得全国文明县城、科技进步先进县、国土资源节约集约模范县等15项全国性荣誉，列入全国农村综合改革、光伏扶贫、金融改革、土地制度改革、全域旅游等34项国家级、省级试点示范，成为开发性金融精准扶贫示范点。2016年，全县实现生产总值97亿元，增长8.1%；财政收入12亿元，增长19.1%；农村居民可支配收入9269元，增长9%；全年脱贫4729户18288人，在安徽省脱贫攻坚考核中获得"好"等次，实现了脱贫攻坚首战首胜。

二、开发银行支持金寨县的基本情况

金寨县是开发银行在安徽省内扶贫领域最广、投放量最大、合作最紧密的县域主体之一。"十二五"时期，开发银行即与金寨县建立了并肩作战摆脱贫困的深厚合作关系，融资逾20亿元支持全县发展。一是鼎力支持金寨县做好扶贫脱贫的城镇化建设基础性工作，对金寨县经济开发区路网、县城污水管网建设、县医院搬迁改造、农村校舍危房改造等领域进行投放。二是全力支持金寨县做好棚户区改造工作，棚户区改造贷款涉及搬迁6010户，拆迁面积81.76万平方米，为金寨全县民生改善和县貌换新发挥出积极作用。三是大力支持金寨县做好产业扶贫的园区孵化工作，投入贷款资金用于金寨县建设金梧桐产业园建设，项目建设标准化厂房19栋，吸引40家企业进驻，带动投资约 20.23 亿元,解决当地就业逾 2000 人,其中建档立卡贫困人口约 400 人。开发性金融助力金寨"增强县力、改善民生"为"十三五"时期金寨县举全县之力打赢脱贫攻坚战的整体工作推进积累了经验、奠定了基础、丰厚了力量、坚强了后盾。

2016 年以来,按照新时期脱贫攻坚各项工作要求,开发银行积极主动开展对金寨县精准扶贫工作的科学谋划、机制建设及高效推动有关政策与项目对接落地等,金寨县亦在整合财政资金支持脱贫攻坚方面切实做到"集中财力保攻坚、统筹资金强投入、创新机制促发展、强化监管出效益"。近两年来,开发银行对金寨县精准扶贫领域承诺贷款 38.5 亿元,发放扶贫贷款 27 亿元,主要支持易地扶贫搬迁、农村环境整治、农村安全饮水、主干河道修复提升和水毁道路修复提升等领域。截至 2017 年 6 月末,开发性金融支持金寨县发展的资金投入余额已逾 50 亿元。

三、主要做法

一是建好精准扶贫工作机制。建机制、建好机制,前提是有建立合作机制的基础和共识,2016 年以来,金寨县委、县政府以脱贫攻坚统揽经济社会发展全局,按照"确立一个目标、压实两项责任、突出十二项重点、完善三项保障"的工作思路,统筹整合资金资源,深入实施"3115"脱贫攻坚计划,全县动员,全力以赴,全面发力,确保全面打赢精准脱贫攻坚战,奠定了合作机制的良好思想基础和工作保障。开发银行率先在六安市及所辖四县三区全部建立了市县两级开发性金融脱贫攻坚合作领导小组和合作办公室,其中,金寨县委、县政府高度重视开发性金融合作,在六安市县两级七个合作办中首个发文成立金寨县合作办并切实做实,合作机制在谋划项目、推动工作和源头控制风险等环节迅速发挥出积极高效有力的作用和示范引领带头作用。在金寨县率先建设合作机制的理念和行动也与安徽省委、省政府和六安市委、市政府在脱贫攻坚工作上分别提出的"抓金寨、促全省"和"抓金寨、带全市"的精神和工作要求高度一致。开发银行和金寨县在脱贫攻坚工作中在"保持定力做'加法'，政府做大政策扶贫增量，开发银行做大金融扶贫增量""盯紧问题做'减法'，政府消减困难群体存量，开发银行消减融资短板障碍""科学统筹做'乘法'，政府激活金融扶贫变量，开发银行激活金融群体力量""督查考核做'除法'，政府保证脱贫攻坚质量，开发银行保证扶贫资金流量"上保持了步调上的高度一致。

二是创新精准扶贫工作思路。2016年6月底，金寨县遭受百年一遇的特大洪涝灾害，开发银行第一时间与县里沟通，并以最短时间高效启动应急贷款，从项目入库到贷款发放，仅一个工作日，不仅发挥出开发性金融对受灾贫困县雪中送炭的作用，更发挥出开发性金融示范引领作用，带动其他金融机构迅速对全县乃至全市应对灾情施以力所能及的援手，赢得了市县政府的一致认可。在此基础上，开发银行创新思路，主动献策、积极跟进，将金寨县的救灾应急工作与灾后重建工作和灾前着手谋划的精准扶贫工作统筹考虑，即确立"应急抢险＋灾后重建＋扶贫脱贫＋振兴发展"的新思路，综合灾情引发的农村安全饮水需求、农村道路畅通需求及统筹整合使用财政涉农资金等政策，开发、指导金寨县规划农村安全饮水、主干河道修复并提升和水毁道路修复并提升等项目，并为未来的红色旅游扶贫、道路畅通扶贫等先期打好规划基础，项目惠及金寨县71万人，其中建档立卡贫困人口约8.4万人，基本实现贫困人口全覆盖。创新精准扶贫开发工作思路的同时，开发银行结合实际，在扶贫开发地区债务空间有限、扶贫开发项目小多散广等方面创新精准扶贫风险防控思路，从压实还款来源、落实还款措施、做实还款管理着手开展工作，金寨县相关项目成为开发银行安徽省分行首批使用财政整合涉农资金作为还款来源的县级项目、首个落实动态还款机制的县级项目、首个与地方政府共同研究制定资金管理办法的县级项目、首个集职能部门、融资主体之力共同开展贷后检查和管理的县级项目。

三是发挥精准扶贫工作效应。作为地方精准扶贫工作重要组成部分的农村土地制度改革试点工作启动以来，金寨县委、县政府在各方支持下，坚守改革底线，大胆创新，统筹推进农村土地制度三项改革，积极探索土地改革与精准脱贫协调发展的新路子，形成了一系列制度性成果，较好地完成了阶段性改革目标任务，受到广大群众的支持和拥护，在这个重要的、具有划时代意义的改革过程中,宅基地试点工作取得了突出的扶贫成效,通过多重措施确保了宅基地改革与脱贫攻坚有机结合、保障有力。金寨县整合叠加宅基地改革、易地扶贫搬迁、水库移民解困、农村危房改造等多项扶持政策,引导"两户三房"即"贫困户、移民户"和居住在"土坯房、砖瓦房、砖木房"的农户自愿搬迁,有效解决了"两不愁三保障"中的住房保障难题,极大地推动了贫困人口的脱贫解困。同时,金寨将改革试点政策与国家扶贫政策有效衔接,探索宅基地复垦腾退的建设用地指标在省域范围内有偿调剂使用,已成功交易10857亩宅基地腾退节余建设用地指标,成交金额有效缓解了改革资金压力,增强了发展内生动力,促进了打赢脱贫攻坚战的必胜信心。这其中,开发性金融发挥了至关重要的作用,开发银行配合金寨县宅基地改革试点,在宅改范围内积极稳妥地融资推动以农村环境整治为切入点的宅基地农村基础设施建设,投放的扶贫贷款惠及人口35127人,其中建档立卡贫困人口15572人,贫困人口所占比例达44.33%。金寨县的宅改试点推动了脱贫攻坚战略化、加快了山区农村城镇化、提升了土地利用集约化、落实了耕地保护增量化、实现了群众利益最大化,开发性金融精准扶贫的效应得以充分发挥。

2016年4月24日,习近平总书记视察金寨时强调,"全面建成小康社会,一个不能少,特别是不能忘了老区",给了老区人民莫大的鼓励和动力!按照习近平总书记指出的要坚持精准扶贫、精准脱贫,要提高脱贫攻坚成效,要找准路子、构建好体制机制,真正在精准施策上出实招、在精准推进上用实功、在精准落地上见实效的要求,金寨县精准锁定贫困人口,大力实施了"3115"脱贫计划和35个专项方案,创新建立扶贫大数据平台,实现脱贫攻坚精准化、精细化管理,确保如期实现"人脱贫,村出列,县摘帽"目标,与全省、全国同步全面建成小康社会。

开发性金融将继续精准聚焦金寨脱贫计划,精细对接金寨脱贫方案,精心保障金寨脱贫目标,精诚推进金寨小康之路。目前,开发银行正在积极推进包括金寨县健康扶贫、交通运输扶贫和旅游扶贫等在内的精准扶贫融资融智工作,其中健康扶贫项目主要针对金寨县3个县级医院、23个乡镇卫生院、209个村卫生室的整体医疗卫生体系效能提升开展融资支持,为医共体建设和全县人民百姓的身体健康及卫生计生工作阵地建设奠定基础;交通运输扶贫主要针对金寨县境内县、乡、村部分现有道路进行硬化、黑化、加宽和桥梁、管涵的加固、维修,以及安防、边坡防护等相应的配套设施建设,项目建设将切实改善金寨县农村地区交通条件,更好地助推金寨县精准扶贫,加快脱贫致富步伐;旅游扶贫将结合红色旅游发展的新趋势,高位谋划、深度融合金寨县的红色精神、红色文化与绿色旅游、绿色产业,使红色文化和绿色旅游共同催生激发出贫困县更多的生产力,带动全县脱贫攻坚和经济发展。

金寨县作为安徽省六安市脱贫攻坚主战场,具有与开发性金融长期合作的历史积淀,金寨县委、县政府对开发性金融在支持全县顺利完成脱贫攻坚任务过程中将发挥巨大作用有着坚定信心,金寨县自身具备独特的革命精神、创新精神、持恒精神、必胜精神也给予了开发性金融更大的鼓舞,开发银行与金寨县委、县政府更加紧密地团结在一起,用强大合力,下绣花功夫,做好各项精准扶贫工作,主动参与、积极谋划、科学安排、用好机制、做实项目、严格管理、防范风险、发挥作用。未来在各方共同努力下,开发性金融在金寨县的脱贫攻坚融资融智示范引领作用将更加凸显,开发性金融在金寨县的精准扶贫效果也将更加充分地体现和进一步的深化,在开发性金融支持下,金寨县必将打赢脱贫攻坚战并将坚韧地保持脱贫攻坚的战果。

江西省定南县开发性
金融精准扶贫示范点

◇◇

根据《中共中央 国务院关于打赢脱贫攻坚战的决定》,开发银行在定南县积极发挥开发性金融功能和作用,坚持精准扶贫、精准脱贫基本方略,加强融资模式创新,在农村基础设施、产业扶贫、教育扶贫等精准扶贫领域加大贷款支持力度,累计向定南县承诺精准扶贫贷款9.42亿元,发放精准扶贫贷款2.82亿元,预计可惠及建档立卡贫困户1300户,并与定南县在合作机制、合作模式创新方面形成了一些好做法、好模式、好经验。

一、顶层设计,高位推动

开发银行高度重视定南县脱贫攻坚合作,2017年上半年开发银行先后多次赴定南县开展脱贫攻坚调研,与定南县在脱贫攻坚领域合作达成共识,双方将深入贯彻落实中央关于金融扶贫工作要求,探索合作模式,共同着力解决脱贫攻坚、项目建设等融资问题,通过抓培训、抓产业、抓实干、抓党建,探索产业扶贫模式,推动扶贫模式创新,培育经济持续发展能力,确保贫困户实现精准脱贫,助力定南脱贫攻坚和改革发展。

二、建立机制，统筹协调

（一）建立合作机制

为充分运用开发性金融理论和金融社会化理念，深化银政合作机制，构建扶贫开发业务合作机构和组织管理体系，定南县组建成立县级"开发性金融脱贫攻坚合作办公室"，并从紧缺的财政全额拨款事业编制中调剂出了3名编制给合作办，专职协调、对接脱贫攻坚金融合作工作。合作办是开发银行与定南县政府共同完成扶贫开发机制顶层设计的标志，在规划编制、项目开发、融资方案设计等方面将政府对扶贫开发工作的组织管理优势和开发银行的融资、融智优势有机结合，有利于共建和完善扶贫项目运作、资金运行管理和项目实施评价等方面制度，助力打通扶贫开发贷款"借用管还"路径，推动建立扶贫开发长效机制。

（二）发挥合作办作用

在深化双方合作中，定南县开发性金融脱贫攻坚合作办公室积极发挥"五员"作用，并逐渐形成"三套"机制。"五员"包括：联络员，通过与开发银行建立微信群等工作沟通方式，加强了项目开发和管理全流程的常态化沟通对接；宣传员，充分利用定南县政府网站和定南电视台等县级媒体宣传开发银行驻点推动金融精准扶贫工作和开发银行企业文化理念等，让全县人民进一步了解开发银行，推动双方深度融合；代办员，为使双方合作项目更加高效、便捷、规范的实施，合作办负责组织协调县相关单位对每个贷款对象进行初审、上户调查、联审；管理员，联合投融资主体、代理银行一起做好项目贷后管理工作；参谋员，紧密联系定南县经济社会发展实际，充分了解、掌握开发银行支持的发展方向、吃透上情、了解外情、把握县情、掌握下情的基础上，深入调研，科学制定项目，为定南县委、县政府当好参谋和助手。"三套"机制包括：快捷高效的对接机制，及时解读开发银行重点支持方向，从政策走向、项目筛选、评审组织、项目落地、贷后管理等每个环节进行常态化的日常沟通对接,让定南县每个项目从筛选申报到贷后管理都能更加高效地得到开发银行支持。专业化的工作运行机制,理顺相关部门的关系,让各部门各司其职、协调配合,围绕与开发银行合作项目开展工作,打造一支专业化的队伍,每一个项目均有"分管县领导 + 合作办 + 责任单位"负责跟踪实施;多维立体的保障机制,由县委、县政府统一调度协调、投融资主体和县财政为项目提供资金保障,相关部门做好具体工作、新闻媒体引导舆论的保障体系,确保部门之间职责明确、衔接顺畅。

(三)加大产业扶贫力度

为更好地实现以定南县主导产业、特色产业、优势产业为支撑,以龙头企业为依托,结合农业经营主体、合作社,有效推动产业发展与脱贫攻坚的深度融合,共建产业扶贫开发性金融合作机制,开发银行和定南县共同签订《产业扶贫贷款合作协议》。双方遵循"助力扶贫、风险可控、监管合规、信用建设"的基本原则,立足于市场融资的共识和政府信用的基础,推动定南县产业扶贫开发融资体系建设,通过政府组织增信下市场化运作,培育支持符合定南县产业发展规划并对建档立卡贫困户有扶贫带动效果的优势中小企业,逐步实现企业多渠道融资、贫困户脱贫增收。

三、多措并举,融资支持

(一)建农基,补短板

农村基础设施是贫困地区经济社会发展的重要基础,是扶贫开发中最迫切需要解决的问题。开发银行与定南县政府合作,整合资金、资源,推动完善财政涉农资金使用机制,发挥财政资金的杠杆作用,创新市级平台统贷统还融资模式,围绕村组道路、安全饮水、环境整治、校安工程等难点和"短板",助力定南县破解农村基础设施建设资金难题,授信 4.6 亿元支持定南县农村基础设施建设,惠及定南县 119 个行政村。

(二)强产业,促扶贫

一是坚持因地制宜、因困施策的原则,完善"四台一会"贷款模式,对定南县具有明显扶贫带动作用的中小企业授信 2000 万元,通过就业务工、合作经营等形式带动近百户贫困户脱贫增收。二是在前期制度建设、市场建设、信用建设的工作基础上,开发银行推动的"赣州市油茶产业精准扶贫高产生态示范基地建设项目"率先在定南实现授信 4 亿元,发放 2 亿元,预计将带动 1200 户贫困人口通过就业务工、收益分红、合作经营等方式参与油茶产业发展,持续稳定增加收入,增强自我发展能力,定南县油茶产业精准扶贫发展模式在赣州其他区县中起到了示范引领作用。

专栏:定南县产业扶贫"四台一会"合作机制专栏

为更好地融合地方政府的组织协调优势和开发银行的融资融智优势,开发银行和定南县政府共同搭建"四台一会"产业扶贫合作机制,并构建全流程风险防控机制,系统化、组织化、持续化、专业化地推进产业扶贫业务开发,定南县出台《定南县国家开发银行产业扶贫贷款资金管理办法》《定南县国家开发银行产业扶贫贷款项目项目审议工作办法》等文件,旨在通过建章立制,明确金融合作流程和"四台一会"各方职责。

一是确定了以"开发性金融脱贫攻坚合作办公室"为管理平台具体组织协调定南县产业扶贫贷款的申贷、评议、推荐以及贷款资金的借、用、还等具体工作,向开发银行推荐贷款项目。二是确定定南县国有资产经营管理公司为统贷平台负责对当地符合定南县产业发展规划并对建档立卡贫困户有扶贫带动效果的优势中小企业、能够带动建档立卡贫困户脱贫致富的农业经营主体和合作社等用款人贷款资金统借统还。三是选取江西省信用担保股份有限公司为担保平台向开发银行提供足额有效担保。四是确定定南县政务公开网为公示平台定期公示企业的申贷信息、扶贫带动情况和还本付息情况,监督企业的生产经营和贷款资金使用。五是定南县中小企业局正在筹备成立中小企业信用协会,通过加强会员企业互保联保审核、平台公示、民主决策、组织生产管理等,培养会员企业契约精神与信用意识。

最后是定南县创新性构建"一站式"申报流程,符合产业扶持条件的实际用款人只需向定南县金融服务中心提交借款申请,定南县金融服务中心实行"一站式"服务。对实际用款人贷款申请及资料完整性初审,初审后资料报县合作办,定南县合作办组织借款人对实际用款人贷款情况进行评估、贷前调查、出具调查报告提交定南县评审委员会审议,审议通过后,由定南县开发性金融脱贫攻坚合作办公室上报开发银行江西省分行审批。

"四台一会"机制的建立,集中了各方资源优势,强化了扶贫开发业务基层管理,为与金融机构合作奠定了坚实基础。2017 年 7 月 13 日,开发银行向该机制授信 3 亿元。

(三)惠教育,断贫根

为了履行"增强国力、改善民生"的宗旨,保障家庭经济困难学生顺利入学,开发银行整合各方资源、创新贷款机制,走出了一条独特的行助学贷款业务模式,通过与省教育部门合作,以江西省学生资助管理中心为管理平台,以各县级资助中心为经办平台,承担助学贷款的申请和回收工作;同时在省财政部门的支持下建立了财政贴息和风险补偿金政策,保障助学贷款业务顺利运行。开办助学贷款业务以来,在定南累积向困难家庭学生发放国家助学贷款 9145 人次,6168 万元,其中 2016 年度发放 1812 人次,1389 万元,有效支持了困难家庭通过教育阻断贫困的代际传递。

四、夯实基础,融智支持

金融是现代经济的核心和实体经济的血脉,为使定南县干部更好地了解熟悉金融的运行手段和流程,开发银行充分发挥专家银行的优势,提供融智支持。一是组织四川省成都市"四台一会"骨干人员在"定南大讲堂"为全体县乡主要领导开展金融知识培训，为定南县"四台一会"相关委办局人员开展"四台一会"工作培训，增强定南县干部运用金融手段开展经济工作的意识和能力。二是开展干部挂职交流，弥补知识盲区。定南县选派人员分期分批到开发银行江西省分行进行短期挂职学习，学习开发银行业务流程，系统地学习开发银行业务的着重点，帮助增强定南县干部运用金融手段开展经济工作的意识和能力。

五、党建引领，银政共建

开发银行以党建活动为纽带，以机制建设、能力培养、教育资助等方法为抓手，提升贫困村自身发展内生动力。合作办、开发银行脱贫攻坚定南县驻点办公室与贫困村建立党建共建制度。定期深入贫困村开展党建活动，与贫困村党支部开展党建交流，激发贫困村党组织的先锋模范作用，通过政策宣传、理念灌输等方式，改变贫困地区和贫困人群的发展理念，增强"造血"功能。推动党建工作与脱贫攻坚深度融合，实现党建带扶贫、扶贫促党建"双赢"目标。

一是采取联学共建的形式共同开展党建工作。双方通过交流支部工作经验方法、学习脱贫攻坚政策等形式，推动联学共建工作，使定南县党员干部进一步认识开发银行脱贫攻坚的工作思路和做法，达到互学互助、共同进步的目的。

二是开展"抓党建促脱贫攻坚"党建活动。双方共同深入省级贫困村老城镇黄砂口村开展"抓党建促脱贫攻坚"党建活动，围绕"抓党建促脱贫攻坚"与贫困村党支部开展党建交流和献言献策，进一步激发贫困村党组织的先锋模范作用，通过政策宣传、理念灌输等方式，改变贫困地区和贫困人群的发展理念，增强"造血"功能。

三是通过党建引领示范。深入省级贫困村老城镇黄砂口村，考察调研该地特色农业发展和美丽乡村的建设情况，根据当地的地理优势，提出解决贫困户增收致富的思路和方法，推动该村产业发展取得积极成效。

河南省卢氏县开发性金融精准扶贫示范点

◇·

一、卢氏县贫困背景

卢氏县位于河南省西部,地处秦巴山集中连片特困地区,是国家扶贫开发工作重点县和河南省"三山一滩"扶贫工作重点县,"八山一水一分田"是当地的重要特点。"十二五"至今,卢氏县扶贫工作取得明显成效,截至2016年年底,全县贫困人口由9.62万人减少到5.16万人,贫困发生率由28.9%下降到15.5%。但是脱贫攻坚任务仍然十分艰巨。截至2016年年底,卢氏全县352个行政村中有110个省定贫困村,全县仍有贫困户16460户51644人,贫困发生率达到15.5%,较全国平均水平高出11个百分点。卢氏县贫困户主要致贫原因是基础设施条件和医疗条件落后,如超过38%贫困户致贫原因是交通落后,超过33%贫困户致贫原因是因病致贫,其他占比较高的致贫原因还包括因学致贫、因残致贫等。

目前,卢氏县扶贫开发面临以下问题:一是贫困人口分布广,贫困程度深。二是地处河南西部深山区,特殊的地质地貌导致自然灾害频发,基础设施条件较差。三是主导产业发展不突出,资源禀赋优势发挥不够。产业链不健全,特色化、产业化水平不高。四是城镇化水平相对较低,建制镇数量少、规模小,城乡差距较大。五是"十三五"期间脱贫攻坚规划项目投资额度大,而政府综合财力有限,需要创新思路、方法。

二、开发性金融支持卢氏县主要理念

(一)规划先行,科学发展

坚持规划引领发展。根据新的发展形势要求和卢氏县实际情况,及时助力卢氏县编制脱贫攻坚规划,确保本级规划与国家、省级脱贫攻坚规划的有效衔接,规划项目合理有序安排。明确发展目标、支持重点和融资方案,确保规划项目如期落地实施。

(二)政府主导,市场运作

坚持政府主导,充分发挥卢氏县各级党委、政府在宏观规划、组织协调等方面的职能优势,加强对脱贫攻坚工作的领导,整合财政资金和各类资源,发挥财政资金的杠杆放大效能,撬动信贷资金,引领社会资本,聚合各类社会资源,以市场化方式,共同推进脱贫攻坚。

(三)因地制宜,精准施策

坚持以"六个精准"统领卢氏县脱贫攻坚工作,精确瞄准、因地制宜、分类施策,大力实施精准扶贫脱贫工程,变"大水漫灌"为"精准滴灌",做到"真扶贫、扶真贫、真脱贫"。结合不同领域、不同对象的融资需求,提出切实可行的扶贫方案,确保扶贫资金精准配置,做到精准扶贫。

(四)创新机制,合力攻坚

创新体制机制、创新思维方式、创新发展思路、创新工作方法,不断完善资金筹措、资源整合、利益联结、监督考评等机制,盘活各类资产,聚集各类资金,形成有利于发挥各方面优势、全社会协同推进的大扶贫开发格局。特别是要注重提高贫困地区和贫困群众的自我发展能力,增强依靠自身努力改变贫困落后面貌,实现光荣脱贫。

三、开发性金融支持卢氏县脱贫攻坚主要举措

为贯彻落实党中央、国务院关于脱贫攻坚的决策部署,开发银行结合开发性金融的"融资融智、雪中送炭"的办行理念,充分发挥在重点领域、关键时期、薄弱环节的先锋先导作用,实现卢氏县脱贫攻坚贷款项目授信26亿元,实现贷款发放10.7亿元,其中"易地扶贫搬迁到省"1.54亿元,"基础设施到县"8.7亿元(其中农村基础设施贷款3亿),"产业扶贫到户"0.2亿元,"教育扶贫到人"0.27亿元。项目涉及全县全部352个行政村,实现了全县贫困村精准扶贫全覆盖,全县建档立卡贫困人口63806人因此受益,惠及99%建档立卡贫困户。

(一)总分行联动,深入推进精准扶贫

开发银行扶贫金融事业部联合河南省分行以"精准扶贫、精准脱贫"为中心目标,在卢氏县创新了"扶贫转贷款"模式,因地制宜谋划脱贫攻坚融资规划,同时推动卢氏县开发性金融扶贫工作机制建立。在总分行共同努力下,2017年5月10日,开发银行河南省分行与三门峡市人民政府签订《开发性金融助力脱贫攻坚合作协议》,进一步完善合作机制,形成了健全的组织领导体制和扶贫工作机制。

(二)深化银政合作,夯实工作机制

2016年4月,开发银行河南省分行成立卢氏贫困县专项工作组,专项工作推动小组由规划处、市场处、评审处、风险处、客户处等相关部门共同参与,全面对接卢氏县脱贫攻坚重点项目,了解融资需求,设计融资方案,争取最优

惠的政策支持,工作小组定期向县委、县政府报送工作进展情况。卢氏县政府对应也成立了开发性金融支持脱贫攻坚领导小组,互为呼应,针对卢氏县扶贫业务推动中的重点、难点和瓶颈问题进行专项攻坚、专题突破,"一县一策、因县施策"抓好特色扶贫项目落地。

为对接开发银行助推卢氏县脱贫攻坚相关政策有效落实,卢氏县于2017年4月成立了开发性金融支持卢氏县脱贫攻坚领导小组,并下设开发性金融合作办公室,具体负责项目开发及管理。开发性金融合作办公室相继出台了精准扶贫项目管理办法以及资金支付管理办法。

（三）规划先行,做好脱贫攻坚工作部署

卢氏县作为全省脱贫攻坚的前沿阵地,面临贫困人口多、积贫时间长、贫困程度深、脱贫难度大等挑战。为体现规划引领在卢氏县脱贫攻坚领域的推动作用,一是向卢氏县发放脱贫攻坚规划贷款0.2亿元。二是总分行联合开展调研,完成了卢氏脱贫攻坚规划咨询报告编制工作。2017年7月25日,开发银行召开卢氏县脱贫攻坚规划咨询报告递交暨开发性金融精准扶贫示范点授牌仪式。河南省政府、河南省扶贫办、三门峡市委、卢氏县委等地方政府负责同志和卢氏县定点扶贫单位海关总署有关同志参加仪式。会上,开发银行向卢氏县递交了规划咨询报告并授予卢氏县"开发性金融精准扶贫示范点"。

（四）整合涉农资金,成系列开发贫困村基础设施

目前来看,基础设施仍是卢氏县脱贫攻坚的短板,整村推进进展较慢,任务较重,"难在路上,困在水上、缺在电上"的问题依然突出,基础设施建设水平依然较低。开发银行从卢氏基础性教育缺失,水利及生态基础设施落后等现状出发,利用卢氏涉农整合资金,开发评审了一系列农村基础设施项目,包括全县农村基础设施项目、全县中小学教育扶贫项目、全县基础性卫生医疗项目等,累计承诺贷款2.74亿元,发放贷款1.74亿元,有效解决了卢氏县贫困地区落后基础设施的瓶颈问题。未来,根据卢氏县基础设施建设实际和相关规划,为充分发挥基础设施建设在脱贫攻坚中的先导性和基础性作用,开

发银行还将继续以交通、水利、电力等作为卢氏县基础设施扶贫建设重点,对卢氏县脱贫攻坚加大投资力度。

(五)创新产业扶贫融资模式,支持贫困人口增收脱贫

卢氏县生态环境优越,特色农产品品质较高,是河南省地理标志保护产品最多的一个县(共拥有卢氏连翘、卢氏黑木耳、卢氏核桃、卢氏鸡、雏牧香畜产品、卢氏蜂蜜6个地理标志保护产品)。农户普遍存在种植食用菌、中药材等特色农产品的传统,且熟练掌握相关的种植技能。生态旅游资源丰富,乡村旅游发展条件好,农村电商发展迅速,且已初具规模。这些都为卢氏产业扶贫奠定了很好的基础。2016年开发银行创新给予中原银行8亿元扶贫转贷款授信,并于当年落实转贷款资金2000万元用于支持对建档立卡人口具有扶贫带动作用的产业,通过整合地方政府、合作银行、新型经营主体等多方优势,合力支持贫困地区特色产业发展和贫困人口脱贫,同时有效解决了大资金进入小项目的通道问题,构建了开发性金融与商业性金融协调配合、共同参与、各司其职、优势互补的金融扶贫新格局。

(六)支持教育发展

针对"十三五"期间卢氏县教育基础设施薄弱的现状,开发银行着力降低贫困家庭学生就学负担,改善办学条件,加强教育基础设施建设,向卢氏县基础教育扶贫项目承诺贷款7.2亿元,实现贷款发放3亿元。按照"应贷尽贷"原则,帮助每位贫困大学生办理生源地贷款,坚决不让一位大学生因家庭贫困而失学。

(七)将卢氏县脱贫攻坚与新型城镇化建设同步推进

开发银行积极支持卢氏县以新型城镇化建设带动扶贫开发,通过逐步改善贫困地区的基础设施和公共服务条件,加快缩小城乡差距,改变二元结构矛盾,实现城乡统筹发展一体化,促进产业发展和企业聚集,有效带动贫困人口脱贫致富,在卢氏县投放基础设施提质升级贷款15亿元。

（八）注重多部门协同联动，形成合力支持卢氏县发展

开发银行加强与海关总署、河南省能化集团、中国黄金等对接卢氏的中央机关有关部门、央企、地方大型国有企业等相关机构联络，共同谋划扶贫项目，形成合力，支持卢氏县脱贫攻坚。

开发银行将坚持贯彻中央脱贫攻坚精神，结合开发性金融"融资融智、雪中送炭"的理念，开展更扎实的工作，采取更有效的举措，积极支持卢氏县脱贫攻坚，重点做好以下几方面工作。

一是强化卢氏脱贫攻坚专项工作小组，落地卢氏脱贫攻坚规划。开发银行在成立卢氏县脱贫攻坚专项工作小组基础上，进一步强化工作小组，由分管行领导担任组长，各部门形成合力，快速反应，推动卢氏脱贫攻坚。卢氏脱贫攻坚规划已正式提交卢氏县政府，总分行将携手共同推动规划落地。

二是加快易地扶贫搬迁进度。卢氏县"十三五"期间搬迁贫困人口 10353 户 36741 人，占全县贫困人口总数的 58.2%，同步搬迁 2335 户 8432 人。2016 年已规划建设 14 个搬迁安置点，完成搬迁人口 2335 户 9268 人；2017 年卢氏县计划完成 3138 户 11254 人搬迁，同时新开工 18 个搬迁安置点。开发银行将联合省扶贫搬迁投资有限公司做好项目资金支持，确保卢氏易地扶贫搬迁工程顺利推进。

三是支持基础设施建设。2017 年，卢氏县计划在 18 个乡镇 112 个行政村实施贫困村基础设施建设项目，同时开展县域内教育系统脱贫攻坚中小学校校舍建设等工程。通过对全县 112 个贫困村基础设施全面提升，以及全县 60 个中小学校升级改造，带动 10083 个贫困户 33661 名贫困人口脱贫致富。两项目总投资 21 亿元，申请开发银行贷款 16.6 亿元，目前已实现贷款发放 3.5 亿元，下一步开发银行将帮助卢氏县建立资金支付管理办法，确保资金安全使用。

四是加大产业扶贫力度。2016 年开发银行与中原银行合作的产业扶贫转贷款获得成功后，得到了政府、同业的广泛关注，通过联合政府、同业合作银行各自资源优势，引导金融资源向贫困地区聚焦。开发银行将进一步拓展转贷款的范围，引导资金向卢氏特色产业聚集，真正做到产业扶贫到户。

五是继续发力教育扶贫。开发银行 2016 年在卢氏县发放助学贷款 2278 万元,共支持 2854 人,累计支持 4692 人,贷款余额 3688 万元,对全县贫困生做到了"应贷尽贷"。开发银行将一如既往加大助学贷款支持力度,根据卢氏县贫困生需求做好贷款支持工作。

开发银行将继续认真贯彻习近平总书记关于脱贫攻坚的系列重要讲话精神,牢固树立和贯彻落实创新、协调、绿色、开放、共享的新发展理念,坚持精准扶贫、精准脱贫基本方略,不断创新体制机制,充分发挥政府投入的主体和主导作用,发挥金融资金的引导和协同作用,充分调动贫困地区干部群众的内生动力,大力推进实施易地扶贫搬迁、基础设施、公共服务、产业发展等,加快破解贫困地区区域发展瓶颈制约,不断增强贫困地区和贫困人口自我发展能力,确保卢氏县与全国同步进入全面小康社会。

四川省古蔺县开发性
金融精准扶贫示范点

◇◇

古蔺县是国家级贫困县,也是开发银行定点扶贫县。2012 年以来,开发银行通过"投资 + 贷款 + 债券 + 捐助 + 智力"的"五位一体"综合金融服务方式全力支持古蔺县脱贫攻坚,双方在"易地扶贫搬迁、农村基础设施、产业扶贫、教育资助"四个方面开展了卓有成效的合作并取得了显著成效,受惠贫困人口达到 7.4 万人。

一、古蔺县基本情况

(一)概况

古蔺县地处川黔交界、乌蒙山系大娄山西段北侧,属乌蒙山集中连片特困地区,距成都 427 公里,距泸州 164 公里,全县辖区面积 3184 平方公里,辖 26 个乡镇,87 万人,居住有汉、苗、彝等 26 个民族,是国家扶贫开发工作重点县。

(二)经济运行情况

2016 年,古蔺县地区生产总值完成 140.1 亿元,增长 9.3%;规模以上工业增加值增长 11.6%;全社会固定资产投资完成 201.4 亿元,增长 18.1%;社会消费品零售总额完成 62.3 亿元,增长 13.7%;地方公共财政收入 16.2 亿元,增长 4.1%(见表 1);城镇居民人均可支配收入 24034 元,增长 8.4%;农村居民人均可支配收入 10516 元,增长 9.5%。截至 2016 年年末,全县常住人口 11.6 万,常住人口城镇化率为 32.8%。2016 年,古蔺县完成退出 22 个贫困村,减贫 19460 名贫困人口的减贫任务。

表 1　近三年古蔺县主要经济指标情况表

(单位:亿元,%)

指标名称	2014 年		2015 年		2016 年	
	公布值	增长率	公布值	增长率	公布值	增长率
地区生产总值	125.4	9.1%	128.1	8.1%	140.1	9.3%
地方公共财政总收入	14.87	—	15.65	5.1%	16.2	4.1%
全社会固定资产投资	137.7	34.3%	170.69	23.9%	201.4	18.1%
社会消费品零售总额	45.4	13.6%	54.79	13.6%	62.3	13.7%

(三)古蔺县"十三五"规划目标及重点工作

古蔺县"十三五"规划目标为:"率先摆脱贫困,同步全面小康"。具体来说,就是到 2018 年,全面完成全县 117 个贫困村和 7.4 万贫困人口的减贫任务,达到四川省制定的贫困户脱贫标准、贫困村和贫困县"摘帽"标准,城乡居民人均可支配收入与全国、全省差距大幅缩小;到 2020 年,地区生产总值年均增长 11% 以上,经济总量超过 230 亿元,人均地区生产总值突破 3.28 万元,经济总量力争进入全省县域经济前 75 强。

工作重点为:一是全力推进脱贫攻坚。确保 2017 年完成退出 45 个贫困村、减贫 14395 人,2018 年完成退出 50 个贫困村、减贫 40483 人的省市下达脱贫任务。二是打好易地扶贫搬迁攻坚战。按照"两年攻坚"任务,锁定 9829

户 38335 人搬迁对象。三是抓牢抓好"五大百亿产业"建设。创建郎酒百亿旗舰、水口百亿酱酒园、百亿生态肉牛产业、百亿中药材产业、百亿黄荆旅游扶贫示范项目。四是抓好以交通建设为先的基础设施建设。力争 2017 年开工古金高速、国道 352、省道 442，2018 年开工古仁高速等公路建设。五是围绕"撤县设市"目标，着力抓好城乡提升。从 2017 年起，通过 3—5 年时间，城镇建成区面积达到 35 平方公里，城镇常住人口达到 35 万人，常住人口城镇化率达到 48% 以上。

二、开发银行支持古蔺县脱贫攻坚情况

2012 年，国务院扶贫办、中组部等八部门将古蔺县确定为开发银行的六个定点扶贫县之一。2013 年 4 月，开发银行四川省分行与古蔺县政府在京签署了扶贫攻坚合作协议，意向提供融资 20 亿元。此后，开发银行综合运用投、贷、债、捐、智"五位一体"综合金融服务方式，积极在古蔺县探索金融扶贫新路径，有效改善了古蔺贫困地区交通、教育、住房、就业等状况，增强了其自我造血、自我发展能力。截至 2017 年 6 月末，开发银行累计向古蔺县承诺贷款 33.8 亿元，发放贷款 12.24 亿元，投放专项建设基金 2.2 亿元，捐款 1457.6 万元。特别是 2016 年 11 月 11 日，开发银行胡怀邦董事长赴古蔺调研，要求"继续加大对古蔺对口帮扶，按照'四到'思路，着力把古蔺打造为扶贫开发样板县"，为进一步做好古蔺县定点扶贫工作指明了方向。

（一）投——专项建设基金解决项目资本金问题

专项建设基金是稳增长的重要举措，对缓解项目资本金不足具有非常重要的作用。开发银行将专项建设基金作为支持地方脱贫攻坚的一项重要举措，特别是对古蔺县在专项建设基金从项目申报、评审授信、合同签订、基金投放等方面提供全流程的金融服务，明确专人随时解答其疑问。截至 2017 年 6 月末，开发银行共向古蔺县易地扶贫搬迁、古蔺县水源工程等领域投放专项建设基金 2.2 亿元，支持了 2 个项目建设。

（二）贷——长期优惠贷款保障项目资金需求

开发银行将长期、大额、低成本的信贷资金向古蔺县倾斜，支持其农村基础设施、棚户区改造、水利设施、交通扶贫等领域发展。截至目前，开发银行累计向古蔺县承诺贷款 33.78 亿元，发放贷款 12.24 亿元。

一是基础设施建设领域。贫困村提升工程方面，开发银行大力支持古蔺县校安工程和村组道路建设，通过整合涉农资金，承诺贷款 13 亿元。水利设施方面，开发银行向石梁子水库发放贷款 1.6 亿元。交通方面，开发银行向古蔺县授信农村公路改善工程贷款 5356 万元，用于支持乡道老油路破损修复改造项目。特色小镇方面，开发银行发挥开发性金融优势，帮助古蔺县做好二郎镇的发展规划、项目规划、融资规划等相关规划，推动二郎镇特色小镇项目进入评审程序。

二是易地扶贫搬迁领域。主动优化易地扶贫搬迁贷款模式，与省扶贫移民局、省发展改革委按照"控制风险、完善手续、加快实施"的原则，最大限度地优化易地扶贫搬迁授信核准方式，由"分散核准、分别签订合同"调整为"年度核准，统一签订合同"，向古蔺县投放易地扶贫搬迁贷款资金 7.64 亿元，涉及建档立卡贫困户 1.8 万人。

三是生源地助学贷款领域。古蔺县学生资助管理中心是开发银行四川省分行生源地助学贷款合作先进单位。2012 以来，开发银行向古蔺县累计发放助学贷款 1.44 亿元，支持 2.02 万人次，其中 2016 年发放 5618 万元，支持 7250 人。另外，2016 年，古蔺中职教育助学贷款在全国率先试点成功，发放金额 108.9 万元，首批支持 226 人，着力解决"两后生"（初、高中毕业未能继续升学的贫困家庭学生）入学难题。

四是产业领域。在完善中小企业"四台一会"的基础上，创新增信方式，把使用开发银行优惠信贷资金同吸纳贫困家庭劳动力挂钩，搭建古蔺县中小企业统贷业务借款平台和担保平台，累计发放中小企业贷款 3750 万元，累计增加就业岗位 312 个，在支持当地中小微企业发展、促进就业等方面作出了积极贡献。

（三）债——专项债券拓宽脱贫资金来源

一是与泸州市合作启动了全国首支扶贫项目收益债试点工作。2016 年 3 月，"2016 年泸州市易地扶贫搬迁项目收益债"正式获得国家发展改革委批复，总额 20 亿元，涉及古蔺县项目 10 亿元。9 月 12 日，该债券正式成功发行。首期发行 5 亿元，发行期限 10 年。发债资金主要用于支持泸州市古蔺县、叙永县两个国家扶贫开发工作重点县的易地扶贫搬迁项目，涉及搬迁贫困人口 28623 户，共计 112101 人。其中古蔺县 2.5 亿元，占比达 50%。债券的成功发行创新了易地扶贫搬迁融资模式。二是由开发银行协助、国开证券主承销的古蔺县国资公司城市停车场建设专项债券成功完成簿记建档，规模 6.4 亿元，利率 5.96%，期限 7 年。本次专项债是开发银行定点帮扶古蔺、拓展金融扶贫的又一重要举措，是对"四到"工作思路的进一步落实。该项目对优化县城停车环境、改善城区基本面貌具有良好的促进作用。

（四）捐——捐助资金为产业扶贫开辟新路

开发银行将捐助作为支持古蔺县脱贫攻坚不可或缺的重要一环，区别于传统的给钱给物一次性扶贫，将捐赠资金重点用于支持古蔺县扶贫产业发展，实现扶贫从"输血"到"造血"的转变。目前已累计捐赠资金 1457.6 万元，近一年来开展定点扶贫帮扶活动 10 余次。捐赠资金大部分用于古蔺县蔬菜种植、马头羊养殖、茶叶种植等地方特色农业发展，支持全县百亿肉牛产业扶贫项目等，以及为建档立卡贫困户获取产业贷款提供增信服务。

表 2　开发银行向古蔺捐赠情况

序号	性质	项目内容	资金（万元）
合计资金捐赠			1457.6
一	开发银行总行捐赠情况		1433.2
1	开发银行总行资金捐赠		875
1.1	2012 年总行捐赠资金	产业发展 3 个项目：美人椒种植、马头羊养殖、茶叶种植	160

序号	性质	项目内容	资金(万元)
1.2	2013 年总行捐赠资金	产业发展 5 个项目:核桃种植 2 个、蔬菜种植、马头羊养殖、脆红李种植	150
1.3	2014 年总行捐赠资金	产业发展 3 个项目:蔬菜种植、马头羊养殖、茶叶种植;留守儿童之家 1 个项目(10 所学校)	160
1.4	2015 年总行捐赠资金	农村基础设施项目 1 个:麻柳滩村村组道路	245
1.5	2016 年总行捐赠资金	用于古蔺县小额扶贫贷款风险补偿金	160
2	开发银行总行专项活动		558.2
2.1	"启明行动"白内障康复项目	开发银行与中国残疾人福利基金会合作,"启明行动"白内障康复项目,2012—2015 年期间为近千名患者提供手术资金支持	133
2.2	"新长城"特困高中自强班	"新长城"特困高中自强班,2013—2015 年共资助 9 个班,每班 10 万元,资助了 450 名贫困学生	90
2.3	"西部彩烛工程"	总行"西部彩烛工程"2012—2015 年无偿组织古蔺县 206 名小学校长赴北京师范大学培训	314
2.4	"彩烛工程"相守计划	资助古蔺 20 所学校,开展 20 个关爱留守儿童特色项目,2014 年起每学年资助 20 万元	20
2.5	规划局捐赠物资	规划局党支部、于"六一"前夕赴古蔺县永乐镇麻柳小学开展志愿服务活动,组织员工自愿捐赠人民币 10207 元、图书 151 册、学生用品(平板电脑、电子相册、光盘、文具)若干	1.2

序号	性质	项目内容	资金（万元）
二	开发银行四川省分行捐赠情况		24.4
1	开发银行四川省分行捐赠物资	2014年"六一"儿童节,开发银行四川省分行团委组织青年员工赴黄荆乡开展关爱留守儿童活动,捐赠学习用品等物资1.2万元	1.2
2	2014年开发银行四川省分行捐赠资金	古蔺教育助学公益项目	10
3	2015年开发银行四川省分行捐赠资金	古蔺马蹄乡小学教学设备与"暖冬行动"	13.2

（五）智——智力帮扶为脱贫攻坚插上腾飞的翅膀

治贫先治愚,智力扶贫是开发银行参与脱贫攻坚的最显著特征,开发银行创造了金融智力扶贫的典型模式。

一是规划先行。古蔺县是开发银行首批22个国家级贫困县规划合作试点之一。2014—2015年,开发银行积极参与《古蔺县扶贫开发规划》及《"十二五"第三批农村饮水安全项目实施方案》等规划方案编写,并以发展顾问等形式帮助古蔺县做强政府投融资主体,推动项目融资和法人建设工作。2016年,开发银行以推进"两学一做"学习教育为契机,深入调研古蔺县扶贫规划、产业发展、金融支持情况,自主编写了《古蔺县脱贫攻坚重点领域融资规划》,组织行内外专家编写了《古蔺县能源、旅游、农特产业发展建议》。两份规划报告已成为全行开展县级扶贫规划的范例。

二是智力扶贫。大力推进古蔺县生源地助学贷款业务,本着"应贷尽贷"的原则,阻断贫困代际传递;举办小额信贷扶贫现场培训观摩会等活动,多途径传递扶贫新理念、融资新方式。

三是人才交流。与古蔺县政府建立了人才双向交流机制,双方互派人员挂职,开展人才交流,取得良好效果。

贵州省德江县开发性
金融精准扶贫示范点

◇◆◇

　　开发银行按照"以规划先行为引导,以机制机构建设为手段,坚持项目建设与信用建设相结合,资金扶贫与智力扶贫相结合,发展生产与改善民生相结合,不断加大'融制、融资、融智'支持力度,实现资源开发可持续、生态环境可保护、扶贫开发科学化",积极探索和实践贵州省 50 个国家级贫困县金融扶贫工作。开发银行根据地方政府财力情况、金融生态环境、脱贫攻坚规划,选取德江县作为开发银行精准扶贫合作县试点,系统推进开发性金融扶贫工作。

一、开发银行与德江县银政合作情况

　　德江县位于贵州高原的东北部,武陵山与大娄山的汇接处,距离贵州省会城市贵阳约 3 个半小时车程;全县总人口 55 万人,超 6 成为土家族、苗族、仡佬族等少数民族;其是国家新阶段扶贫开发重点县,拥有贫困村 174 个,贫困户 21711 户 73752 人,贫困发生率达 20.23%。2016 年该县完成地方生产总值 93.13 亿元,增长 13.1%,城镇、农村居民人均可支配收入分别达 23972

元、7283 元,增长 10.2% 和 10.8%。截至 2017 年 6 月末,开发银行累计与德江签订各类信贷合同 33.57 亿元(见表3),投放信贷资金 24.96 亿元(含农村基础设施、棚改、水利、易地扶贫搬迁、开发银行小额农贷、中小企业、助学贷款、专项基金等)。其中:2016 年,新增发放 10.85 亿元。2017 年以来,新增发放 3.98 亿元,贷款余额 22.75 亿元,初步形成了易地扶贫搬迁到省、基础设施到县、产业发展到村、教育资助到人的立体化融资构架。

表3　开发银行在德江县合作情况

(单位:亿元)

类　　别	累计授信	累计发放	贷款余额
农村基础设施	10.00	6.00	6.00
棚改	16.79	12.33	12.33
水利	1.64	1.64	1.64
易地扶贫搬迁(含扶贫基金)	1.40	1.40	1.40
小额农贷	2.12	2.12	0.98
助学贷款	0.50	0.35	0.34
其他基础设施	1.12	1.12	0.06
合计	33.57	24.96	22.75

二、开发银行精准扶贫主要工作

(一)规划先行,派驻金融扶贫专员担当县域精准扶贫金融顾问

2016 年年初,开发银行向贵州全省 66 个贫困县派驻金融扶贫专员,德江金融扶贫专员由派驻铜仁市的金融扶贫专员兼任。"但愿苍生俱保暖,不辞辛苦出山林。"两年来,开发银行金融专员每月奔波在开发银行与德江之间,既走访县委、县政府主要领导,掌握当地"十三五"发展规划和近期脱贫攻坚目标,提出开发性金融支持该县经济发展与脱贫攻坚系统性融资规划建议;又不辞辛劳、风餐露宿、走村入户,深入德江县贫困乡村山寨,为具体项目资

金的使用进行监督和提供建议。

(二)"安居乐业",全力支持城镇棚户区改造和易地扶贫搬迁工程

德江县是长期"欠发达、欠开发、欠账多"特征明显的地区,部分城乡群众生活比较困难,水利水电工程库区、移民安置区、工矿区和棚户区、城中村的居民生产生活条件急需进一步改善。为摆脱"一方水土养不活一方人"的困境,开发银行配合德江县委、县政府全力实施城镇棚户区改造和易地扶贫搬迁。为解决德江县财力不足和授信空间较小因素,开发银行积极争取省级、市级公司统一授信,利用省级、市级资源为德江县发展提供支撑;同时在县级财力评估基础上,适度开展棚户区改造直接授信。截至2017年6月末,开发银行已累计发放城市棚改区改造贷款10.35亿元,发放易地扶贫搬迁贷款1.40亿元。

(三)"要致富,先修路",加大对通村通组路等重要扶贫基础设施的融资支持

蜀道难,黔路更甚,贵州省是全国唯一没有平原支撑的省份,德江县位于武陵山与大娄山交汇处,多山多丘陵,这些崇山峻岭给德江带来得天独厚自然资源的同时,也阻挡了德江发展的步伐。开发银行针对德江交通瓶颈,提出利用财政涉农资金整合融资支持德江县通村通组路的建议。该方案与县委、县政府交通规划和交通扶贫思路不谋而合。2016年,开发银行对德江县授信10亿元,支持德江县21个乡镇240个行政村(社区)修建通村通组路1643.11公里,覆盖人口550342人次,覆盖贫困村133个,覆盖扶贫农户93780人次。同时,开发银行在支持德江中学搬迁工程、煎茶镇卫生院项目的基础上,继续探索教育、医疗扶贫在德江县的实践。

(四)推动"输血"式扶贫向"造血"式扶贫转变,"开发银行小额农贷"助力农户增收

开发银行根据德江县自然资源禀赋,创新"开发银行小额农贷"针对性支持德江连片贫困地区优势农牧产品。"开发银行小额农贷"是深受贵州广大

农户欢迎的金融扶贫产品。通过推动机制建设、平台建设和信用建设先行，解决了农民无抵押物、农业生产相对分散、涉农贷款金额较小，管理难度大等难题，形成了"政府指导入口、农民参与发展、开发银行资金孵化、龙头企业保障市场效益"的农业产业化发展模式和融资模式。同时"开发银行小额农贷"增强了农民依靠资源优势，主动参与市场的发展意识和能力，使其由传统的被动接受扶贫捐赠资金，转变成为主动参与农业产业化的市场主体，实现了扶贫工作由"输血"式向"造血"式的转变，极大地改变贫困地区人民群众的精神面貌，提升了贫困地区人民群众的发展自信。截至 2017 年 6 月末，开发银行已累计向德江县发放"开发银行小额农贷"2.12 亿元，投向天麻、茶叶种植和肉牛养殖产业，支持农户 623 户和 33 家中小企业（合作社）。

（五）播种希望，全力支持贫困学子求学成才

"不让一个学生因为家庭经济困难而失学"是党和国家的庄严承诺。开发银行与省教育厅紧密合作，以"应贷尽贷"为宗旨，全力推广生源地助学贷款工作。德江作为贵州省人口基数较大县域，其贫困学生人数较多，扶贫专员和客户经理为保证当地贫困学子知晓政策、安心学习，在助学贷款申办高峰期，积极联系德江县金融办、德江县教育局做好政策普及宣传，多次与相关县领导同志共同走访助学贷款申办现场；在助学贷款空闲期，督促德江相关部门做好助学贷款诚信教育，确保生源地助学贷款在德江的可持续发展。截至 2017 年 6 月末，开发银行已累计发放生源地助学贷款 4963 万元，累计支持 4669 名学子就学。

开发银行将认真研究学习扶贫开发工作的新形势、新变化，以"精准扶贫"为目标，深化与德江县的合作，继续在农村基础设施、农业产业化、旅游扶贫、教育扶贫等方面贡献开发性金融精准扶贫力量。

云南省武定县开发性
金融精准扶贫示范点

◇◇◇

一、武定案例背景

云南是全国脱贫攻坚的主战场之一,是全国农村贫困面最大、贫困人口最多、贫困程度最深的省份之一。云南省楚雄州武定县共有6.55万农村贫困人口、7个贫困乡镇和59个贫困村,是一个集"山区、民族、宗教、贫困"四位一体的国家级贫困县和少数民族聚居县,同时也是乌蒙山片区区域发展与脱贫攻坚县和革命老区县,是云南贫困县的典型代表之一。

近年来,开发银行坚持大情怀、大智慧、大思路,以踏石留印、抓铁有痕的坚定意志深耕云岭,以"党建统领,规划搭台,业务唱戏"创新模式,从执行和操作的角度,最大限度地发挥好开发性金融优势,将中央的决策部署内化为实实在在的金融福祉,以行动践行使命,用业绩篆刻担当,谱写云岭大地金融扶贫的新篇章。

二、武定县 2016 年扶贫工作情况

2016 年,按照武定县委确定的"脱贫攻坚冲锋年"总体要求,开发银行对武定县扶贫工作给予积极支持。武定县始终坚持脱贫攻坚统揽全县经济社会发展全局,紧紧围绕"白路镇脱贫摘帽、8 个贫困行政村脱贫出列、1.24 万建档立卡贫困人口脱贫退出"年度目标任务,部门苦抓、干部苦帮、群众苦干,全县脱贫攻坚工作取得阶段性成效。

一是争取扶贫项目资金创历史新高。全年争取各类扶贫项目资金 9.8 亿元,超额完成年初计划数 2.4 亿元的 408%,相当于前 30 年财政专项扶贫资金总和。

二是提前完成易地扶贫搬迁任务。实施了 7224 户易地扶贫搬迁安居房建设,提前完成近三年的任务。

三是极大改善贫困地区农村基础设施。积极向上争取融资,全年投入 11 个乡镇 5.4 亿元项目建设资金,重点解决了安全饮水、道路交通和人居环境等一批贫困户关注的困难问题。

四是极大增强脱贫致富后续产业。按户均 5000 元的标准,投入产业扶贫资金 6447 万元,圆满完成 13807 户建档立卡贫困户产业扶贫项目。

五是如期实现年度脱贫退出目标。按照"6985"脱贫标准和"三率一度"考核要求,2016 年 12 月 15—21 日,圆满完成楚雄州贫困退出考核验收组对武定县开展的 2015 年度整乡推进项目验收和 2016 年度脱贫攻坚任务评估验收,白路镇脱贫摘帽、8 个贫困行政村脱贫出列、1.24 万建档立卡贫困人口脱贫退出达到验收标准。

六是扎实推进"挂包帮""转走访"工作。通过 131 家省州县部门联动、5549 名帮扶干部和 585 名驻村扶贫工作队员真帮实扶,共精准识别剔除"四类"人员 2244 户 8871 人,对新纳入贫困户及时结对帮扶。

七是积极营造浓厚的大扶贫格局。紧跟县委、县政府工作思路,基本上做到了"电视有图像、广播有声音、网站有板块、手机报有更新",基本形成了

从干部到群众重视扶贫、议论扶贫、关注扶贫、推动扶贫的浓厚氛围。

八是圆满完成年度考核指标任务。对照州脱贫攻坚考核实施细则的4个大项18个小项考核指标，经综合绩效考核，各项指标均已达标，获得云南省"十二五"扶贫开发先进集体。

三、主要做法和经验

（一）党建统领，建制融情，将党建与金融扶贫有机结合

习近平总书记曾指出，"抓好党建促扶贫，是贫困地区脱贫致富的重要经验"。开发银行将金融扶贫工作与党建工作紧密结合起来，始终坚持"党建带扶贫，扶贫促党建"：一是加强融情建制。多次赴楚雄州、武定县深入调研，通过与楚雄州、县党委充分协商，在规划合作、项目合作、机制建立等方面，达成了目标融合、责任融合、机制融合的目标，为后续工作奠定了良好的基础。二是加强组织保障。在任务繁重、人手紧缺的情况下，精选一名优秀的副处长作为扶贫金融专员赴楚雄州交流挂职，从州市级层面不断协调相关政策资源、金融资源帮助武定县脱贫攻坚。三是加强总分行联动。总分行赴楚雄州开展联合调研，了解基层政府融资需求、融资困难，切实帮助贫困群众脱贫致富。

（二）规划搭台，凝心聚智，以规划为载体提供融智服务

在脱贫攻坚战中，融智服务是开发银行区别于其他金融机构的突出特点。开发银行提出"做好金融扶贫工作，要针对各地情况，精准解读各项扶贫政策，深入梳理业务线索，构建系统化开发策略，使金融扶贫工作有目标、有步骤、有措施"。将编制系统性融资规划实化为凝聚银政双方共识、深化业务合作重要融智载体，旨在科学测定财政支出与负债发展的最优平衡点的基础上，为武定量身定制分年的风险可控、操作性强的系统性融资方案，从而使项目推进"有米下锅"，从规划变成现实，提升金融扶贫的精准性、科学性和系统

性。会同云南大学、省委党校经过近半年的研究,编制形成了《楚雄州武定县脱贫攻坚系统性融资规划》,并于4月将成果正式递交武定县政府,供决策参考。这是云南省内首份贫困县脱贫攻坚系统性融资规划,获得了各级政府高度肯定。规划对武定县提出:一是发挥好财政金融协同作用,运用项目收益与金融工具期限错配原理,以有限的可支配财力撬动适度的金融资源。二是区分脱贫攻坚项目属性,按照公益性、准公益性、市场化三类项目,明晰政府支出范畴,重点以政府购买服务、PPP模式推动重大脱贫攻坚项目建设。三是积极争取国内、省内大型企业增信,提高融资能力,促进项目落地。

(三)业务唱戏,狠抓实效,融资支持脱贫攻坚项目建设

截至2017年6月末,开发银行对武定县辖区内的项目授信102.71亿元,累计发放66.44亿元,运用专项建设基金、中长期贷款等金融工具加速武定脱贫攻坚进程:一是全额投放专项建设基金9.69亿元,有效撬动项目投融资。二是实现武定县贫困村基础设施项目评审承诺9亿元,发放贷款2.8亿元,支持农村道路、安全饮水、校安工程、环境整治4个领域建设。三是通过易地扶贫搬迁省级统贷项目,对武定县承诺贷款2.56亿元,发放贷款0.68亿元。四是用好农危改省级统贷资源,倾斜支持了武定县10个示范村,发放贷款0.2亿元。五是运用生源地助学贷款、应急贷款等特色金融产品向武定县投放资金0.45亿元。六是筑牢武定脱贫攻坚发展基底,对武定县域内的交通扶贫、水利扶贫等项目实现贷款承诺80.81亿元,发放贷款52.62亿元。七是在楚雄州设立开发性金融脱贫攻坚合作办公室,参照"四台一会"模式,重点依托龙头企业对全产业链进行系统性融资支持。

四、主要成效

开发银行以点带面,融情、融智、融资支持脱贫攻坚工作成绩得到省委主要领导的充分肯定。开发银行将《楚雄州武定县脱贫攻坚系统性融资规划(2016—2020)》正式递交武定县政府,获得县委、县政府高度肯定,为双方进

一步深化脱贫攻坚领域的务实合作奠定了良好基础

此外,国务院扶贫开发领导小组办公室官网、云南日报等主流媒体给予积极评价。一是国务院扶贫开发领导小组办公室官方网站登载《开发银行云南省分行倾情助力武定县脱贫　做好金融扶贫大文章》,对"武定样本"进行全国推广。二是云南日报以要闻头版形式发表文章报道开发银行依托系统性融资规划助力武定县脱贫相关典型。三是云南网报道了《云南首个县级脱贫攻坚系统性融资规划出炉》。

开发银行将结合武定县实际情况,深化银政合作,聚焦重点领域,进一步加大融资融智支持力度。一是结合楚雄州林业生态优势,通过 PPP 等创新模式,支持武定县储备林项目建设,推动优化农村经济结构,促进贫困百姓增收脱贫,积极开展林业扶贫。二是继续推进贫困村提升工程,支持武定县农危改项目,把实施农村危房改造和抗震安居工程与实施新农村建设相结合,全面推进新农村建设,帮助贫困户实现"拥有好环境、住上好房子、过上好日子"的目标。三是支持武定县特色小城镇建设,开发生态、旅游等资源,促进产业聚集和集体经济发展,探索以特色小城镇建设促进脱贫攻坚的新路子。

附　　录

开发银行脱贫攻坚大事记

◇·

2015 年

11 月 27 日至 28 日,中央扶贫开发工作会议在京召开,习近平、李克强等七位中共中央政治局常委等出席会议。习近平总书记发表重要讲话并提出,脱贫攻坚战的冲锋号已经吹响,我们要立下愚公移山志,咬定目标、苦干实干,坚决打赢脱贫攻坚战,确保到 2020 年所有贫困地区和贫困人口一道迈入全面小康社会。李克强总理提出,打赢脱贫攻坚战是实现全面建成小康社会目标的重大任务,必须拿出硬办法,确保实现脱贫目标,决不让贫困地区和贫困人口在全面小康社会征程中落伍掉队。

11 月 29 日,《中共中央 国务院关于打赢脱贫攻坚战的决定》(中发〔2015〕34 号)印发,文件提出,要发挥好政策性、开发性金融的作用,并明确要求国家开发银行成立扶贫金融事业部。

12 月 1 日,开发银行党委召开中心组学习(扩大)会议,传达学习中央扶贫开发工作会议精神,动员部署脱贫攻坚工作。要求全行立即行动起来,按照党中央、国务院的决策部署,结合开发银行定位和业务特点,制定工作方案,抓好贯彻落实,务求取得实效。

12 月 1 日,经开发银行党委研究,决定面向全国 14 个集中连片特困地区和国家级贫困县所在的 22 个省（自治区、直辖市）的 174 个地市州派驻 183 名金融服务专员，对口服务全国 832 个贫困县，在规划编制、扶贫项目策划、融资模式设计等方面帮助地方政府找思路、出主意。

12 月 22 日，开发银行印发《关于成立国家开发银行扶贫金融事业部筹备组的通知》（开行发〔2015〕687 号），郑之杰行长任筹备组组长。

2016 年

1 月 11 日，开发银行党委会审议通过扶贫金融事业部组建方案。明确了扶贫金融事业部组建原则、主要任务、经营原则、业务范围和组织管理架构等。

2 月 5 日，胡怀邦董事长出席与水利部高层联席会议，双方签署《共同推进重大水利工程建设战略合作备忘录》，进一步加大水利扶贫项目的工作力度，共同推动水利部定点扶贫县如期实现全面建成小康社会目标。

2 月 18 日，开发银行与水利部联合印发《关于加强金融支持水利扶贫开发工作的意见》。

2 月 19 日，胡怀邦董事长出席开发银行与甘肃省高层联席会议，双方签署《易地扶贫搬迁贷款合作协议》。

2 月 25 日，胡怀邦董事长主持召开扶贫金融专员座谈会。强调扶贫金融专员作为开发性金融在贫困地区的重要使者，责任重大，使命光荣，要在扶贫工作中砥砺磨炼，建功立业，以优异成绩助力贫困地区如期实现全面小康。

3 月 27 日，胡怀邦董事长出席开发银行与四川省高层联席会议，双方签署《"十三五"开发性金融合作备忘录》，加大脱贫攻坚领域合作。

4 月 12 日，胡怀邦董事长出席与河北省高层联席会议，双方签署《开发性金融支持河北省脱贫攻坚战略合作协议》。

4 月 20 日，中国银监会印发《中国银监会办公厅关于开发银行设立扶贫金融事业部的复函》（银监办函〔2016〕19 号），同意开发银行设立扶贫金融事业部。

5月11日,胡怀邦董事长出席与云南省高层联席会议,双方签署《开发性金融支持云南省脱贫攻坚合作备忘录》。

5月31日,扶贫金融事业部揭牌。扶贫金融事业部的成立是开发银行贯彻落实党中央、国务院关于打赢脱贫攻坚战决策部署的重要举措,是开发银行主动服务国家战略的又一重要体现,对进一步深化开发银行改革发展、支持全面建成小康社会宏伟目标具有重要意义。

6月1日,开发银行在广西南宁市隆安县成功发放全国首个易地扶贫搬迁省级统贷项目贷款2亿元。

6月12日,开发银行成功发放全国首笔易地扶贫搬迁专项基金。率先向青海省省级投融资主体——青海省扶贫开发投资公司注资5亿元,成功实现"省负总责"易地扶贫搬迁专项建设基金首笔投放,对于理顺省级主体资金上下贯通运作机制、在全国范围内发挥示范效应具有积极意义。

6月13日,召开开发银行扶贫开发工作会议。胡怀邦董事长出席并讲话,首次提出了开发银行脱贫攻坚"易地扶贫搬迁到省、基础设施到县、产业发展到村(户)、教育资助到户(人)"的"四到"工作思路。时任国家发展改革委副主任何立峰,中财办、中农办副主任韩俊,财政部副部长胡静林,国务院扶贫办副主任欧青平,人行金融市场司司长纪志宏,银监会政策性银行监管部主任周民源到会指导。行党委与25家分行党委签署了《脱贫攻坚责任书》。

6月17日,胡怀邦董事长深入开发银行定点扶贫县贵州省正安县、务川县、道真县调研扶贫工作并慰问困难群众。

6月28日,开发银行在甘肃省陇南市武都区实现全国首笔整合财政涉农资金农村基础设施贷款发放3亿元。

7月6日,举办"开发性金融支持六盘山片区脱贫攻坚"地方干部培训班。

7月7日,郑之杰行长主持召开扶贫金融专员座谈会。要求扶贫金融专员扎根贫困地区,以更加坚定的信念、更广阔的胸怀、更高尚的理念助力脱贫攻坚。

7月21日,开发银行首发50亿元3年期固息易地扶贫搬迁专项债,认购倍数达3.59倍,获投资者积极认购。

9月1日，开发银行召开学习贯彻全国易地扶贫搬迁工作现场会精神视频会议，传达李克强总理重要批示及汪洋副总理的讲话精神，统一思想认识，牢固树立"首战必胜"的信心和决心，并对进一步做好易地扶贫搬迁工作提出要求。

9月10日，周清玉副行长出席广西壮族自治区分行与自治区林业厅《广西国家储备林扶贫项目合作协议》签约仪式。

9月20日，国务院领导对开发银行支持的湖北省易地扶贫搬迁"十堰模式"作出重要批示，要求推广其经验和做法。

9月23日，开发银行召开脱贫攻坚工作座谈会。周清玉副行长出席会议并讲话。会议认真学习习近平总书记在东西部扶贫协作座谈会上的重要讲话精神，要求全行坚持精准扶贫、精准脱贫基本方略，全面完成2016年脱贫攻坚各项工作，为实现脱贫攻坚总目标开好头、起好步。

10月14日，周清玉副行长、孟亚平副总裁出席国家机关工委召开的中央国家机关定点扶贫座谈会，向80余家中央国家机关介绍了开发性金融脱贫攻坚主要做法和定点扶贫合作思路，开发银行与中央国家机关定点扶贫的整体合作全面启动。

11月2日，在湖南株洲举办"开发性金融支持罗霄山片区脱贫攻坚地方干部研讨班"。

11月11日，胡怀邦董事长在泸州古蔺县出席古蔺县脱贫攻坚汇报会暨国家开发银行扶贫资金捐赠仪式。扶贫金融事业部孟亚平副总裁代表开发银行向古蔺县政府捐赠160万元，用于补充县政府建立的风险补偿金，为建档立卡贫困户发展产业脱贫提供增信服务。开发银行扶贫增信捐赠试点工作全面启动，当年向全国21个国家级贫困县捐赠扶贫增信捐赠资金2400万元，这是开发银行捐赠资金对贫困县产业扶贫的精准支持和将捐赠"供血"功能逐渐转变为增信"造血"作用的创新举措。

11月12日，开发银行完成扶贫金融事业部建账划转工作。划账后，扶贫金融事业部资产总额2700亿元，其中表内贷款2231亿元。

11月21日，在河南省实现首笔扶贫转贷款发放。向中原银行授信8亿元、发放2000万元，支持了三门峡市4家农业龙头企业、12家个体工商户和养殖大户开展特色产业项目。目前,开发银行已在青海、甘肃、云南等省陆续开展了转贷款试点,合计授信25亿元、发放8.7亿元,支持了882名建档立卡贫困人口。

11月25日,在四川省古蔺县实现全国首笔中职助学贷款发放,向古蔺县226名建档立卡贫困户家庭学生发放中职助学贷款108.85万元。

12月22日,中国中小企业协会举行成立十周年大会暨颁奖仪式,开发银行被授予"优秀金融服务机构奖"。

2017 年

1月17日,召开2017年开发银行扶贫开发工作会议。郑之杰行长出席会议并讲话,国务院扶贫办主任刘永富到会指导。郑之杰行长全面总结开发银行2016年脱贫攻坚工作成效,要求全行认真学习习近平总书记重要讲话精神,进一步全面把握脱贫攻坚战的总目标和总要求,发挥开发性金融融智优势和作用,深化精准扶贫,确保精准聚焦、精准信贷、精准支持,全年发放精准扶贫贷款4000亿元。

1月22日,开发银行与水利部举行高层联席会议,议定双方建立紧密合作机制,共同做好水利扶贫开发和定点扶贫工作。

1月25日,印发《国家开发银行扶贫开发"十三五"实施规划》,明确了"十三五"期间发放1.5万亿元脱贫攻坚贷款的任务目标,按照行业、年度、分行予以分解,并提出了银政合作、融智服务、模式创新、定点扶贫、东西部扶贫、强化责任、加强党建、强化风控八大保障措施。

2月22日,举办开发性金融支持大兴安岭南麓片区和滇西边境片区脱贫攻坚地方干部研讨班。

3月16日,郑之杰行长出席开发银行与黑龙江省、国家林业局三方高层联席会议暨合作协议签字仪式,三方签署《共同推进黑龙江国家储备林等重点领域建设发展合作协议》,加大对黑龙江林业扶贫等重点领域支持力度,推动黑龙江林业生态脱贫示范省建设工作。

4月21日，召开开发银行扶贫开发工作推进（视频）会议，周清玉副行长出席并讲话，会议深入学习贯彻习近平总书记近期有关脱贫攻坚的重要讲话以及国务院扶贫开发领导小组会议精神，全面总结一季度脱贫攻坚的成效和困难问题，研究部署下一阶段扶贫开发工作。

5月3日，开发银行与中央国家机关工委联合举办"开发性金融助力脱贫攻坚中央国家机关定点扶贫挂职干部培训班"，胡怀邦董事长出席并讲话。84个中央国家机关的160余名定点扶贫挂职干部参加，21家分行的37名同志参加。

5月18日，召开部分省份易地扶贫搬迁工作会议。周清玉副行长出席并讲话，对易地扶贫搬迁贷款精准发放、健全资金管理、防范信贷风险和后续产业发展等工作提出要求。

5月24日，开发性金融支持西藏脱贫攻坚地方干部研讨班在拉萨举办。至此，国务院确定的全国14个集中连片特困地区地方干部系列培训圆满完成，开发银行累计为721个贫困县区近1400名地方领导干部进行了培训，实现了对集中连片特困区的全覆盖。

6月7日，"国家开发银行助学贷款"支付宝生活号正式上线。方便贷款学生通过生活号了解开发银行助学贷款申请、还款等操作流程，开展助学贷款查询与还款操作。

6月28日，扶贫金融事业部与教育部全国学生资助管理中心联合发布《关于贯彻四部委部署积极推进生源地信用助学贷款电子合同试点工作的实施方案》，提出了2017年度生源地信用助学贷款电子合同试点工作要点，部署在1000个区县启动电子合同试点工作，将惠及100万名学生。

7月19日，扶贫金融事业部研究制定《关于开发性金融支持深度贫困地区脱贫攻坚的意见》，与《关于加大东西部扶贫协作支持力度的意见》和《关于进一步做好定点扶贫工作的意见》一起形成了开发性金融支持脱贫攻坚政策体系，标志着开发银行定点扶贫、东西部扶贫协作、深度地区脱贫攻坚"三大行动"全面启动。

开发银行脱贫攻坚项目图片

一、易地扶贫搬迁项目

开发银行支持的山西省方山县峪口镇扶贫移民安置房(一期)项目

开发银行支持的内蒙古自治区磴口县渡口镇北柳子村易地扶贫搬迁居住环境前后对比图

开发银行支持的安徽省安庆市太湖县小池镇易地扶贫搬迁项目

开发银行支持的河南省卢氏县易地扶贫搬迁前后对比图

开发银行技持建成后的湖北省咸宁市崇阳县路口镇宜民佳苑集中安置点

开发银行支持的广西壮族自治区武鸣县伏唐屯片区易地扶贫搬迁安置项目

开发银行支持建成后的海南省白沙县南开乡银坡村

开发银行支持的云南省昭通市白虾村建档立卡户搬迁前后住房对比

开发银行支持建成后的甘肃省武威市天祝县松山滩德吉新村易地扶贫搬迁集中安置点

二、农村基础设施项目

开发银行支持的河北省魏县农村基础设施村组道路建设前后对比图

开发银行支持的黑龙江省青冈县村屯道路建设项目前后对比图

开发银行支持的辽宁省北票市三宝乡瓦匠沟村组道路建设前后对比图

开发银行支持的安徽省金寨县农村环境整治项目新建安置房

开发银行支持的河南省镇平县老庄镇果营村贫困村提升工程项目前后对比图

开发银行支持的湖南省湘西边城风情小镇建设

开发银行支持的海南省保亭县三道镇什进村新貌

开发银行支持的贵州省德江县共和镇上坪村大墙背至张仙界公路建设前后对比图

开发银行支持建成后的甘肃省陇南市徽县嘉陵镇银杏树村文化广场

新旧水磨坊

新旧河堤

新旧便民文化广场和村民服务中心

开发银行支持的甘肃省陇南市西和县庞沟村基础设施建设项目新旧对比图

开发银行支持的新疆维吾尔自治区克州抵边村桥梁建设墨玉县农村基础设施建设

开发银行支持的宁夏回族自治区彭阳县农村饮水巩固提升工程

开发银行支持的西藏自治区拉萨至林芝高等级公路项目

三、产业扶贫项目

开发银行支持的吉林省东辽县"一村一场"蛋鸡扶贫项目

开发银行支持的山东省沂源县中药材种植加工项目

开发银行扶贫转贷款支持的河南省卢氏莱源卢氏鸡生态养殖项目

开发银行支持的河南省卢氏县电商创业园项目

开发银行支持的湖南省芷江县新庄村葡萄种植大棚

开发银行支持的广西壮族自治区首个"农光互补"光伏扶贫项目成功并网发电

开发银行支持的广西壮族自治区国家储备林基地——林改后种植的桉树林

开发银行支持的重庆市秀山县土鸡养殖扶贫项目

开发银行支持的四川省达州市"易地扶贫搬迁 + 产业扶贫"项目

开发银行支持贵州省印江土家族苗族自治县茶产业发展

开发银行小额农贷支持的贵州省德江县高标准肉牛养殖

开发银行支持的陕西省安康阳晨牧业科技有限公司种猪场全貌

开发银行支持的甘肃省清水县白沙镇产业扶贫项目大棚(改造前后对比图)

开发银行扶贫转贷款支持的甘肃省陇南市礼县良源果业扶贫

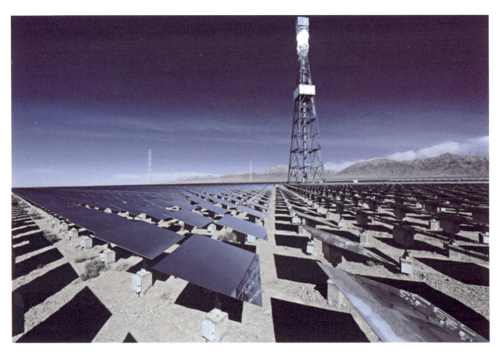

开发银行支持的青海省海南藏族自治州龙羊峡水光互补32万千瓦并网光伏发电项目

开发银行支持宁夏回族自治区盐池县贫困农户发展特色产业

开发银行支持的西藏自治区曲水现代化农业产业园

四、教育扶贫项目

95593 助学贷款呼叫中心接听大厅

河北省开发银行助学贷款办理现场

山东省开发银行生源地助学贷款受理现场

广西壮族自治区都安县开发银行生源地信用助学贷款受理现场

云南省丘北县资助中心老师为贫困学生提供咨询服务

重庆忠县开发银行生源地助学贷款宣传

开发银行支持的新疆维吾尔自治区喀什双语幼儿园建设中和投入使用图

五、扶贫公益项目

开发银行"为了大山的孩子"爱心包裹现场捐赠——背上新书包的孩子们

开发银行"圆梦开行童心画册"活动——用绘画架起友谊的桥梁

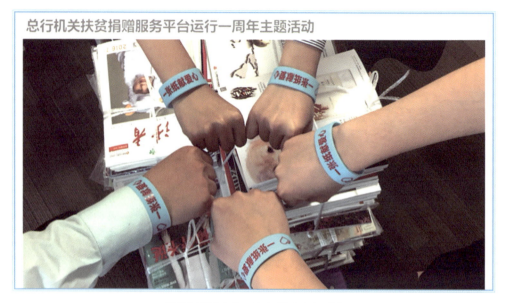

开发银行开展"一张纸献爱心行动"

开发银行"彩烛工程"公益项目——学生们开心地展示他们的作品

开发银行捐赠"黄手环行动"公益项目暨四代定位黄手环发放仪式

开发银行"新长城"特困学生资助项目

开发银行"快乐音乐教室"公益项目
　　——新疆阿克苏市玉尔其乡中心小学

开发银行"快乐音乐教室"公益项目
　　——青海省海晏县西海民族寄宿制学校

开发银行关爱奖励金项目——受助老师给学生上课

开发银行河南省分行"关爱贫困天使 书香陪伴成长"帮扶活动

开发银行湖北省分行捐建的梅子沟村爱心图书室"七彩课堂"

总 策 划：李春生

责任编辑：张 燕 吴炤东 孟 雪 李甜甜

责任校对：吕 飞

封面设计：林芝玉

图书在版编目（CIP）数据

开发性金融脱贫攻坚发展报告 . 2017/国家开发银行 编 . —北京：人民出版社，2017. 10

ISBN 978 - 7 - 01 - 018306 - 0

Ⅰ . ①开… Ⅱ . ①国… Ⅲ . ①扶贫—金融支持—研究报告—中国—2017

　Ⅳ . ①F124. 7 ②F832. 0

中国版本图书馆 CIP 数据核字（2017）第 238070 号

开发性金融脱贫攻坚发展报告（2017）

KAIFAXING JINRONG TUOPIN GONGJIAN FAZHAN BAOGAO（2017）

国家开发银行 编

人民出版社出版发行

（100706　北京市东城区隆福寺街 99 号）

涿州市星河印刷有限公司印刷　新华书店经销

2017 年 10 月第 1 版　2017 年 10 月北京第 1 次印刷

开本：787 毫米×1092 毫米 1/16　印张：23. 5

字数：371 千字　插页：2

ISBN 978 - 7 - 01 - 018306 - 0　定价：66. 00 元

邮购地址 100706　北京市东城区隆福寺街 99 号

人民东方图书销售中心　电话（010）65250042　65289539